Administrative Law

中国行政法

刘莘 ◎ 著

中国法制出版社
CHINA LEGAL PUBLISHING HOUSE

前　言

在行政法圈子里"混"了三十年，一直在教书，参编了不少教材，但是一直没有自己写的教材。比较客观地说，是因为越来越明白跳出教材体系和已有成就的不易。即使在实务解决问题上或者在观点上偶有所得，亦难成教学体系中的冲击力量，不要说修正体系，即使想与人分享，由于个别观点不一定符合教材体系的纳入标准，也很难反映到教材中。因此，没有独自的教材，说是因为苛求自己，希望给予读者或后学新鲜的营养，这是没错的；说自己惰性大，找借口原谅自己，也是真的。

今天终于要出版一本自己的教材了，虽然已经确认笔者之力所不逮，还是尽最大力气，希望在其中可以容纳的部分展现出一点点新鲜的、可以和实践对接的内容。

现在是电脑的时代，是网络的时代，据说写作变得容易了许多，汗牛充栋，已非虚言。我这本薄薄的行政法教材，也许很快就被淹没在行政法教材的汪洋之中，惶恐之际安慰自己的只有我尽我心，余者不计了。

作者于宅 2016 年 3 月

目　录

第一章　行政法概述

本章内容提要：本章是对行政法学基本范畴的扼要叙述。行政、行政法、行政法律规范这些学习研究行政法无时无刻不能避开的概念，是本章着重阐释的核心概念；还有行政法的渊源，即行政法规范的出处，也是没有法典的部门法——行政法的外延界限之所在。上述知识是学习行政法的基础，是必须掌握的。

第一节　行　政

一、行政的概念

行政在日常生活中使用的频率很高，如各种组织内部的后勤管理可能被称为"行政"；还有与管理并用的行政，即所谓行政管理同样适用于各种社会组织，包括国家机关和企业事业单位以及其他社会组织、社会团体等，统统都有行政管理活动。这些"行政"虽然都含有组织管理、服务管理这类内容，但是还不是行政法以及研究行政法的行政法学所专指的"行政"。行政的这种多义现象，不光中国有，其他国家如德国学者就早已指出过①。

作为行政法或行政法学核心概念的"行政"首先是指国家行政。这种含义上的行政是指国家的一种职能，即与国家其他职能如立法、司法、军事相对应的职能。国家行政这种职能与其他国家职能的区分是我们对之进行研究的基础。因此，有人用排除的方法将行政与其他国家职能区分开，即行政是除立法、司法之外的国家职能。这样的办法首先需要把立法和司法界定清楚，才能将除外后剩下的部分称为行政。这样界定有便利之处，但是自从二十世纪三十年代以后，委任立法、行政裁判所大量出现，打破了这种"除外"法下行政与立法、行政与司法

---

① ［德］哈特穆勒·毛雷尔：《行政法学总论》，高家伟译，法律出版社 2000 年版，第 3 - 4 页。

的界限，使得所界定的"行政"不那么确切了。

还有人用国家职能的活动特点来区分行政这种国家职能，即为实现国家目的，具体实施公共政策的过程和行动为行政。"实现国家目的"是前提，"具体实施公共政策的过程和行动"是行政这种国家职能的活动特点。从活动特点出发界定"行政"，界限范围相对清晰些了。缺点是"具体"二字，很难将行政机关的行政立法活动或抽象行为，甚至行政计划包含在内。

还有"执行说"。像英美国家，其关于行政的词汇与执行往往是通用的。执行活动或确切地说是执行法律的活动，是对行政活动比较准确的定性。从而与裁判（裁断、判断）性质的司法活动和议决性质的立法活动区分开。由于可以将行政机关的裁决纠纷活动和立法活动都归于执行法律的活动，因此比较好地说明了何谓"行政"。其实，"执行说"也是一种从形式上界定行政的办法，因为与其说执行法律的活动是行政，毋宁说执行法律机构的活动是行政。是从执行主体也就是形式外观推断其活动是执行活动，即行政。

教科书见到较多的是"组织管理说"。这是源于马克思的说法，即行政是国家的组织管理活动。这种说法是与从主体判断的"形式行政说"相对应的另一种所谓"实质行政说"。"实质行政说"是从活动内容性质判断，只要是组织管理活动即为行政。当然其活动主体限定为国家，但是这样的话，不仅仅行政机关的活动是行政，其他国家机关的自身组织管理也是行政。可见，行政法学的"行政"还是需要对主体作必要限定。因为，国家机关的内部管理与行政法学聚焦的行政活动是有很大区别的。行政法学关注的行政活动或行为，是与相对人发生法律关系或其他事实关系的活动或行为。

上述界定作为分析工具，可以在不同场合使用，都具有相对合理性，不可一概否定或一概肯定。本书基本上采用形式行政的界定范围，但是在议论行政立法或准立法，行政司法或准司法时，其实也结合使用了实质意义上的分类。因为从形式外观意义上即主体角度观之，行政是行政机关的活动，但是从活动内容即从实质意义观之，就会说这种行政活动是"准立法"或者"准司法"活动。

所以国家职能之"行政"是指，政府行政机关根据法律规定所实施的对社会公共事务组织管理的活动。强调的活动主体是政府、行政机关。政府也是行政机关，是综合性的行政机关。其他学科可能将这种行政称之为政府行政或政府公共行政。

但是社会发展至今、行政法发展至今，由于执行法律主体的扩展，国家行政的概念实际上已经不够用了，因而出现了"公行政"的概念。"公行政"或称

"公共行政"，开始时是用来注解国家的这种执行功能的，最初也仅仅表示国家行政，但现在已扩展为还包括社会公共行政。

社会公共行政是指社会组织对一定领域内的社会公共事务所进行的管理。我国目前的社会公共行政主要包括基层自治行政、公共事业行政、志愿组织行政、社会中介行政四大类，但是并非所有社会组织的活动都纳入行政法调整。从行政法而言，只有当社会组织基于法律法规授予的行政权运用公权力或公共资源从事组织管理、服务等活动时，才是我们行政法上的"行政"活动。例如大学颁发学位证书的活动是基于法律授权代表国家而为的活动，视为行政活动，而大学的其他活动诸如学科建设、学术活动、课程安排等，均为学校自治范围内依法进行的活动，可能属于学校这种组织自身的行政活动，但是不属于公共行政活动。

本书一般以国家行政或政府行政作为叙述的中心。需要扩展概念，在公行政范围使用时即包含社会行政的时候，会特别指明。

二、行政的分类

对行政进行分类是为了更好地从宏观上把握政府行为活动的特征，并对之进行理论分析和比较研究，有的分类则有利于在法律制度上设计不同的实体规定和程序要求。

（一）积极行政与消极行政

消极行政即只履行一般政府职能的行政。资本主义初期，资产阶级亟须迅速发展自己的经济力量，需要"消极"政府，要求政府是"守夜人"，只担负秩序维护的功能。因而那时的政府职能主要限于国防、外交、税收、警察等。是典型的消极行政。

积极行政，是指在经济社会诸方面发挥超出一般政府职能的行政。资本主义经过发展出现大量个人无力解决的种种问题，如失业救济、环境保护、可持续发展、最低生存保障、金融危机等，这些都需要政府出手；同时资本原始积累的完成，为主要资本主义国家奉行福利主义、凯恩斯主义也打下经济基础，政府权力扩张、政府职能膨胀，政府不但要管理社会还要服务社会，要积极地为社会做贡献，其在经济社会各方面深度介入，成为典型的"积极行政"。

而我们社会主义国家，由于最初就实行公有制、计划经济，政府对社会干预控制是全方位的，是典型的积极行政。但这种积极行政由于与市场无关，是一种大包大揽，完全抑制了社会、市场的能动力、创造力，也抑制了社会财富的增长。我们的改革实际上是从过于积极的行政，转化为政府适当放手，将市场、个人、社会可以作为的空间腾出来的适当的"积极行政"。

（二）规制行政与给付行政

规制或管制，是英文 regulation 的两种译法。即规范、制约的意思。规制行政是指，政府为了维护和增进公共利益，根据法律、法规的规定，规范和制约人民的自由活动和权利，或对人民课以公共义务的一切行政作用。规制行政大致可以分为经济规制和社会规制两种类型。经济规制，是指对企业及其经济活动的规制。社会规制又可分为对人的规制和对物的规制，如枪支和刀具的管制是对物的规制，而强制戒毒、强制隔离是对人的规制。

规制尤其是经济规制最常见的典型手段是行政许可、价格控制。二十世纪八十年代从欧洲开始形成世界范围的行政改革浪潮，其中很鲜明的特征就是放松政府管制或降低政府管制。我国进入二十一世纪以来的行政审批制度改革、行政许可法的制定实施，其基本精神也是降低行政管制。降低行政管制，是提高民族企业在世界范围内的经济竞争能力的主要方面，因而被各国所重视。

给付行政是通过向相对人提供精神或物质利益达到对社会施加影响的行政作用。例如通过设置各种科技项目资金，诱导人们从事国家希望的科学技术研究工作，以便造福社会；再如对处于最低生活线以下的人施以经济救济、补助，或为经济活动提供行政指导，以便提高经济效益等等，不仅仅是为了公共利益的目的，而且从手段上即是利益众生的。给付行政虽然与传统的"管制"区别甚大，但是由于其分配社会资源、公共资金，因此不仅不可以放松对其制约和监控，而更须加强对其的制约和监控。如 2009 年初为了刺激经济复苏、增长，中国政府决定投入 4 万个亿，以增加社会投资量，带动就业，增加景气指数，就是给付行政。再如教育部扶助大学倾斜性发放的动辄十几个亿的资金，亦属之。

（三）权力行政与非权力行政

权力行政，指以权力发挥作用的行政活动。权力作用的标志是强制命令。非权力行政，指不具有强制命令性质的非权力作用性的行政活动，包括行政指导，行政契约，行政奖励，行政调查、行政公示、行政资助（扶助、补助），政府采购，行政经营，行政出让（拍卖），公共设施建设（开发）与提供服务，以及在狭义行政指导范畴之外的非拘束性行政计划。

（四）负担行政与授益行政

负担行政又称干涉或不利益行政，对人民形成负担或不利益，即剥夺人民权利、利益的活动或限制其行动自由、增加其负担的活动。如赋课租税、停止企业营业、强制戒毒、强制治疗传染病等。

授益行政指赋予人民某种权利利益或免除其义务负担的行政活动。如减免税、核发执照。其中最为典型的形态为许可、认可等制度。当然某些情形下，许可是双刃剑，对许可申请人是授益的，对其他相邻人或竞争关系人则可能是不利的。如核发某一建设规划许可，对申请人而言是授益的，但可能堵塞了相邻人的消防通道或完全遮蔽了相邻人的阳光，对相邻人是不利益的。再如某一小区开发商修改该小区规划，申请规划机关批准将一原来规划中的幼儿园变更为洗浴中心，规划机关批准了此一申请，对开发商来说此批准是授益的，而对该小区居民而言就不一定了。

第二节　行政法的概念、特征

一、行政法的概念

行政法是指调整行政关系以及在此基础上产生的监督行政关系的法律规范和原则的总称。值得注意的是，与民法、刑法不同的是，民法、刑法都是以同一类社会关系作为调整对象的，而这里的定义讲了两种社会关系：一是行政关系，一是监督行政的关系。这是因为民法、刑法都是司法法，即由司法机关适用的法，在司法机关适用民法、刑法之前，私人只是遵守、执行，私人是守法者而非执法者。而行政法，司法机关适用反而是少数，绝大多数情形下，是政府行政机关适用行政法规范即以执行法律的名分适用行政法。到了司法机关的行政案件，在法律适用上，往往已经是第二次适用法律。因为法院等司法机关审的就是行政机关适用法律后引起的纠纷。另外，政府行政机关不仅受到人民法院的监督制约，还有自身纠错的机制，如相对人不服某一行政决定（行为）可以向该决定机关所属同级人民政府或其上级主管机关申请行政复议，审计、监察乃至于信访制度（很大程度上）均属行政机关自我监督。所以对行政法的概括，只说到调整行政关系还不够，还要包括监督行政的关系。

也许有人疑问，将其区分为行政法、行政诉讼法，不就把其各自调整的对象即行政关系和监督行政的关系分开了吗？行政诉讼法调整监督行政的关系不假，但问题是其他如上所述的监督行政的关系就无法纳入其间。因此，将行政诉讼法放到行政法之外的，是狭义一点的行政法概念，将行政诉讼法放到行政法之内，是相对广义的行政法概念。但是，有趣的是，两种范围的行政法都可以使用我们这里的同一定义，区别不在定义而在于其后对定义的解释。

给行政法下定义不是件容易的事，争论多，定义也是五花八门。我国台湾地区翁岳生教授主编的《行政法》（1998 年版）第一章是他亲自写的，其中援引 E-

. Forsthoff《行政法总论》的说法，即"行政只能加以描述，而无法予以定义。"德国学者通常都避免给行政法下定义①，台湾地区和日本亦深受德国影响，许多学者对行政法大多消极描述，不进行积极定义。

德国学者中试图给出定义的沃尔夫（Wolff）和巴巧夫（Bachof）是这样定义行政法的：行政法在广义上是公共行政机关据以运作的法律规则之总和。毛雷尔是描述性地界定行政法，他认为行政法是关于公共行政机关之行政职能、行政程序和行政组织的成文或不成文法律规则之总和②。但是笔者认为还是一个"很老"的定义仍然是最简明扼要的定义。那就是德国行政法开山鼻祖奥托·迈耶的定义，即"行政法是特别用于调整作为管理者的国家和作为被管理者的臣民之间的关系的法律部门。"③ 除去"臣民"二字不合时宜外，定义十分简洁且周延。当然本书愿意给出大体上与之一致的定义。

二、行政法的特征

（一）形式特征

行政法的形式特征是指行政法在外观上的特征。

1. 没有统一、完整的法典

刑法、民法是很好指认的，原因就在于它们是有法典的。虽然我国《刑法》《民法通则》并没有在名称上标明是法典，但是其法典式作用是不言自明的。但是行政法领域没有一部法律可以称之为是行政法法典，因为行政法法典应当是通用于所有行政机关的，而我们见到的是各种各样的部门单行法，如《环境保护法》《税收征收管理法》《食品卫生法》《治安管理处罚法》等，大多只适用于各个不同的行政部门。虽然《行政诉讼法》《行政复议法》《行政处罚法》《行政许可法》《监察法》《公务员法》是适用于所有行政机关的，但是内容限于某一方面，仍不能称之为行政法典。从世界范围内看，也没有哪个国家有行政法典。原因主要是行政法调整事项范围非常宽泛，各家行政机关的职责权限在行使或履行条件、方式上差别很大，很难用一部法典作出概括规定。行政法的实体法很难制定法典式法律，程序法却是可以的，如正在起草制定的《行政程序法》，就是行政程序方面通则性的法律。

---

① ［印］M. P. 赛夫：《德国行政法——普通法分析》，周伟译，山东人民出版社 2006 年版，第 5 页。

② 意思没有扭曲，但不是毛雷尔的原话。参见上注。

③ ［德］奥托·迈耶：《德国行政法》，刘飞译，商务印书馆 2002 年版，第 15 页。

2. 行政法律文件数量极多

行政法律规范赖以存身的法律文件极多，为各部门法之首。仅就大家比较公认的正式渊源如（狭义或形式意义的）法律、法规、规章而言，就有数万之众，如果加上非正式的渊源如其他规范文件、司法解释等，十万之数是有的。当然，除了成文法，其实行政法还有不成文法法源，其数量不一定多但难以统计。

如此之多的法文件数量，初学者会望而生畏，即使是多年从事行政法研究的人，若不认真，在分析问题时也会有所遗漏。行政法的庞大"身躯"，为我们提供了丰富的研究素材，但对于行政法规范体系因此产生的复杂性，我们更应当有清醒的认识。

（二）实质特征

1. 内容广泛

行政法是调整规范政府行政机关行为活动的法律部门，而行政活动是除立法、司法、军事之外的国家活动，是最广泛的国家活动，更何况几乎所有新增国家职能也都是行政职能，因此，所有行政管理和服务的领域均属行政法范围：公安、卫生、医药、工商、劳动、税收、教育、环境保护、规划、社会保障等。

2. 易于变动

法律是指引人们行为方向的，不稳定的法律不利于人们及时了解和掌握，影响法律的指引作用。所以法律应当具有稳定性。但是行政法，由于内容涉及社会生活的方方面面，社会发展带来的变化也时刻影响着行政法调整，使得行政法相对于其他部门法变化修改得更频繁些。例如二十世纪八十年代才出现的网吧、台球厅，九十年代初出现的家庭用卫星接收器，都产生了对行政法调整的需求，新的创设性的行政法规范就出现了。另外一些时候，社会发展使行政法规定迅速滞后，经常的修法也使得行政法的稳定性受到影响。如个人所得税的纳税起征点，1994 年是 800 元，2006 年调整为 1600 元，2008 年为 2000 元，2011 年又调整为 3500 元。每年的物价都是有涨幅的，收入水平也要随着改变，征税的起征点当然不能不变。

虽然行政法作为部门法总的来说变动得频繁些，但是其内部不同层次的规范文件，变动性又有些差别。大体说来法律的稳定性相对好些，行政法规次之，规章变化更容易些，自然稳定性就更差些。个中原因是，越低层次的规范文件，内容越具体，离实践越近，实践的变化、实践的需求就越容易引起该规范文件的修改。

不容否认的是，也有相反的例证，即内容非常滞后的规范文件甚至标明的是"暂行"规定，却十几年、二十几年甚至三十几年地在使用。例如长期以来铁路交通事故发生后，有关部门都是根据1979年制定的《火车与其他车辆碰撞和铁路路外人员伤亡事故处理暂行规定》处理，由铁路部门酌情给予一次性救济费50元至150元。这一问题在2007年曾遭媒体热议过，2008年初再次由媒体的聚焦引起国务院的注意，导致国务院要求对所有红头文件进行清理。这也从反面说明，行政法确实应当与时俱进。当然提高行政法立法的科学性、可行性，可以适当降低行政法的不稳定性。

3. 行政法的实体规范与程序规范总交织在一起

与民法、刑法不同，行政法的实体规范与程序规范总是交织在一起并存在于一个法律文件中。民法、刑法以实体、程序区分，可以大别为民法、民事诉讼法、刑法、刑事诉讼法，泾渭分明。而行政法的程序法可以分为行政程序法和行政诉讼法，前者是行政机关执行法律、适用法律的程序，后者是司法程序、诉讼程序。说行政法实体规范与程序规范交织在一起，主要是指行政程序规范与行政法的实体规范交织在一起。行政诉讼程序规范与行政法实体规范区分得比较清楚。

翻开行政性法律、法规，或者规章，我们会发现实体规范如主管机关、主管机关的权限与如何行使权力的方式、形式、步骤、时限等程序规范都会在一个法律文件中出现。当然，我们的问题也许是程序规范规定还不够充足，所以经常听到执法人员抱怨某一法律文件的可操作性差，或者相对人抱怨某一行政权力的行使缺乏程序控制，尽管实际上我国的行政法建设在这个方面已经取得了长足的进步。

从国外看，虽然行政实体规范很难制定成法典，但制定行政程序法典或程序通则（法典性法律）的却越来越多。这主要是因为在程序规则方面，各个行政机关之间的共同点、普遍性的要求更多一些。尽管如此，我们会惊讶地发现，即使是行政程序法，也不可避免地含有或多或少的实体内容。如德国行政程序法规定了行政行为的生效、效力、失效，无效，缔结行政契约的准许权限等。我国的《行政处罚法》和《行政许可法》，是专门的某一类行政行为的通则性法律，似乎应当是专门行为的程序法，但是其中有大量实体内容，如关于设定行政处罚、行政许可权力的规定，行政处罚种类的规定，行政处罚、行政许可实施机关的规定等。

实体规范与程序规范混杂规定的原因，主要是行政程序是行政机关执法的程序，与其执行的实体规范放在一起，便于行政机关执行实施。而民法、刑法的程序法是司法法，是诉讼程序，其实体规范绝大多数情形下是靠公民自觉遵守、履行的，二者完全没必要放到一起。

4. 行政法调整行政关系后，产生的权利义务关系具有不对等性

行政法也是通过规定行政机关、相对人的权利义务，来达到调整行政关系或行政监督关系的目的。由于公权力既不是天然有效的，也不是无限的，要让某一行政机关拥有某些或某项公权力，法律势必对该权力范围多大、怎样行使作出具体规定。而在行政领域的相对人，其义务首先是概括的，例如须服从行政机关的指挥命令，对行政机关的行政处理或措施不满意，也要"容忍"（义务）；其次是相对人在某一方面的具体义务，主要规定在单行法中。如《个人所得税法》会规定，作为纳税人的相对人，其纳税义务，多少收入开始起征个人所得税，纳税义务人如何交纳个人所得税等。又如《环保法》规定新建项目，建设单位要在报批建设项目同时交报环境影响评价文件，《环保法》对环境影响评价文件的编制提出要求："建设单位应当在编制时向可能受影响的公众说明情况，充分征求意见。"

我们通过对生活的观察就可以看出，本来公法是"无法律即无行政"，但实际上公法领域似乎到处在规定公权力，如行政机关的权力包括作出处理决定如收费决定，作出行政处罚决定，采取各种强制措施如查封、扣押、冻结，核发许可并不断对许可持有人是否在许可范围内活动进行监督检查的权力等等。而私人以服从为概括义务、还要服从单行法规定的个别义务或具体义务。因而相对人与行政机关的权利义务关系呈现出一种不对等的状态。对此我们毋庸讳言，因为公权力是一种不得不存在的"恶"，是满足社会需要必须存在的"恶"，所以法律规定了如此广泛普遍的公权力。但是公权力必须尽可能少地产生滥用的危害。这恰恰提醒我们，应当充分认识到这种对公权力的需求和可能的滥用之间，带给公法"限制公权力"的任务是相当艰巨的。近些年来，西方国家出现的强调"公""私"合作的"治理"理论，实际是实体上矫正这种"公""私"不对等关系的很好办法；强调公众参与、程序透明、信息公开、广泛赋予公民针对公权力的救济手段等等，则是从程序上满足对这种不对等关系进行平衡、矫正的需要。

第三节　行政法律规范

一、行政法律规范的概念

行政法律规范，是行政法最基础的一个概念，因为是基础概念，人们常常挂在嘴边上，如同其他人们熟知的名词概念一样也因此最被熟视无睹。

给行政法律规范下定义，通常的做法是将"法律规范"的概念套上"行政"或"行政管理"的定语。法律规范，按照最容易理解的说法，"是以规则的形式作出的权利义务规定"①；那么"行政法律规范"就是有关行政管理关系或行政监督关系的权利义务规则。

由于"法律规范""行政法律规范"在定义时，都是被最终定位为"规则"，作为与"原则"相对应的概念，规则是制定法中出现的"规定"。因此，与之最易于混淆的莫过于实定法中的"条文"，即将"行政法律规范"等同于构成行政法的各种法律文件的条文。

但就法律规范的构成而言，法律规范是由假定、处理、制裁构成的。"假定"指适用规范的必要条件，"处理"指行为规范本身的要求，"制裁"指对违反法律规范将导致的法律后果的规定。以行政法律规范为例，一个税收方面的法规规定某一税种适用的对象即为"假定"；规定符合该法规定的纳税对象，按照一定税率纳税及纳税的方式等，即为"处理"；而规定对违反该法规将承担的法律责任，即为"制裁"。所以一个行政法律规范，实际上包括上述三方面内容的规定。而一个法条就是制定法逐条标序、在每个序号后边的那条规定。由于法条不同于法律规范，所以有时会出现法律规范不完整的情况。例如有时法律法规规定了该法适用的条件和具体的权利义务，但没有规定违反该法应当承担的法律责任，这时这一法律规范就是不完整的，因为它缺乏"制裁"的内容。因此，就法律规范的完整性而言，法律规范应当包含有违反"处理"，而对"假定"部分所指明的对象施以"制裁"的内容。

法条一般都是一条规定一项内容，没有过法条将某一法律规范的三项内容都规定上去的。所以指法律规范为法条，是误解或混淆。

法律规范与行政法律规范相比，增加了"行政"这一定语，这个定语是为"法律规范"定性的。也就是说，这个法律规范是行政性的。何谓"行政性"？简

---

① 张文显：《法学基本范畴研究》，中国政法大学出版社1993年版，第17页。

单地说，关于公行政的法律规范就是行政法律规范。"行政性"指这一规范与行政有关。这里的行政是指国家行政或公行政，而非一般社会组织都具有的组织管理甚至后勤的职能。

二、行政立法与行政法律规范的联系与区别

行政法律规范是关于国家行政或公行政的法律规范，可见行政法律规范是从实质内容上界定的。与之易于混淆的概念是行政立法。在行政法学范围内，行政立法的"行政"两字是表明这种立法是行政机关制定的。行政法律规范与行政立法是相互关联却又有区分的两个概念。

行政立法是行政机关的"立法"，行政机关立法是有界限的，要在行政机关行政管理权限范围内立法，因而可以说，行政立法基本上是制定行政法律规范。这与行政立法的性质是相符的。行政立法从本质上是执行性立法。也就是说，行政机关是执行法律的机关，其所执行的法律往往需要行政机关具体化、细化，在法律允许的范围内，有时候行政立法还会对其执行的法律作某些细节上的补充规定。法律从适用上可以大分为两类，司法机关执行或适用的法律和行政机关执行或适用的法律。凡属行政机关执行的法律，其规定所涉及的事项范围应该是行政管理的事项，因而行政立法大量的规定无疑是行政管理领域内的事项。行政立法所制定的规范，肯定是以行政法律规范居多。

但是，行政立法中可能也有其他法律规范，例如《国务院城市私有房屋管理条例》。① 中不少条款都是民事性的法律规定，像关于房屋"买卖"的第三章：房屋所有人出卖共有房屋，须提交共有人同意的证明（第十条）；房屋所有人出卖房屋，须提前三个月通知承租人，在同等条件下承租人有优先购买权的规定，都不是行政法律规范，而属于民事法律规范。第四章"租赁"、第五章"代管"中，也有不少民事性的法律规范。

另外，在某些行政立法中，还有一些刑事性质的规定，如《国务院村庄和集镇规划建设管理条例》第四十一条规定："损坏在村庄和集镇区的文物古迹、古树名木和风景名胜、军事设施、防汛设施，以及国家邮电、通信、输变电、输油管道等设施的，依照有关法律、法规的规定处罚。"这里所说的处罚，既包括行政处罚，又包括刑事处罚。再如广东省人民政府颁布的地方规章《广东省林地管

---

① 国发〔1983〕194 号（1983 年 12 月 17 日发布、实施），现已废止。

理办法》① 第二十九条规定："有下列违法行为之一的，由公安机关按照《中华人民共和国治安管理处罚条例》的规定给以处罚；情节严重的、构成犯罪的，由司法机关依法追究刑事责任：（一）在山林权争议地区或以山林权纠纷为借口，煽动群众闹事，抢砍林木的；（二）以暴力、胁迫或者其他手段抢占林地的；（三）阻碍国家工作人员依法执行林地管理职务的。"这一规定，不仅抽象地规定了追究刑事责任，而且具体描述了"罪状"，非常明显属于刑事法律规范的范畴。当然，最为常见的，是行政法规或规章经常会规定：违反本条例（或办法等），构成犯罪的，依法追究刑事责任。

行政立法规定刑事责任的情形需要区分，如果创设罪名显然是不可以的，违反了法律保留原则。但最常见的"违反本条例、本办法，构成犯罪的，依法追究刑事责任"的规定，实际上是对刑法相关规定的重申，并未创设新的刑事法律规范，是否追究刑事责任也是完全取决于刑法自身的规定，也许这种宣示性规定不那么必要，但应该说并没有违反法律保留原则。

行政立法含有民事性法律规范，一般来说应当具备两个条件：一是有法律授权如婚姻法关于婚姻登记授权国务院作出规定属之；二是行政立法涉及私权领域是因为公共管理需要适度进入私权领域。如家庭安装卫星接收器，有关主管部门规定要经过"批准"。公共安全、大众健康、精神文明甚至更为抽象的公共利益，都是公法干预私权领域的理由，所以"适度"的界限是个很复杂的问题，超出此处话题，这里不便讨论。

总之，注意上述现象，明了行政立法与行政法律规范并非完全是同心圆。另外，行政法律规范文件渊源很多，行政立法只是其中比较重要的渊源形式，还有法律、地方性法规、司法解释等都包含着大量行政法律规范。

第四节　行政法渊源

行政法的渊源，按照最通常的说法，即行政法律规范的载体。它所表明的是行政法律规范能够在什么样的文件中找到，如宪法被认为是行政法的渊源，是因为在宪法中我们可以找到关于行政机关的产生、组成、职权、行使权力的基本限制等规定。这里我们将其称为一般渊源，罗列如下：

---

① 粤府〔1992〕138号（1992年10月9日广东省人民政府颁布，自1992年11月1日起实施）。

一、一般渊源（制定法渊源）

（一）宪法

宪法是国家的根本大法，对国家政治、经济、社会作出了全方位的原则性规定，其中关于行政机关产生、法律地位、行政职权的规定，属于（最高位阶）行政法规范，其他规定如关于公民、法人、组织对政府或行政机关享有监督的权利的规定，也是行政法规范，如《宪法》第四十一条规定了公民对于任何国家机关和国家工作人员，有提出批评、建议、申诉、控告或者检举的权利，由于国家机关和国家工作人员侵犯公民权利而受到损失的人，有依照法律规定取得赔偿的权利。这一规定明确了行政机关及其工作人员要接受人民群众这样的监督，属监督行政的行政法规范，当然也在行政法规范范围内。

在宪法性法律中，也有一些行政法规范，例如《立法法》中规定了行政法规、规章的权限和程序，《各级人民代表大会常务委员会监督法》中规定了人大常委会对政府的监督。

（二）法律

法律有广义、狭义之分，我们这里讲的是狭义的法律，即形式意义上的法律，指全国人大及其常委会制定、通过的法律。诸如行政诉讼法、行政处罚法、行政许可法、监察法都是最典型的行政性法律。还有许多法律虽然不像上述法律涉及所有行政机关，但是适用于某一行政管理领域由一个或几个行政机关执行——更加明白地说是约束它们也赋予它们在某一领域行使权力的法律，也是行政性质的法律，如环境保护法，食品安全法，各种资源管理法等，例如土地管理法、森林法、草原法、水资源法、矿产资源法等，治安管理法，道路交通管理法，产品质量法、银行法、证券法等。前者是通用类的行政性法律，后者是单一领域的行政性法律。

我国现行《宪法》规定全国人大制定和修改刑事、民事、国家机构的和其他的基本法律，全国人大常委会制定修改基本法律以外的其他法律。因而有人认为在法律层面还要细分为两种即基本法律和其他法律。而基本法律与其他法律的实质分野迄今尚无权威机关进行界定，是全国人大及其常委会裁量定夺的事情。就我们这里探讨的法律渊源问题而言，我们应当关心的是，全国人大制定的"基本法律"在效力等级上是否高于其常委会制定的法律。目前看，所有规定都是将法律视为一体，没有设想过人大常委会可能制定出与"基本法律"不一致的"其他法律"来。当然我们也尚未发现此类实例，所以这个问题只是一个逻辑上认为可能的问题，也许需要存疑留待实践检验。

到 2016 年 3 月，现行有效的法律有 265 件。

（三）行政法规

行政法规是国务院依据宪法和法律制定的法律文件。《立法法》规定了行政法规的权限：（1）为执行法律的规定需要制定行政法规的事项；（2）《宪法》第八十九条规定的国务院行政管理职权的事项。从第一项权限看，行政法规是一种执行性立法，而从第二种权限看，也可能是创设性立法。但创设性行政法规的制定，不能超越国务院行政管理职权，即国务院不能对行政管理职权之外的刑事、民事问题作出规定。

此外，应当由全国人大及其常委会制定法律的事项，国务院根据其授权可以先行制定行政法规。例如，国务院分别根据全国人大《关于授权国务院改革工商税制发布有关税收条例草案试行的决定》（1984 年）和《关于授予国务院在经济体制改革和对外开放方面可以制定暂行的规定或者暂行条例的决定》（1985 年），制定了一系列的暂行规定或者暂行条例。这些暂行规定和暂行条例经过实践检验，待条件成熟时，由国务院按照《立法法》的规定提请全国人大及其常委会制定法律。可见就权限范围而言，行政法规有创设性立法、执行性立法和授权立法三类。

行政法规在我国的法律体系中地位仅次于法律，虽然其与地方性法规合称"法规"，但其地位在地方性法规之上。如《立法法》第七十二条第一款规定："省、自治区、直辖市的人民代表大会及其常务委员会根据本行政区域的具体情况和实际需要，在不同宪法、法律、行政法规相抵触的前提下，可以制定地方性法规。"行政法规是地方性法规不得抵触的前提之一，层级效力高于地方性法规。这是单一制国体和历史传统的一种体现。

行政法规经过四次大的清理，现行有效的行政法规到 2016 年 3 月有 717 件。2007 年 3 月国务院办公厅又专门下发通知，部署对现行行政法规规章进行一次新的全面清理，旨在从制度层面为加快建设法治政府"清障"。

（四）地方性法规

地方性法规是有地方法规制定权的地方人大及其常委会，在不与宪法、法律、行政法规相抵触的前提下，根据本地方的具体情况制定通过的适用于该行政区域的法律文件。

新中国建立后的第一部宪法即 1954 年《宪法》，规定了中央集权的立法体制，地方国家机关的任务被限定在"在本行政区域内，保证法律、法令的遵守和执行"方面，各级人民代表大会只有发布决议权而无立法权。

1979 年《地方各级人民代表大会和地方各级人民政府组织法》（以下简称

《地方组织法》）颁布。第一次明确赋予省级人大及其常委会以地方立法权。1982年《宪法》确认了《地方组织法》的这一规定。

紧接着1982年《地方组织法》进行修改，进一步规定：省级政府所在地的市和国务院批准的较大市的人民代表大会及其常委会有拟定地方性法规草案、提请省级人大审议的权力。

1986年《地方组织法》修改时，使上述地方的人大及其常委会的权限由"拟定"地方性法规变为"制定"地方性法规：省、自治区人民政府所在地的市、国务院批准的较大的市的人大及其常委会有权制定地方性法规。当然为了适当控制，在程序上规定：两种市的地方性法规要报省、自治区人大常委会批准后施行，并由省自治区人大常委会报全国人大常委会备案和国务院备案。

2000年的《立法法》第六十三条用一款解释性规定统一了三种"市"，实际上也就统一了大多数地方性法规的称谓，即"本法所称较大的市是指省、自治区的人民政府所在地的市，经济特区所在地的市和经国务院批准的较大的市。"据此，地方性法规的制定主体合并为两类：一类是省、自治区、直辖市的人大及其常委会，另一类是较大市的人大及其常委会。较大市包含了三种市，即省会所在地的市或自治区首府所在地的市，国务院批准的较大的市①和特区所在地的市②。地方性法规的两类主体决定了地方性法规的两个层次。较大市的地方性法规是不可以违背或抵触省级地方性法规。

截止到2016年3月，现行有效的地方性法规共计9881件。

（五）自治条例、单行条例：

《宪法》第一百一十六条规定："民族自治地方的人民代表大会有权依照当地民族的政治、经济和文化的特点，制定自治条例和单行条例。"1984年的《民族

---

① 国务院曾经四次批准较大的市，1984年12月5日批准唐山市、大同市、包头市、大连市、鞍山市、抚顺市、吉林市、齐齐哈尔市、青岛市、无锡市、淮南市、洛阳市、重庆市（重庆市于1997年3月恢复直辖市而不再是较大的市）十三个市为较大的市；1988年3月5日批准宁波市为较大市；1992年7月25日批准邯郸市、本溪市、淄博市为较大的市；1993年4月22日批准苏州市、徐州市为较大的市。

② 二十世纪九十年代全国人大常委会对特区的立法权授予都是授予特区所在地的市人大及其常委会制定法规在特区内实施，并没有授权它们制定法规在该市施行。以深圳特区与深圳市的地域面积比较而言，特区的面积是327.5平方公里，而深圳市是2020平方公里的面积。也就是说，特区所在地的市人大及其常委会制定的法规是特区的法规，而非该市的法规，该市并没有法规的制定权。是《立法法》这一规定，使得特区所在地的市获得了地方性法规而不仅仅是特区法规的制定权。

区域自治法》再次重申规定，但是都没有明确这种自治条例、单行条例既然体现民族自治的特点，到底可否变通法律规定？

《立法法》第七十五条第二款在充分研究了上述规定和宪法、民族区域自治法等规定的基础上作出了明确规定："自治条例和单行条例可以依照当地民族的特点，对法律和行政法规的规定作出变通规定，但不得违背法律或者行政法规的基本原则，不得对宪法和民族区域自治法的规定以及其他有关法律、行政法规专门就民族自治地方所作的规定作出变通规定。"

可见，虽然自治条例、单行条例是自治地方的法律文件，但是它们不同于一般的地方性法规，一般地方性法规是不能抵触法律、行政法规的。由于其可以"变通"法律，程序上，自治区的自治条例和单行条例要报全国人民代表大会常务委员会批准后生效；自治州、自治县的自治条例和单行条例，要报省、自治区、直辖市的人民代表大会常务委员会批准后生效。

汉族地区县级统统没有法规制定权，少数民族地区的自治州和自治县却有两种条例的制定权，而且两种条例可以变通法律、行政法规，充分体现了新中国对少数民族区域的尊重和信任。自治条例和单行条例也就构成我国法律体系中极具特色的部分。

自治条例主要规定自治地方之自治机关的自治权限，应该是民族区域自治的综合性立法。单行条例则是自治地方针对少数民族特点对某一类社会关系进行调整的法律规范。其制定目的也是行使自治权。

据《中国民族自治地方自治条例和单行条例汇编》[①] 统计，截止到 2008 年 8 月底，我国各民族自治地方已制定 137 个自治条例、510 个单行条例、75 个变通和补充规定。

至 2010 年，我国各民族区域自治地方制定出自治条例 130 部：5 个自治区未制定自治条例；30 个自治州中，共制定了 25 部自治条例，5 个自治州未制定自治条例；122 个自治县（旗）中，共制定了 3110 部自治条例，尚有 12 个自治县未制定自治条例。

截止到 2016 年 3 月，我国各民族自治地方制定自治条例和单行条例已达 955 件。

（六）经济特区的法规和规章

全国人大常委会于 1992、1994 和 1996 年先后授权深圳、厦门、汕头和珠海四市的人大及其常委会"根据具体情况和实际需要，遵循宪法的规定以及法律和

---

① 国家民委政法司、全国人大民委法案室编，东方出版社 2008 年 8 月版。

行政法规的基本原则"，制定法规，在各自的经济特区实施；授权各该市人民政府制定规章，在各自的经济特区组织实施。

经济特区的法规和经济特区的规章是唯一的制定主体权限范围与法规和规章适用范围不一致的法律文件。经济特区的法规和规章不是特区自己制定的，而是特区所在地的市人大及其常委会、市政府制定的。因为经济特区所在地的市按照宪法、法律规定才设有人大及其常委会，也有一级政府建制。如果授权特区自己制定法规、规章恐怕需要修改宪法、地方组织法、选举法以及其他诸多法律，使得经济特区也有人大和政府的建制方可。

经济特区的法规和规章制定的权限范围，由于授权法的用语，经济特区法规的立法权限被理解为只需要遵循宪法的规定，对法律和行政法规，经济特区立法只要不违背其基本原则即可，其具体规定不一致并不违反授权法的授权。经济特区作为改革开放的试验田，在立法上赋予其较大权限，可以保障改革有章可循并赋予改革以合法性。

经济特区的立法权同时使得我们的法律体系更加多层次，复杂化。例如经济特区的立法权比普通地方的地方性法规制定权的权限范围宽泛，但其地域是在一个更高级别的行政区划内。举例来说，深圳特区在广东省、深圳市的地域范围内，按常规，广东省、深圳市的地方性法规是深圳特区法规不能抵触的，但是由于深圳特区的法规权限大，其甚至可以不遵循法律、行政法规的个别规定，而只要不违背法律行政法规的基本原则就行，那么深圳特区的法规当然可以突破广东省、深圳市的地方性法规……可见，判定法律冲突的时候，或判定法文件层级效力的时候就发生了困难，而在执行的时候造成的困难更具现实性，影响执行的顺畅，造成执法活动的"肠梗阻"。因此，在改革开放经过相当长的发展时间后，改革的经验教训已经充分显现，尤其是其他地区逐步跟进缩小了经济特区与其他地区的市场差异，经济特区的立法权是不是永远存在下去，还是其他地区在立法权上向经济特区看齐，是需要我们深入探讨的问题，这里不赘言。

经济特区的规章在授权法中似乎没有前提，笔者以为，既然授权制定的是规章，就应当按照宪法、组织法关于规章的权限来制定。规章在立法法之前是根据原则，也就是说应当是执行性立法。在立法法之后，地方规章与部门规章在权限范围上有了分别——虽然两者在法律体系中的地位没有变化，仍然是相同的。地方规章除了是执行性立法外，还可以在地方行政管理范围内制定规章，这意味着可能是创设性立法；而部门规章只能是执行性立法，没有上位法根据是无法创设新的权利义务关系的。经济特区的规章应当按照地方规章对待,其制定权限范围包括一定条件下的创设立法权。

(七)军事法规和军事规章

我国宪法规定了由全国人大产生并向全国人大负责的中央军事委员会,但是对其具体权限包括立法权限并无规定。但是军队尤其在和平时期显然不能离开法律完全随机地活动。1982《宪法》实施后,军队通过其军委法制局不断反映其希望法律赋予其立法权的意愿。这种意愿具有极大的合理性。也许是一种罕见的例外,《立法法》通过附则的规定,对军事法规和军事规章作了原则规定,从而确认了它的合法性(第一百零三条):

中央军委可以根据宪法和法律制定军事法规;军委各总部、各军兵种、各军区、中国人民武装警察部队可以根据法律和中央军委的军事法规、决定、命令制定军事规章。军事法规和军事规章在武装力量内部实施。

实践中,调整对象属于国防建设领域,涉及地方人民政府、社会团体、企业事业单位和公民的军事行政法规、军事行政规章,分别由中央军委会同国务院、军委各总部、国防科工委会同国务院有关部门联合制定。国务院、中央军委颁布了30多部军事行政法规,中央军委颁布了100多部军事法规;全军各大单位还制定了几千部配套的军事规章。

(八)(行政)规章

规章原本不用加"行政"两字就是指行政规章,但是有了军事规章以后为了区分起见,经常需要加上这个定冠词。

行政规章按照制定主体区分为两种,一为部门规章,一为地方规章。

按照《宪法》规定,制定规章的只有国务院部委。《立法法》进一步授权除国务院各部、委员会、中国人民银行、审计署外,具有行政管理职能的直属机构也有权制定规章。部门规章规定的事项应当属于执行法律或者国务院的行政法规、决定、命令的事项。

地方政府规章的制定主体和地方性法规的制定主体扩展范围是同步的,从1979年《地方组织法》开始,制定主体从省级政府扩展到较大市的政府。按照《立法法》的规定,地方规章可以就下列事项作出规定:(1)为执行法律、行政法规、地方性法规的规定需要制定规章的事项;(2)属于本行政区域的具体行政管理事项。从上述规定看,地方规章制定主体除了享有第一项执行性的立法权限外,在第二项上,实际上享有一定的创设性立法权限。当然,此项规定同时也构成对地方规章创设性立法的限制,即必须属于本地方的具体行政管理事项方可制定创设性规章，对全国性的行政管理事项是不能制定创设性规章的。也就是说，需要全国一致的事项，地方规章制定主体不可以创设性立法。

规章是正式制定法中地位最低的。不得违背宪法、法律、行政法规，也不得违背本地方的地方性法规，较大市的规章更要加上不得违背省级地方性法规和规章。当然，从层级效力来说，部门规章与地方规章是相同的。

为了解决规章之间以及规章与其他法文件之间的矛盾和冲突，有的法律规定了一定的途径，如立法法规定，若发现地方规章与部门规章规定不一致，可提请国务院裁决。

二、特殊渊源

行政法的一般渊源主要是正式的制定法渊源。但是行政法还有其他渊源，是不正式称之为"立法"的立法，如司法解释、其他规范性文件，也有作为法律依据使用的如法律原则等。

（一）其他规范性文件

其他规范性文件是一个包含极广的概念。既包括有行政立法权的政府或行政机关制定的非正式"立法"的规范文件，如国务院发布的具有规范性内容的通知、批复、决定、命令，也包括没有行政立法权的政府或行政机关制定的规范文件，如县政府发布的具有规范性内容的决定、命令、通知等；还包括没有地方性法规制定权的人民代表大会制定的规范文件，如温州市人大通过并发布的具有规范性内容的决议、决定等。

规范性文件的效力在我国的《行政诉讼法》《行政复议法》和《立法法》中都没有明确规定，主流观点也一直把它们排斥在法律渊源之外，但它们在实际生活中的作用是毋庸置疑的。法治并不一概排除这些规范性文件的效力，但需要强调的是，任何法律规范性文件，尤其是层次较低的行政规定，其本身的合法性是有待检验的。如《行政复议法》规定，对具体行政行为可以申请复议，对具体行政行为所依据的（低于规章的）规范性文件也可以一并申请行政复议。

规范性文件的层级效力与正式制定法一样，是用主体来确定的。如国务院的规范性文件虽然层级效力低于其行政法规，但是比规章的层级效力又要高，因为《宪法》规定，各级政府和行政机关要服从国务院的行政法规、决定、命令。而决定、命令在许多情况下是以规范性文件的形式发布执行的。由于我国是单一制国体，我们一直置国务院行政法规在正式立法中仅次于法律的地位，从而国务院制定的规范文件，即使是地方人大的决议、决定一般也不能与之相悖。所以，规范性文件的效力是需要按照主体地位具体分析的。行政系的规范性文件如此，地方人大系的规范性文件也是同样。

因此，其他行政规范文件与人大规范文件的关系需要一一分析才能定位。由于规范性文件的数量大大超过正式制定法，且其制定主体比正式制定法的主体数量也大得多，使得规范性文件的内部关系呈现出十分复杂的状态。梳理的时候，可以首先区分政府行政机关的行政规范性文件和没有立法权的地方人大的规范性文件。这是其一。

其二就是注意行政规范文件与行政立法的位差。这里尤其在说拥有行政立法权的主体制定发布的其他非正式的规范文件的位差。虽然都是同一主体制定的规范文件，但是前者是正式立法，后者是非正式立法，显然正式立法应当比非正式立法高半格。举例来说，国务院的行政法规比国务院发布的具有规范内容的文件的层级高半格，意味着国务院的非正式立法不能突破正式立法的界限，否则与之相抵触；而由于国务院的非正式立法的地位比行政法规低半格，所以其层级上又高于规章半格，当然更高于规章制定主体制定的行政规范文件。

对于行政规范性文件而言，目前的监督途径已经有了一些，如通过行政诉讼，人民法院对行政规范性文件再审查之后认为不合法，是可以不适用的；行政复议中复议申请人可以一并申请审查行政规范性文件，《规章制定程序条例》更是规定："国家机关、社会团体、企业事业组织、公民认为规章与法律、行政法规相抵触，可以向国务院提出审查的建议。"

（二）法律解释

法律解释宽泛地说是适用法律的前提，但是我们这里讲的法律解释是指正式解释或权威解释，是具有法律效力的法律解释。1981 年全国人大常委会作出了关于法律解释的决议，其中规定了四种法律解释。虽然 2000 年的《立法法》关于法律解释只是议及全国人大常委会的立法解释，但是我们不能理解为它废弃了其他三种法律解释，其他三种法律解释仍然是存在的。为什么这样说呢？因为《立法法》关于法律解释是在第二章"法律"中规定的，即是对全国人大及其常委会的立法进行规定时涉及的。在"法律"章中不可能议及其他立法主体的事情，而在其他章节中没有议及其他立法主体的法律解释问题。作为法律的立法法，只能就最重要的立法问题作出规定，而不能对一切立法事宜作出规定，这是框架式立法模式决定的。但是这并不表明其他法律解释自然消失了。后来出台的《各级人民代表大会常务委员会监督法》要求司法解释向全国人大常委会备案的规定，也表明不只是全国人大常委会才能作出法律解释。

1. 立法解释

1981 年的全国人大常委会《关于加强法律解释问题的决议》（以下简称《决议》）规定，凡关于法律、法令条文本身需要进一步明确界限或做补充规定的，由全国人民代表大会常务委员会进行解释或用法令加以规定。因为当时 1982 年《宪法》还没有生效，而按照 1978 年的《宪法》，全国人大常委会没有法律制定权，只有法令制定权。所以这一决议中讲到全国人大常委会的立法时，还是用"法令"这一名称来称呼人大常委会的立法。《决议》对立法解释的规定表明，立法解释往往是新的立法，因为进一步明确法律条文的界限，也许就需要人大常委会审时度势对法律条文作扩充性解释或缩小性解释，对法律条文作"补充规定"更是明确的补充性立法。这种立法解释是立法活动的延伸，其存在是制度上保留一种弹性空间，可以在不需要修法的情形下弥补或完善已有的法律规定。2000 年的《立法法》在第四十二条①中规定，法律的规定需要进一步明确具体含义的，法律制定后出现新的情况，需要明确适用法律依据的，由全国人民代表大会常务委员会解释。把对法律条文作"补充规定"改为"明确适用法律依据"，字面的意思清楚表明了限缩立法解释权限范围的意向。也许，经过二十多年的法制建设，将需要进一步补充规定变成新的修法的任务或者立法的任务更为合适。

2. 司法解释

司法解释是指最高人民法院和最高人民检察院对具体应用法律的问题所作出的解释。"具体应用法律的问题"是 1981 年全国人大常委会决议给司法解释权限划出的唯一界限。但是由于我国法律的制定是一种"框架"立法，也就是说，法律一般都制定得比较原则、抽象，没有下位法配合，就很难落实执行。而具体应用法律明显的应该是"个案"解释，个案遇到具体适用法律的问题，"两高"作出司法解释。所以事实上，尤其是最高人民法院所作出的司法解释往往超出了个案解释的性质和范围，成为事实上的立法。这和法院无法以没有法律具体规定不能裁判为由，而把案件推出法院有关。从实际情况看，可以非常肯定地说，我国诸多法律没有司法解释的话，是无法适用的。即使法官"硬"要适用，其实也是自行使用主观判断或曰自由裁量权而已。与法官自由裁量相比，司法解释划一个全国统一的裁判标准，还是更好些。所以司法解释是我国重要的法源之一。

---

①　已被修订为 2015 年《立法法》第四十五条。

3. 行政解释

按照 1981 年《决议》，不属于审判和检察工作中的其他法律、法令如何具体应用的问题，由国务院及其主管部门进行解释。国务院及其行政主管机关对法律具体适用问题所作出的法律解释称为行政解释。国务院及其主管部门以非正式形式解释法律的情形可能多于正式形式作出行政解释。而且国务院实际上作出了行政解释，但是形式上却可能不直接称之为行政解释。如 2000 年 6 月 20 日《国务院关于个人独资企业和合伙企业征收所得税问题的通知》（国发〔2000〕16 号文件），表述上是："国务院决定，自 2000 年 1 月 1 日起，对个人独资企业和合伙企业停止征收企业所得税，其投资者的生产经营所得，比照个体工商户的生产、经营所得征收个人所得税。"但是这个通知实际上是一种新行政解释，即在税收层面，将个人独资企业和合伙企业这两种经济主体界定在企业之外，使之不用缴纳企业所得税，而改为缴纳个人所得税。

4. 地方解释

1981 年《决议》规定，凡属于地方性法规条文本身需要进一步明确界限或做补充规定的，由制定法规的省、自治区、直辖市人民代表大会常务委员会进行解释或作出规定。凡属于地方性法规如何具体应用的问题，由省、自治区、直辖市人民政府主管部门进行解释。据此，有两种地方解释，一为省级人大常委会所作地方解释，另一种是省级行政主管机关所作的地方解释。两者的权限范围是不一样的，前者是对地方性法规需要明确界限或者需要做补充规定的情形所作出的解释；后者是对地方性法规具体应用问题所作出的解释。

（三）法律原则

原则是一种指向、一种精神，不是具体规定。与法律规范相比，法律规范是制定法中的规则，是一种实实在在写在纸上的明确规定，法律规范以具体、明确为其特征。而法律原则比较抽象，具有一种指向性，并非明确的规定。如诚信原则，是要求一种诚实信用的内心状态和恪守自己的承诺的外在行为。它并没有规定何为诚信的行为规范，因此它不是规范，而是一种原则要求。有的时候原则被写入了法律，所以我们现在常见诸多法律在总则部分规定原则。但是即使写成法条，原则仍然不是规范，它还是一种指向、精神，在更高层次标示着该法的方向。例如许可法的便民原则，它既体现在诸法条中，却又是高于实在规定的原则。在缺乏具体规定时，行政机关若制定具体的程序，只能按照便民原则制定程序，而不能以自己工作方便来制定程序规定。这样的举例已经表明，原则是法律渊源，因为原则也要得到遵守，甚至是约束制定规则的人的。但是需要指出的是，就法律适用而言，原则的适用是在规范缺失的前提下方可适用的。也就是说，有具体规则要适用具体规则，没有具体规则的时候才适用原则。德沃金认为，原则不同于规则，在于它的效力不是绝对的，而有重要性和分量的区别。不同原则冲突时，一条原则可能基于重要性和分量压倒另一条原则；规则与原则冲突时，原则也可能压倒规则。

在实行判例法的国家里，法律原则通常由法院通过判例来宣告和确立。但我国不实行判例法，很难通过司法判例（至少个别判例）令人信服地确立一条法律原则。德沃金曾以"任何人不得从错误中获利"等原则为例说明，"这些原则并不源于某些立法机关或者法院的特定的决定，而是源于在相当长的时间里形成一种职业和公共正当意识。这些原则的持续的力量，来源于这种意识的保持。"在法律议论过程中，当一条行为准则作为独立的论据，自身具有一定说服力，而不再依赖别的法律渊源来证明（当然也不排斥其他渊源的论据作用），它就获得了法律原则的地位。这种地位的获得过程，是法律共同体达成共识的过程。

当然，原则如果也是法律渊源的话，法律渊源的定义就要改写。因为原则并不是"法律规范的载体"——某一类法律文件。因此，有深受英美法系学说影响的学者就提出："……多种多样的根据都可能被引用和考虑，这些根据的有效性来自于它们在具体情境中的说服力。为此，本章将重新理解法律渊源这一范畴的含义，并将它定义为：阐述一种法律制度或者争辩一条法律规范时，可以使用的形式多样、具有说服力的论据。"[1] 在英美法系，法官适用法律之前是法官最终地解释法律，法官还可以适用先例，法官判决才表明法律是怎样规定的，或先前判例是正好适用于本案的。而法官造法之说，更表明法官不仅仅适用制定法，而且可以造法——判例法，因为"有说服力"的根据意味着判断和选择，正如美国法学家格雷（John C. Grey）所说，制定法和判例白纸黑字的东西，以及道德、政策、法律原则、习惯、法律专家的意见，都不是法律本身，而是法律的渊源。法律适用者结合这些渊源和案件事实得出的适用于具体案件的规则，才是真正的法律。[2] 那么他们造法过程中所考虑最有说服力的理由或根据，就被说成是法律渊源，而他们造出来的东西是法律。语境不同，理解不同。我们似不宜在这个意义上使用法律渊源的概念。英美法系是判例法国家，将法律渊源看做是具有说服力

---

① 应松年主编：《当代中国行政法》（上），中国方正出版社 2005 年版，第 15 页。

② John Grey, *The Nature and Sources of Law*. New York：The Macmillan Company, 1921, p. 84.

的根据还比较合适，但是在我们这样的制定法国家，将法律渊源视为有说服力的根据是不够的，因为有没有说服力——执法或者适用法律的人不能认为不具说服力而拒绝适用该原则，只是合理性的问题，就合法性而言，它就是根据。

但是如果承认法律原则是法律渊源的话，我们不妨借用上述概念的一部分，即法律原则虽然不是法律规范的载体，但是它是法律规范的基础、根据，因而当然可以同法律规范一样得到尊重和服从。从适用角度言之，法律原则和法律规范一样得到适用，是"根据"，而非可供选择的根据。在适用"根据"这个角度使用法律渊源，我们可以将法律渊源分为一般渊源和特殊渊源。

（四）国际条约

国际条约作为法律渊源从来没有异议，但是怎样适用教科书说明的不多。国际条约的适用有两种方式，一种是直接适用，执法者、法官可以直接引用国际条约作为法律规范使用；另一种方式不可以直接适用，要转化为国内法方可适用。之所以如此，是主权决定的。我们国家对于国际条约没有统一规定如何适用，不同领域实际上有不同情况。有的领域，单行法直接规定了国内法与国际条约抵触，适用国际条约，意味着国际条约可以直接适用，我们国家的《专利法》《民事诉讼法》《海商法》等法律有此类规定。如《海商法》第二百六十八条第一款规定："中华人民共和国缔结或者参加的国际条约同本法有不同规定的，适用国际条约的规定；但是，中华人民共和国声明保留的条款除外。"

但是有些领域，国际条约要转化为国内法才可适用，如2001年我国加入了世界贸易组织（WTO），世贸组织的若干骨干文件实际上就是世贸组织成员国签署遵守的"法律"，但是可否直接适用这些文件在我国法院的案件上，取决于我们国家主权规定，按照2002年8月《最高人民法院关于审理国际贸易行政案件若干问题的规定》，法院审理这类案件不能直接适用WTO的那些国际条约，这意味着国际贸易领域的这些国际条约要转化为国内法才可在中国境内适用。

除了主流观点所讨论的制定法，何海波所著《当代中国行政法》认为我国法律渊源还包括一般法律原则，民间习惯、行政惯例和司法判例，法律学说，行政政策，公共道德，比较法等（八种）制定法以外的因素，即不成文的渊源。从逻辑上讲，承认习惯、判例和法理为法的渊源，不是必然有损法制统一。外国的经验证明，在一定条件下，反而可能有助于法制统一。民国时期的行政法著作在讨论法律渊源时，借鉴外国学说，都肯定非成文法因素。

面对各种各样的法律渊源，尤其是经常遇到的情形是不同法律文件对同一问题的规定可能是不同的，如何确定优先适用哪个渊源（文件）？在各种法律渊源之间有个"优先"规则。在制定法或正式渊源范围内，规范的层级效力取决于制定主体的高低。即一般而言，制定主体的法律地位高，其制定的规范文件的层级效力就高，制定主体的法律地位低，其制定的规范文件层级效力就低。但是有一点特殊的情形，就是按照《立法法》，当地方性法规、规章之间不一致时，并不是地方性法规一定优先适用。当地方性法规与部门规章之间对同一事项的规定不一致，不能确定如何适用时，应由国务院提出意见，国务院认为应当适用地方性法规的，应当决定在该地方适用地方性法规的规定；认为应当适用部门规章的，应当提请全国人民代表大会常务委员会裁决。这主要考虑到部门规章是国务院行政主管机关制定的，其权限以事项来确定，即属于全国需要统一规定的事项，而地方性法规从主体而论是地方人大及其常委会制定的，其制定主体的法律地位比较高，但是其立法权限范围是综合性的，即不属于全国统一规定的地方事项，潜在的一种可能性就是将属于全国性需要统一规定的事项，被地方当成地方事务予以规定，这可能会妨碍统一市场以及统一市场规则的建立。所以《立法法》作出了这样特殊的适用规定。

哈特认识到，在一个有多种法律渊源的现代法律制度中，确认法的标准是多重的，承认规则相应地比较复杂：通常包括一个成文宪法、立法机关的法规和司法判例，但还可能包括其他形式。在大多数情况下，在这些标准之间可以排列出优先次序，以解决可能的冲突，例如通常将习惯或者判例从属于制定法，制定法是法律"最优越的渊源"。

法院在作出判决时同样要向当事人、上级法院乃至社会公众证明其裁判依据的合法性。他们可能援引制定法条文，也可能根据上级法院的某个先例，某本权威教科书，某个被广泛认可的法律原则，甚至外国法的经验。在许多情况下，这些论据是有说服力的。这些有说服力的论据即使不是某学者所说的法律渊源，也是证明适用准确的说明。

除了上述非正式的法律渊源外，非正式法律渊源还有惯例、学说等。惯例无论从学说上还是从实践中，都是一种法律渊源，只不过见诸书面的少。举例来说，2001年乔某告铁道部行政诉讼案的一审中，乔某认为依据《铁路法》的规定，铁道部的调整价格的行为要经过国务院批准，而国务院批准显然是一种"要式"行政行为，所以应当有一种正式的批准文件，而当时看不到这种文件，故应当认为铁道部没有经过国务院批准就调整价格，是违法行政行为。但是庭审过程中，被告方诉讼代理人证明，需要国务院批准的行为，一直是一种惯例即国务院在需要批准的文件上签署即可，不存在另行发布一个批准的文书的情形。一审法院最后认定了这一惯例，确认铁道部的调价行为是经过国务院批准的。

关于学说是否属于法律渊源，我们国家的教科书基本上没有将其归入的。但是在实践中，法律学者对我国的法治进程有着巨大的推进作用。即使没有任何制定法赋予学说以规范效力，学说的影响也是显而易见的。在现实生活中，我们可能看到这样的情景：一位当事人在法庭上拿出一本权威的教科书作为争辩的依据，那位法官在庭上或者庭后也去查阅那本教科书，甚至把教科书的观点写进《审结报告》，作为支持判决理由的不公开的依据。我们还可能看到，在诉讼过程中，一些当事人邀请法学专家为其专门提供法律论证，并将该"法律意见"提交法庭，向法官施加影响；甚至，法官就一些疑难案件主动征询专家的意见。这些情景，暗示了学说的力量。因此有学者认为，在实际的司法和行政执法中，权威法学家的著作具有"准法源"的作用。

历史法学派的法学家萨维尼认为：在制定法典时机还不成熟时，应当由法学家来阐述。通过法学院和法院之间的自由联系，理论和实践相结合，学说将通过法官之手直接成为法律。

第五节　行政法及行政法学的历史发展

行政法是新兴的部门法，虽然有人说行政法古已有之，但那只是因为将行政法看作管理法，国家本身就是应社会对管理的需要而产生的，管理和国家应该是同时存在的，正是基于行政是管理，管理有规则就是有行政法的逻辑，才会认为古代就有行政法。而现代意义的行政法是"静态的宪法"（宪法是动态的行政法），宪法只是到近现代才出现。行政法甚至比宪法的诞生还要晚。资本主义革命后，对革命成果的肯定是宪法的任务，但是当时的资本主义还处在初期，当时对政府的要求是"守夜人"，就是警察功能维持社会秩序的要求，所以那时也不一定有现代意义上的行政法。行政法是后来政府功能渐强、渐广，社会控制政府权力滥用的诉求在其既有制度下产生的。

我们国家从传统上属于大陆法系，大陆法系对行政法的基本看法是：第一，行政法是公法，与调整平等主体之间关系的私法相区别；第二，行政法是国内法，与国际法相区别；第三，行政法是独立的法律部门，是关于行政权的法，因而与宪法、议会法、司法法相区别。从历史发展而言，大陆法系国家的行政法从法国这个行政法"母国"开始，到后来德国后来居上，其行政法在大陆法系的影响越来越大。大陆行政法学的体系大体上包括：行政组织、公务员、公产和公共工程、行为原理如法治原则、行为效力、行政法规、行政措施、行政契约，行政诉讼等。

英国十九世纪的法学家奥古斯丁（Austin，1790－1859）认为，法律有公法、私法之分，公法是由宪法、行政法构成的。认为行政法是规定主权行使之限度与方式的法律。但是从传统上，英美法系是不区分公私法的。甚至到了十九世纪末英国著名法学家戴雪（Dicey，1835－1922）还将行政诉讼法视为行政法，而且坚持认为对行政机关政府适用与普通私人不同的规则，将其称之为法，他认为是可笑的。但是后来戴雪有所改变，承认公法或行政法是存在的。认为行政法是规定私人与代表国家的行政机关之间原则之总和。

二十世纪初，美国学者古德诺（Goodnow）认为"行政法是公法的一部分，它规定公行政组织和职权，并规定公民在受到行政行为侵害时的行政救济。"美国当代法学家施瓦茨（B. Schwartz）说："我们所说的行政法是管理行政机关的法，而不是行政机关制定的法。"施瓦茨的观点是目前英美法系国家最具代表性的观点，就是说强调的是行政法是控权法。控权法并非说行政法根本没有管理相对人的内容，而是强调即使制定管理相对人的法律也要设计控制政府权力的机制，防止其权力滥用。美国另一个也很有影响的教授戴维斯（Davis）认为，行政法是关于行政管理机关的权力和活动程序的法，特别还包括关于行政行为进行司法审查的法。他是用描述的方式告诉我们什么是行政法。我们看美国学者写的行政法教科书，大体上是这个思路及体系。美、英国家的行政法大体包括以下内容：委任立法、行政裁判（英国）、司法审查、侵权责任、议会督察专员（英国）。英美国家的行政法学学者认为公务员法可以自成体系，不属于行政法学研究对象，组织法也属于其他学科研究对象，不列入行政法学范围，行政法学侧重对于行政行为的救济和行政程序的研究。

旧中国已有行政法的出现和行政法学的著述。例如1936年《行政诉讼法》《行政诉愿法》的出现，也有了第一本中国的行政法教科书——范扬的《行政法总论》①。但是旧中国战乱不断，影响了法制的发展和法学研究的进展。新中国建立时，党和国家宣布废除旧法统，国民党时期的立法全部对新中国没有了意义。②新中国建立后，五十年代后半，曾经在若干大学院校设置过行政法的课程，这本

---

① 2005年方正出版社重版了此书。

② 我们应当承认国民党给台湾带去了六法全书，奠定了台湾地区后来法治发展的基础，是中国法治发展的另一支脉，但是本书为了方便起见，只叙述大陆的发展脉络。

可以成为一个行政法、行政法学发展的契机，但是昙花一现，很快课程取消。渐渐地，行政法、行政法学成为一个陌生概念。1978 年底召开的党的十一届三中全会决定结束以阶级斗争为纲的政治局面，决定全国的工作重心转移到以经济建设为核心的轨道上来。法制建设伴随着经济建设的恢复和发展，开始走上正轨。1982 年《行政法概要》作为教育部的系列教材问世，以后行政法课程从选修课到在各个高校成为必修课，课时从 36 课时增加到 54 课时。行政法学从几乎世人不识到现在成为一门"显学"。行政法学研究成果硕果累累，著述丰厚，教科书多达几十种。

中国的行政法实践也是异军突起，发展迅速。短短三十几年，几乎囊括了发达国家几百年发展的经验和成果，结合中国的国情，演化为中国的立法和实践。到目前为止，行为法如《行政处罚法》《行政许可法》《行政强制法》已经先后实施；救济法如《行政复议法》《行政诉讼法》《国家赔偿法》亦实施多年。尽管如此，我们的组织法发展滞后，行为法中缺乏贯穿始终的基本法——行政程序法，已有法律需要与时俱进跟上时代发展步伐。清醒认识现实，是我国行政法和行政法学发展的前提。

思考题

1. 行政法研究中的"行政"是何含义？

2. 行政法的多角度定义大致有哪些？

3. 行政法与其他法律部门相比其特征为何？

4. 行政法的渊源有哪些？正式渊源和非正式渊源分别是什么？

5. 行政法与行政法学研究为什么在历史上出现较晚？

案例：

一、一家保安公司的崛起

2004 年 6 月 18 日，家住海淀区魏公村的张某华向海淀区工商分局登记注册了一家公司，名为北京安元鼎商贸有限公司。注册资本 1000 万，法定代表人为张甲。其注册的经营范围是"技术服务、技术开发；专业承包；工程勘察设计；劳务派遣；销售电子产品（未取得行政许可的项目除外）"。

2008 年 5 月，安元鼎公司成立了一个新部门：护送部。新部门任务是应各驻京办要求，从接济服务中心将访民接来稳住，骗访民说去个有吃有住的地方。这些地方刚开始是旅馆，后来变成了仓库，发展到最后便成了"黑监狱"。在他们看来，稳住和护送是一体的。按照客户的需要，接到安置点（"黑监狱"）两天之后，如果雇主发出押送回原籍的指令，护送队马上到旅馆来接人，装车送人。

这是一个低投入、高回报，且无商业风险的赚钱模式。看一下他们的项目收费：稳控费每人 200 元、强制费每人 200 元，这些费用都可以随便调整到 300 元甚至 400 元；此外则是护送费：坐火车的，特保一天 500 元；开车押送按每公里 12 元算。

当然曾有访民获得自由后报过警，因为安元鼎有和政府的委托合同或外包合同，故安元鼎依然无恙，业务照旧。2008 年当年的年检资料显示，其年营业收入竟高达 2100.42 万元。

安元鼎在各地驻京办渐渐有了名声。记者与中部省份一县级驻京官员接触时，后者掏出手机就提供了一个电话号码："这是安元鼎一个负责收人的张队长，驻京办的人几乎都知道这家公司，你可以联系他。"

火车站是安元鼎的一个中转站。在北京西客站北广场西侧停车场，就有一辆车头印有特大号的"特勤"二字、车牌为京 AG4009 的依维柯汽车常年停放。这辆车被安元鼎用来往返护送人员。

这些特勤人员身穿深蓝色制服，头戴"特警帽"，左右胸前挂有黑底白字"特勤"标志，臂章为"BEIJING SECURITY"（北京安保）英文环绕着的公司徽标："安元鼎"。和普通保安服有别，这身装束让人往往以为是特警。

这背后是地方政府与安元鼎之间的生意。2010 年 8 月 11 日下午，记者在北京西客站北广场看到，一名特勤人员从路边一辆商务旅行车中收到一沓现金，一名访民随后被带往站台，数位贵州官员在进站口接应。

2010 年 8 月 14 日下午，记者与张队长联系上，并表示对其公司的实力不放心，他说："我现在正在忙呢，在大街上抓人。如果我们没有背景，敢在北京的大街上抓人吗？"

年检资料显示，这几年安元鼎业务发展迅速。2007 年全年营业收入仅为 861.93 万元，2008 年这一数字变为 2100.42 万元。

据该公司网站介绍，该公司经北京市发展和改革委员会、北京市公安局和北京市保安服务总公司批准为后者的特许保安经营企业。短短 6 年间，公司取得了"辉煌"的业绩——2007 年，获得了由人民日报社等 12 家单位联合授予的中国保安服务"十大影响力品牌"；2008 年被北京市保安服务总公司评选为 A 级安保企业。截止到被娱乐媒体揭发和行政机关查证时的 2010 年，其拥有保安 3000 余名。

二、维稳公权力转移怎么发生的

2010 年 7 月后，撤销县级驻京办大限已过，但有相当多的地方政府出于维稳、信访压力而保留了相关人员，呈现"隐形驻京"的现实。

在一些地方看来，这给截访工作造成很大被动：如果同时送来几批访民，"隐形驻京"办的一个人看不了，就得找人帮忙，或者从县里抽调力量。而一旦人跟丢了，"第一次是警告，第二次前途说不定就没了。在领导眼里，连个访民都看不住，还有什么工作能力呢？"

安元鼎在北京市区以及周边地区设立了众多的"关押点"，访民称之为"黑监狱"。据《南方都市报》报道，安元鼎的一处"黑监狱"里，"最多时住了100多人，有20个左右女的，有时候男女也不分房，都在一个屋里。"屋里的床是6米多长拼起来的板床，睡十几个人。关在院里的访民以重庆、四川和云南的居多，每天的伙食是馒头咸菜，大米饭，给一勺菜。

新华社《瞭望》新闻周刊曾发文狠批"黑监狱"，引述一份权威的调查报告：相关省市在京设立临时劝返场所73处，其中地（市）级设立的分流场所57处，占78%。46处为非经营性场所，例如农民的出租屋等；27处为经营的宾馆、旅店、招待所。

在依法治国的今天，"黑监狱"的畸形存在就像毒瘤，是谁给安元鼎们以"司法"的权力？

维稳"外包"组图

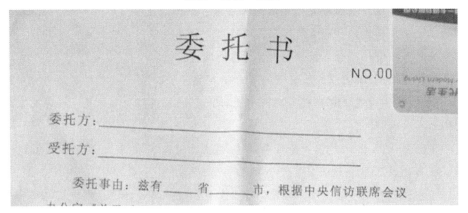

三、安元鼎被起底

2010年9月24日，北京警方已传讯安元鼎董事长张甲和总经理张乙，但是二人尚未被刑拘（曾经消息传被刑拘）。工商部门也表示将介入调查北京安元鼎保安公司是否超范围经营。

还有消息称安元鼎公司以涉嫌"非法拘禁和非法经营"两项罪名被立案侦

查。据透露，已经有数十名受害访民前来报案，并接受警方调查。

此外，在位于小红门南四环东路上的安元鼎接待中心总部大院的墙外，警方从被丢弃访民衣物中，发现了大量证据，表明这里曾关押了许多访民。在搜查中，警方还查到了安元鼎公司与各地政府签订的《委托书》和《特保护送服务合同》。

安元鼎被查的同时，国务院新闻办公室发表的《2009 年中国人权事业的进展》白皮书称，2009 年，全国信访总量同比下降 2.7%，连续 5 年保持了下降的态势……

请思考：

这样的行政权，是国家权力还是（可以成为）社会权力？

第二章 行政法基本原则

　　本章内容提要：行政法基本原则对于行政法至为重要，因为行政法是公法，公法干预私人生活、社会生活是有限度的；况且行政法广泛的调整事项和社会发展迅速的延展性，使得行政法不可能预估到所有可能发生且需要应对的情形，因此行政法基本原则在立法时的指导地位和实施时的引导解释、补充的功用就显得特别重要。

第一节 行政法基本原则的涵义

　　行政法不同于其他部门法，缺乏一部统一的行政法典，因此行政法基本原则是所有行政法规范精神的高度概括。行政法基本原则是指导行政法的立法、执法以及指导、规范行政行为的实施和行政争议的解决的基础性原则。这些基础性原则贯穿于行政法具体规范之中，同时又高于行政法具体规范，体现了行政法的基本价值观念。它们是贯穿于千万件行政法规范文件的红线，是行政法的灵魂所在。

　　行政法基本原则像其他法理原则一样是历史形成的，是在行政法调控行政权的长期盘整中生长，并由与之互动的行政法学概括宣传而成的。由于基本原则并不一定是明确写在法律中的，因而在初期认识上会有不同，尤其在我国对基本原则的认识更为大起大伏。八十年代初，行政法教科书就把行政管理的基本原则当作行政法原则写入其中。① 九十年代以后，随着引进国外相关制度、经验、理论，国内学者关于行政法基本原则包括哪些的讨论渐趋集中，尽管形成基本原则的过

---

　　① 《行政法概要》中，对国家行政管理的指导思想和基本原则概括为以下七条：第一，在党的统一领导下实行党政分工和党企分工；第二，广泛吸收人民群众参加国家行政管理；第三，贯彻民主集中制；第四，实行精简的原则；第五，坚持各民族一律平等；第六，按照客观规律办事，实行有效的行政管理；第七，维持社会主义法制的统一和尊严，坚持依法办事。

程是很复杂的，但是从实践－理论－实践这样不断往复的过程看，基本原则实际上是一种法律精英的共识，随着时间的检验进而成为一种法律共同体的共识。

基本原则与制定法的关系，是一种单向互有关系，基本原则指导制定法的制定，制定法会体现基本原则：一是法律条文具体化了基本原则，如行政程序的基本原则"便民"原则是靠许许多多的具体化规定实现的，二是制定法直接以宣示性方法将基本原则写出来，如美国的正当程序原则是宪法修正案（第五、第十四)① 用概括性的语言直接表述出来的。

制定法是人通过程序"造"出来的。人在造法的时候是有所本的，其造法时的思想观念、价值判断是指导其活动的最根本性的东西。而行政法的基本原则即是一种历经几百年逐渐形成、整合而具有普遍认同基础的观念。这种简明扼要的观念（原则），可以起到对行政关系进行整体的、宏观的调整、规范的作用。不但对立法者立法活动产生影响，也对执法者适用某一具体行政法规范调整特定行政关系产生影响，实际上立法者与执法者都应该有意识地以行政法基本原则作为指引，使原则与行政法具体规则结合起来，使行政法的整体功能和行政法的具体目标得以实现。

在"行政法渊源"章中，我们讲到原则作为行政法的特殊渊源，在一定场合下是可以直接适用的。但是，我们要特别提醒注意的是，虽然原则具有如此重要的地位，但是原则的直接适用是有条件的，即相应问题缺少具体的行政法规范的调整，或者行政机关自由裁量余地很大，几乎没有成文规定能够框定其权限范围，这时候才能直接采用基本原则。当然，如果不是直接适用的场合，原则总是不受限制地拥有指导性地位。

第二节　合法行政（行政法治）原则

Rule of Law，法治。意思是依法治国、依法管理国家。法治的实质是人民本位，政府在第二位阶，因为法治是要政府服从人民——即服从于体现人民意志、利益的法律。法治要求政府在法律范围之内活动；法治要求政府、行政机关违反法律同样要承担法律责任。

---

① 美国宪法第五修正案和第十四修正案，分别规定美国与各州："非经正当法律程序，不得剥夺任何人的生命、自由或财产。""正当程序"作为宪法原则，不仅构成行政法的核心内容，而且是其他法律如刑法的重要原则。

对这一原则如何概括呢？这十几年来用得最多的是"依法行政"。其实从Rule of Law 到"依法行政"，中间是有些跳跃的，因为 Rule of Law 是英国人传达出的观念，而"依法行政"是德国人后来居上的"学习心得"。虽说两者大同，但是仅从文字自身的效果看，依法行政的"形式化"要求的味道更浓些。有人在观察国外近况后，认为行政法治的关键不是政府的行为是否符合形式上的法律，而是政府的行为是否符合法律的"正义性"，因而认为应当以"合法行政"原则取代"依法行政"的提法。但是，矫枉不能过正，不能认为政府只是按照正义判断处理问题，政府基本上还是按照法律处理解决问题、履行自己的职责，不公正、不合理的个别情况，恰恰是要靠行政法的其他基本原则调整，来达到实质法治的要求。因此，从内容上看，本书并不认为一定要以"合法行政"代替"依法行政"；但是如果从文字带来的效果来看，"合法行政"比"依法行政"更具实质法治的色彩，因为原则具有高度概括性、提示性，其宣示的效果极其明显，本书决定使用"合法行政"的概念。

一、法律优越原则

法律优越原则又称为法律优先原则，指立法者制定的法律代表民意，具有崇高性。未经废止、撤销前，其位阶高于其他行政机关制定的法规、规范。也就是说在法律规定面前，法律是至上的，行政必须服从法律，合乎法律。

这一原则首先表明了立法（人民意志的体现）与行政的关系。行政服从法律，当然是法治的要义之一。在有法律规则的前提下，行政必须按照法律规则办事。具体言之，包括以下要求：

1. 行政主体的行政职权范围由法律设定与依法授予

任何要行使行政权力的组织，自身首先是一个合法主体，这是对行政主体自身的要求。要成为一个合法行政主体，要按照法定条件和程序成立，详见后相关章。

这个主体的行政职权范围也是要由法律确定授予的。因为道理很简单，行政机关不能自己授予自己权力，又自己行使权力。

2. 行政主体实施行政行为必须依照和遵守行政法律规范

行政职权的行使有实体问题，也有程序问题。实体问题是按照行政法的实体要求处理行政事务，如核发行政许可，就是要按照法律规定的条件审核申请人的资格、条件，决定是否予以许可，主管行政机关不得自行设定许可条件作为审核标准；程序问题是如何行使行政职权的问题，关乎行使行政职权的步骤、方式方法、时限。如某行政机关有处罚权，但是不能随意行使，要按照处罚法及其相关单行法要求的调查、表明执法者身份、告知权利、听取意见、说明理由等程序环节依次进行。

3. 违法的行政行为可能被撤销

行政行为如果违法，可能会被撤销。我们经常听到"违法必究"，违法者受到追究似乎是无异议的事。但是这并不是绝对的，普通公民违法，如果超过追诉时效就不被追究法律责任了；而行政机关的违法行为是否被撤销也取决于多种因素，如是否已有相对人对该违法行为申请行政复议或者提起行政诉讼，质疑其合法性？抑或没有相对人质疑，但行政机关包括作出该行为的机关或者其上级行政机关已经发现此行为违法？如果既无相对人按照法定途径质疑，行政机关也没有发现其违法，则该违法行为未被纠正或者追究责任。

之所以对相对人质疑违法行政行为规定一定的期限，是为了维持秩序的稳定性，如果所有的行政行为都永远处于可被质疑状态，实施法律活动所形成的秩序就会受到破坏，法就无安定性可言。

事实上，行政机关主动撤销违法行政行为也受到一定限制，在经过了相当时间后，即使行政行为违法，行政机关也要本着"法安原则"在确定撤销可能损害许多信赖此行政行为的相对人的利益，或者反倒会伤害公共利益的时候，也可采用确认该行政行为违法，令行政机关采取弥补该违法行政行为的措施。对利益大小、利益冲突进行斟酌和权衡，比机械地执行所谓违法必究要好得多。

行政行为违法，在事后程序中一般是可以撤销的，对于有些比较极端的情形，该行政行为甚至是无效的。违法的行政行为已经生效，事后被撤销时，是将撤销效力向前追溯直到该行为的生效之时，就像拔野草时就连根拔掉。但是无效的行政行为是说它根本没有生效。即使当事人以为其合法已经服从也没有让它生效。容后再叙。

4. 违法行政行为造成损害后果的，行政机关承担相应的法律责任

违法行政行为可能有两种情形，一种是没有造成损害后果如行政处罚决定违法被撤销，但是处罚决定尚未执行；另一种情形是已经造成了损害后果，如行政主管机关违法吊销了某一企业的许可证，造成该企业停工停产一年。前一种情形，违法行为被撤销就没有什么危害后果了，而后一种情形，除了该行政行为被撤销或被确认违法外，行政机关还要对违法行政行为造成的损害承担相应的法律责任，即行政赔偿责任。

5. 除法律另有规定外，一切行政行为必须接受人大监督、司法监督、行政系统内部的监督和社会监督

行政行为受监督，是人民政府性质决定的。人大的监督是一种政治监督，也是一种法律监督，相应的，人大通过人事任免权、问责制、弹劾、质询等实现对政府行政机关的监督；也通过决定预算、决算等实现对政府行政机关的约束。

政府与法院都是由人大产生并向其负责的，但法院是解决争议、纠纷的国家机关的性质决定了行政争议由法院受理、裁判。法院通过审查行政行为的合法性，完成监督行政的任务。当然检察院对政府行政机关的监督也属于司法监督，如其通过抗诉来质疑行政行为的合法性。将来也可能通过建立公益诉讼尤其是公益行政诉讼的方式，更加深入地监督行政活动、行政行为。

政府行政机关系统内的监督是通过多种途径实现的，如行政复议是一种由相对人启动的审查具体行政行为甚至连带审查规范文件的法定程序，而更多的是基于行政机关上下级之间的指挥、命令权产生的监督，或者由专门享有监督权的行政机关如监察部门、审计部门所进行的监督，后面这种监督不依赖于外部相对人的启动而可以主动实施。

社会监督是最广泛的监督，包括媒体通过报道产生舆论压力的监督，也包括公民、法人或者其他组织通过各种其他方式对政府行政机关实施的监督，如《宪法》第四十一条规定："中华人民共和国公民对于任何国家机关和国家工作人员，有提出批评和建议的权利；对于任何国家机关和国家工作人员的违法失职行为，有向有关国家机关提出申诉、控告或者检举的权利……"公民行使批评、建议、申诉、控告、检举的权利，很多情况下，是对政府行政机关实施了某种监督。

二、法律保留原则

法律优先原则是对行政机关的起码要求，即法律面前，行政机关必须服从。是讲在有法律的情况下行政与法律的关系。但是有时候，法律未必有规定，或者仅有原则规定缺乏具体详细的规定，那么行政机关如何行事？是不是像普通公民那样，法无明文禁止即为自由？显然不是。是不是"无法律即无行政"？完全这么理解也失之机械和偏颇。那么应当如何划一条界线，使得行政机关在没有法律规定时，既不束手无策，也不是为所欲为，而是恰到好处地处理社会问题却"不逾矩"。于是有了法律保留原则。

法律保留原则，顾名思义指立法事项预先保留给立法机关，行政机关不能染指。这就意味着，即使法律空白，行政机关也不能对这些法律保留事项作出规定。相反，如果不属于法律保留事项，在法律空白的时候，行政机关可以在其行政管理权限范围内制定行政规范文件，包括较为正式的行政规范文件即行政立法如制定行政法规、规章，也包括非正式的各种其他行政规范文件。

　　"法律保留"保障了最重大、最重要事项的立法权由全国人大及其常委会行使。实际上即与宪法确定的我们国家的政体人民代表大会制衔接上了，是将最重要的立法事项保留给人大，即由人民选出的代表来决定这些最重要的事情。

　　关于立法保留，我国的《立法法》第八条规定了十个事项：（一）国家主权的事项；（二）各级人民代表大会、人民政府、人民法院和人民检察院的产生、组织和职权；（三）民族区域自治制度、特别行政区制度、基层群众自治制度；（四）犯罪和刑罚；（五）对公民政治权利的剥夺、限制人身自由的强制措施和处罚；（六）税种的设立、税率的确定和税收征收管理等税收基本制度；（七）对非国有财产的征收、征用；（八）民事基本制度；（九）基本经济制度以及财政、海关、金融和外贸的基本制度；（十）诉讼和仲裁制度；（十一）必须由全国人民代表大会及其常务委员会制定法律的其他事项。

　　《立法法》第九条进一步区分了相对保留和绝对保留："本法第八条规定的事项尚未制定法律的，全国人民代表大会及其常务委员会有权作出决定，授权国务院可以根据实际需要，对其中的部分事项先制定行政法规，但是有关犯罪和刑罚、对公民政治权利的剥夺和限制人身自由的强制措施和处罚、司法制度等事项除外。"这就意味着，全国人大常委会可以酌情授权国务院制定行政法规的事项，是"相对保留"的事项，而根本不能授权出去的立法事项是法律的"绝对保留"。

　　因为这样的"法律保留"是指立法事项的法律保留，所以有人又将之称为"立法保留"。而将另一种"法律保留"称为行政法意义的法律保留，即指任何行政行为均应有法律授权。相对"立法保留"允许在立法保留之外，行政机关有所作为，行政法意义的法律保留是一种"全面保留"，是耳熟能详的"职权法定"原则的另一种说法而已。值得注意的是，不能把职权法定过于机械的理解，乃至于认为行政机关一举一动都要法律授权，实际上那是不可能的。如法律规定了一种情形某行政机关可以处理，但是不可能将行政机关"处理"时的每一个举动都规定得死死的。过于机械的理解职权法定，也会给不想负责任的公务员、行政机关留下推诿的借口。

　　行政法意义的法律保留与立法保留的区别在于，立法保留中的立法是指狭义的法律即全国人大及其常委会制定的法律，而行政法意义的法律保留中的"法律"是广义的，也就是说，一方面强调职权法定，但是另一方面，"法定"并不仅仅指法律确定，可能还有行政法规、地方性法规甚至规章确定的职权。如处罚法授权规章可以设定一定数额的罚款，某一规章据此对某一违法行为设定了一定数额的罚款，就是规章赋予有关行政机关一项新的职权。所以行政法意义的法律保留要复杂得多，要根据单行法具体规定才能作出判断这一领域的"法"定，到底幅宽多少。

三、人权保护原则

保护人权是宪法对各个部门法的要求，在行政法领域强调人权保护，却具有更为重大的意义。这是因为，政府行政机关是国家机关中直接与老百姓打交道的机关，且法律赋予政府行政机关庞大的权力，同时要求行政活动的高效。在一个享有多重权力、追求行政效率的政府面前，强调尊重人，维护人的尊严就显得格外重要。尤其在我们这样一个长期以来"官贵民贱"传统观念根深蒂固的国家，树立起人格尊严的大旗，并且在行政活动中真正做到尊重人权、维护人的基本权利远非一日之功。

从实质法治的意义来看，人性尊严应当是其应有之义。如果离开人性尊严，法治还有什么意义？法治的一切规定性都是以人性尊严为基础的。

四、责任政府原则

行政活动不论合法还是违法都可能造成相对人的权益受到损害的后果。但是如果损害是普遍的，国家就不为此承担责任，如税收是强制性无偿剥夺了相对人的一定数额的金钱，使纳税人的财产受到了损失，但是由于税收是普遍的，不是针对个别人的，国家并不为征税承担填补纳税人财产损失的责任。但是如果损害是个别的，则不论行政活动是否违法，国家都承担相应的填补损害的责任。如新建飞机场是造福社会的公益性事业，但是并不能因此无偿获得被拆迁人的土地，也不能无偿地拆除其房屋；再如紧急情况下，政府行政机关可以动用紧急征用权力，征用企业或个人的飞机、船只、车辆、房屋等财物，但是可以动用，不等于无偿动用，动用的代价是政府买单的。

违法的行政活动或者行政行为，如果造成损害的，政府行政机关更是责无旁贷要承担填补损害的责任。

责任政府是法治的要求，政府行政机关要与私人一样为自己的行为负责、承担责任。

第三节　行政公正（合理性）原则

行政法治不仅仅限于行政活动的合法性，还要求行政活动具有公正性、合理性。公正、合理往往是针对行政机关自由裁量权的。也就是说，合法性原则要求行政活动合法，合理性原则进一步要求在合法范围内还要合理。

公正包括实体公正和程序公正。实体公正包括的要求是：不偏私、平等对待相对人、不歧视，合理考虑相关因素、不专断。程序公正也可以另为一个单独的原则：正当程序，即自己不作自己案件的法官，不单方接触，对相对人作出不利决定，要听取意见等等。

公正合理是一种主观判断，人人见解不同，难有统一标准。于是渐次生长出以下原则，比公正合理原则客观性强，具有操作性，判断标准明确。

一、平等对待原则

平等对待是宪法"平等原则"在行政法上的表现。强调的是政府行政机关这些大权在握的公法机构在行使公权力的时候，无偏私、无一己之见、无成见地对待所有与之打交道的相对人，是一个"知易行难"的原则。因为政府行政机关的权力是由作为公务员的普通人行使的，不是"神"行使的，人有各种偏好，如对人的直觉好感或直觉恶感，对他人着装的感觉，相貌如何的印象等。当作为公务员的人与作为相对人的人打交道时，显然公务员的个人偏好很容易影响其履行公务的行为选择和决定。更何况，相对人也是各种各样的，有人公事公办不善于疏通关系，有人则善于察言观色、投其所好，如此不同的相对人，要求公务员执法时一碗水端平，当然不容易。正因为不容易，才特别应该强调"平等对待"，力避个人偏好影响执法。

二、合理考量原则

平等对待相对人，不能歧视任何相对人，实际上是要求公务员按照法律规定的条件、标准办事，不去考虑法律之外的其他因素，如性别、年龄、信仰、相貌、身高、个性、财富、地位，只要不是法律规定的条件，执法者都应该摒弃个人的好恶，严格按照法律规定办事。

是否考量相关因素与各个单行法的法定目的有着密切关系，如执法者罚款是以获得经济利益为目的，就是违背了法定目的，考量了不相关的因素。

平等对待还要求公务员不专断。要善于听取群众的意见，哪怕是具体执法活动的相对人的意见，要体察具体情况，这个要求实际上是中国传统上一直倡导的"与人为善"的公法翻版。

三、比例原则

比例原则在德国经过上百年的发展，变成了被认为具有宪法位阶的原则，其内涵丰富、明确。近几十年来为日本、我国台湾地区吸收，成为其法治的组成部分。比例原则有三个下位原则或者说三方面的要求：

（一）适当性原则

是指公务员所采取的措施必须能实现行政目的或者至少有助于行政目的的达成。强调的是手段的选择必须是适当的。因为从执法者而言，一般会认为能够达成行政目的的一切手段都是可以使用的，因为行政本身就具有正当性。但是适当性原则要求，执法手段不能过分，要与执法目的相配、吻合。例如，超生育指标怀孕的"打游击"的儿媳游走在他乡，计划生育执法机关可否为了达到召其回家，以便为其强制流产的目的，而将其公公或婆婆扣押起来"当人质"？或者因为被征收对象宣称家里没钱，执法者便可把其家里的耕牛牵走？适当性原则在很大程度上要考虑人性尊严，要考虑人权的基本要求。显然，上述执法手段违背了适当性原则。

（二）"必要性"原则，又称"最小侵害"原则

这个原则要求行政机关在有若干手段可供选择的情况下，要选择可以达成目的但对相对人侵害最小的手段。如某一公司改造原有建筑物，在已获得《建设用地许可证》《建设工程规划许可证》后，又拟扩大建筑面积报规划部门审批，但规划部门尚未批准，该公司就按照扩大的建筑面积进行建设了，规划部门在处理的时候，是拆除整个建筑物还是拆除部分？最小侵害原则要求在能够做到的情况下，拆除对规划有影响的部分，而非全部拆除。处罚法上的"过罚相当"也是必要性原则在处罚领域的体现。

何谓最小侵害的手段？立法者进行立法的时候就需要选择，但是立法不能把可能出现的情形都预计到，所以在许多情形下会给行政机关留有处理的余地即自由裁量权，行政机关由此获得了对何谓最小侵害措施的选择权，法院固然对立法裁量权不能审查，即使对行政裁量权，一般也予以尊重，只在行政机关行使自由裁量权超过常人合乎理性的理解时，法院才能断言，行政机关的行为违反了比例原则。

（三）手段与目的成比例——狭义比例原则

此原则与适当性原则看上去非常接近，但适当性原则强调的是手段本身应当具有适当性，不能出格；而狭义比例原则强调的是手段与目的合乎比例。即常言所说"不能用大炮打蚊子"，或者古语所谓"杀鸡焉用牛刀"。

手段与目的相适当，有个度，只有手段全然、全部不适当时，才违反了比例原则。这是因为行政机关有裁量权，行政机关有相关管理的专门知识，一般情况下要信任行政机关有针对不同情形作出不同处理的能力，但为了防止裁量权滥用，对非常明显的不合比例，有权机关才会判断其违反了狭义比例原则。

四、诚实信用原则或信赖保护原则

（一）诚实信用原则

诚实信用本私法原则，是为契约解释补充之原则。要求保护当事人之间的信赖关系。最早写入实定法是法国民法典（1804）的 1134 条："契约应依诚信履行"。后来德国民法典（1900 年实施）再三重申此原则，使之成为既适用于契约，也适用于债（给付）。以后德国的判例和学说均认为德国民法典第 242 条蕴含着一条适用于全部民法的基本原则，即诚实信用原则。瑞士民法（1907 年 12 月颁布，1912 年 1 月 1 日生效）也是将此原则作为全部民法的通则"行使权利，履行义务，应依诚实及信用而为之"，涵盖了一切权利义务的行使与负担！

诚实信用原则的功用在于克服个别案件适用有关法律规范的不公正性。如第一次世界大战前签订的借款合同，战后物价飞涨，货币贬值很多，如果仍然按照战前的合同履行，显然对债权人不公平，因此德国法院按照诚实信用原则，判决适当调整了应当履行的债权金额。可见，这一原则实际上是一种自然法思想的实践。自然法古已有之，中间曾被其他种种思想学说淹没，十七、十八世纪欧洲自然法复兴，已成为一种有系统的学问。自然法的学说强调，自然法是实定法的终极根据，是"最后一张王牌"，在无其他救济手段而又违背实质正义的情况下，才加以援用。是对实定法必然存在的纰漏进行的矫正，是一种实质正义。当然，在适用上的有限性并不妨碍其对所有人和所有组织的道德倡导作用。

诚实信用原则经过发展后来还越出民法，发展到公法领域。诚信原则运用于公法，还产生了更为具体的信赖保护原则（德国），指人民对行政行为或法律状态深信不疑，善意信赖，法律和政府应当予以保护。

诚实信用原则与信赖保护原则到底是同一原则的不同说法，还是两个不同的原则。笔者认为诚实信用原则是上位原则，信赖保护是更为具体的原则，讲的是诚实信用的一种情形。信赖保护一般适用于授益行政行为，如颁发许可证，签订合同等。而诚实信用原则适用的范围更广泛些。但是两者在要求政府、行政机关信守承诺、注重法的安定性方面是高度一致的。另外，两者还有一个非常一致的地方，就是在裁量是否改变原决定或合同等时，要在公益、当事人利益之间进行权衡，从而决定是否变更原决定、行为。还有人认为，行政机关以违法为由否认自己已有行为的效力，未顾及相对人的信赖，就违反了诚信原则，可见违反信赖保护原则即违反了诚实信用原则，反过来说，如果遵循了信赖保护原则，也就遵循了诚实信用原则。这种说法其实是认为两个原则是一而二、二而一的观点。

诚实信用原则在公法上的适用情形或具体体现为以下几个方面：

1. 情况判决。所谓情况判决指该行为违法需撤销，但撤销会对公益产生显著损害的情况下，可以不撤销，但宣布该行为违法。早在 1962 年的日本行政诉讼法就已经规定了"情况判决"。2004 年日本修改该法时保留了这一条款。台湾地区受德国法、日本法影响至深①，其"行政诉讼法"② 第 198 条规定："行政法院受理撤销诉讼，发现原处分或决定虽属违法，但其撤销或变更于公益有重大损害，经斟酌原告所受损害、赔偿程度、防止方法及其他一切情事，认原处分或决定之撤销或变更显与公益相违背时，得驳回原告之诉。前项情形，应于判决主文中谕知原处分或决定违法。"第 199 条接着规定："行政法院为前条判决时，应依原告之声明，将其因违法处分或决定所受之损害，于判决内命被告机关赔偿。"中国大陆在恢复法制建设之后，从最初的法治十六字方针中的"违法必究"，渐渐认识到一些情况违法必究可能对公共利益更有损害，发展出情况判决的规定。由于这种认识是渐进发展而来，所以情况判决不是规定在行政诉讼法中，而是规定在 1999 年的最高法院的司法解释中，③ 其第五十八条规定："被诉具体行政行为违法，但撤销该具体行政行为将会给国家利益或者公共利益造成重大损失的，人民法院应当作出确认被诉具体行政行为违法的判决，并责令被诉行政机关采取相应的补救措施；造成损害的，依法判决承担赔偿责任。"

可见情况判决是对个案不公正的调整，是一种个例。但是却很需要，是在特殊情况下，通过衡量、平衡不同利益，而采用"两害取其轻"的方法处理纠纷、裁判案件。

2. 告知（教示）错误。"告知"是中国大陆的名称，在同文同种的台湾地区则称为"教示"。意思是一样的，但"告知"显得没有高低贵贱，而"教示"明显具有与对象不同地位的意味。告知是比较晚近在中国大陆出现的程序制度。因为 1990 年生效实施的《行政诉讼法》，规定公民起诉行政机关是以知道行政机关决定起计算起诉期限的。是否知道该行政行为，甚至是否了解对此行政行为可以起诉就成为法院衡量当事人是否"知道"该行为的起始界限。因此，1991 年

---

① 台湾地区深受德国法影响，但情况判决主要是受日本法影响，这从台湾学者关于情况判决的分析来看确实如此。

② 台湾地区最初很多年是沿用国民党政府带过去的 1932 年的行政诉讼法。该法经过五次修改，于 2000 年几近推倒重来制定了新的行政诉讼法。原来几经修改的行政诉讼法只有 34 条，新法则有 308 条之多。情况判决是在新法中出现的。

③ 即《最高人民法院关于执行〈中华人民共和国行政诉讼法〉若干问题的解释》，因其有 98 个条款，业内人士称其为"98 条"。

《最高人民法院关于贯彻执行〈中华人民共和国行政诉讼法〉若干问题的意见（试行）》便出现了"告知"（第三十五条）。其后有各种单行法尤其是行为法诸如1996年的《行政处罚法》、2004年的《行政许可法》、2012年的《行政强制法》等，都将"告知"作为行政机关执法的程序义务规定下来。

告知一般是权利告知。是告知当事人有陈述申辩的权利，或者要求听证会的权利，以及不服此行政决定可以复议、诉讼的权利。其中关于告知是否需要明确复议到哪个机关或诉讼到哪个法院，法律没有明确，实践上做法不一。笔者认为，既然告知是为了方便当事人，行政机关就应当明确告知复议机关、诉讼法院是哪一家才是。

至于涉及这里所说话题，是因为可能出现告知的内容错了的情况，其后果如何？如告知可诉，但告诉的起诉期限错了，结果导致当事人逾期起诉，照常理法院就不受理该案了，但是按照诚实信用的原则，法院应当准许原告按照告知的期限起诉。台湾地区有此类规定和实践。但是中国大陆目前尚且没有此类实践见诸报端或媒体。目前亦无此类规定。

3. 税收少缴。纳税义务人因信赖税务机关的表示而有所作为，无过失，应保护其信赖。税务机关的意思表示其后不一，而纳税义务人已经按照先前税务机关的表示缴纳了税款，此后税务机关认为缴纳少了，作出与前不同的表示，这对纳税义务人是不利的。仅仅是对义务人不利还不够，需要义务人是善意的，即义务人在主观状态上不是将错就错，没有趁机少缴税款的故意，就应该保护当事人对税务机关的信赖。明确地说就不该追缴不足部分的税款。

4. 行政指导、行政契约。这也是适用诚实信用原则的两个重要领域。行政指导是没有强制力、约束力的行政作用。如果有强制力了，这种活动就不是行政指导了，是"披着"行政指导"皮"的行政命令。由于行政指导不应该具有强制力，所以有的时候，政府或行政主管机关为了让民众按照他们的想法办事，就可能以许愿或给予某种好处的方式来指引、引导人们的行为。如许愿种植某种经济作物，政府保障秋后给种植者找到销路。再如主管行政机关利用自己的资源，以卖给平价化肥的优惠条件，或以免费技术指导伴随种植始终为条件，号召某一区域的农民种植某一种作物。这时候，政府或行政主管机关就类似有一个承诺。这种承诺虽然不一定写在纸上，但以诚实信用原则要求，是不能随意收回或者不兑现承诺的。

行政契约又称行政合同，由于1999年的《合同法》对行政合同未着一字，所以到底有没有行政合同是有争议的。在实践中，政府或行政主管机关与相对人确定的合同是否无区分都交由仲裁或法院民庭处理？例如这几年关于拆迁征收补偿协议，有些人认为交由民庭审理，民庭审不了、审不好，应当按照行政合同交由行政庭审理。本书后边章节还会涉及这些性质之争，我们这里只就这些合同适用诚实信用原则的问题作一个简单交代。诚实信用原则本来就来自于民法，而且在民法中最初也是从合同领域衍生出的原则。所以适用于合同，不管合同是什么性质，是没有任何问题的。问题倒是在于我们许多政府或行政机关，往往强调公共利益，忽略合同毕竟不是行政命令，不能自己说改就改，说变就变。因此，强调诚实守信，认真签署合同、认真履行合同、不轻易改变合同是十分必要的。

5. 要求行政机关履行法定职责。要求行政机关履行法定职责，早已是行政复议、行政诉讼的法定事由了，但究其理论上的理由，也就是说追问相对人为什么可以要求行政机关或其工作人员为一定的行为（履行法定职责），实际上是因为国家对人民有生存照顾的义务（宪法），所以按照民法的说法是国家对人民有一种债（民法），因而人民有（公法上的）请求权。可见，法律的逻辑是一致的，无论从哪个部门法出发，都可以通往诚实信用的大道。换言之，政府或行政主管机关应当像民事合同的订约人一样，诚实信用地履行法定职责；如果不能这样做，相对人可以要求政府或行政主管机关履行职责，甚至通过救济途径要求行政机关履行法定职责。

（二）信赖保护原则

保护原则指人民对行政行为或法律状态深信不疑，信赖是善意的并无过失的，则国家应当保护人们的这种信赖。信赖保护原则的源起是德国 1956 年发生的一个案件。西柏林的一个市政委员向一个寡妇作出保证，如果她从民主德国迁入西柏林，她将可以得到一定的福利补助。随后，该寡妇迁徙至西柏林，她一到西柏林，该委员即作出安排，为她提供了补助。然而后来事实证明，她实际上并不符合法定的条件因而没有资格获得补助。该市政委员随即决定停止对她发放补助并要求其退还业已领取的补助。柏林的高级行政法院判决该寡妇胜诉，该判决后来得到联邦行政法院的支持。法院认为，在依法行政原则和法律安定原则之间存在冲突：授予补助的决定明显违法；然而私人，信赖这种决定的有效性也是合乎情理的。法院承认这两个原则都是依法治国原则的要素，因而这两个原则中的任何一个并不当然地优于另一方。依法行政原则所保障的公益是否优于保护私人对行政行为有效性的依赖，必须对这两个原则进行衡量。只有在答案是肯定的时候，才允许撤销非法行政行为。

信赖保护原则一般适用于授益性行政行为。因为授益性行政行为如核发给申请人行政许可作出后，有关相对人即会依此行政行为的准许，进行投资、生产、经营等活动，如果政府嗣后收回这一许可，显然毁灭了相对人投资或生产、经营的获利预期。除非相对人是"恶意"的"信赖"，如明知此许可违反法律，却利诱行政机关的公务员核发了此许可、做成既成事实外，相对人的善意信赖是信任政府的表现，这种信任是法治、秩序所必需的，法律就应当规定，政府行政机关应当"保护"这种"信赖"。

法律通过两个途径来保护信赖，一是规定行政机关撤回授益行为要有公共利益的理由方可，二是即使为了公共利益撤回授益行政行为，也要给予当事人合理补偿。如某市政府批准许多业主在该市周边采矿，但是几年后要求所有业主撤出、恢复植被原状，等于收回了许可，这些取得许可进行投资开采的业主就可以要求信赖保护。即不得轻易收回这些许可，若公共利益要求收回，则应当给予公平补偿。

第四节　正当程序原则

正当程序原则是从英国的自然公正原则发展而来的。自然公正原则是对公正行使权力最低限度的程序要求。其核心思想被凝练为两句法律箴言：任何人都不得做自己案件的法官；任何人在受到不利影响之前都要被听取意见。在古代和中世纪，自然正义被认为是自然法、万民法和神法的基本内容。美国继承了人类这一精神财富，化作其宪法规定。在美国宪法第五修正案和第十四修正案中，分别规定美国与各州："非经正当法律程序，不得剥夺任何人的生命、自由或财产。"此即赫赫有名的"正当程序"条款。"正当程序"作为宪法原则，不仅构成行政法的核心内容，而且是其他法律如刑法的重要原则。

美国联邦法院以及最高法院的判例，已大大拓宽了"自由"和"财产"的范围①。自由已不再限于传统意义上的不受监禁的自由，而且包括签订合同、从事职业、获取知识的权利，结婚、赡养家庭的权利和实践自己的宗教信仰的权利；财产也不限于不动产、动产和金钱的范围，而且包括财产利益如从政府社会救济

---

① 美国学者在论文及教科书中常引用古德博格案［Goldberg v. Kelly, 397 U. S.（1970）254］和诺斯案［Board of Regents of State College v. Roth , 408 U. S.（1972）564］。前者突破了传统的财产观念，认为正当程序也保护财产利益；后者抛弃了权利与特权的区别——因为以前认为特权是不受正当程序保护的，如可以不经听证就剥夺某种特许。

部门得到的福利、在公立学校接受教育等。虽然在宪法中找不到这些权利，但法院解释说，这些自由财产是由国会制定的法律和州的制定法所创制的①。

正当程序是一种立法指导性原则，联邦行政程序法和各州行政程序法无不本着这一原则作出规定；国会、州议会制定单行法，规定程序时亦本着这一原则作出规定。但是它又是一种补充性的最低限度的要求。补充性是指法律有明确规定的程序或者法律规定不明确时，行政复议机关或法院将以自身的判断衡量行政机关所运用的程序是否符合正当程序条款的精神。最低限度是指它是一种基本的不可或缺的要求，凡要剥夺生命、自由、财产，就要有一定的听证程序②。

正当程序原则不仅在美国有着长足的发展，而且对其他国家的法治发展也产生了深远的影响。尤其是美国在第二次世界大战后制定了联邦行政程序法，利用程序制约政府权力的做法，在政府权力伴随社会需求不断膨胀的背景下，显得越来越重要。许多国家先后效法制定了本国的行政程序法，构成了行政程序的第二波高潮——第一波高潮以行政效率为目标，发生在二十世纪初，以奥地利为代表。

我国在拨乱反正恢复法制建设后制定的最重要的行政法律是《行政诉讼法》，行政诉讼法建立的评价行政行为合法与否的标准之一是"法定程序"，即是否遵循了法定程序是衡量一个行政行为合法不合法的标准之一。法定程序是正当程序原则的中国模式。但是，"法定程序"说得再明白不过了，是法律明确规定的程序。也就是说，如果没有法律明确规定的程序，则公民就不能质疑这一行为的程序合法性。这与具有宪法原则地位的正当程序原则有很大的区别。

正当程序是起码的程序要求，不管制定法有没有规定程序，所以它是一个概括、兜底的程序，而法定程序没有这样的弹性，不能容纳所有的"剥夺人的生命、自由或财产"的活动。由于法定程序的这一局限性，有学者认为中国亦应以宪法明定"正当程序"原则，使其具有统率所有需要基本程序要求的活动的地位。面向未来，除了宪法规定正当程序使其成为统率行政法的基本原则外，退一步亦可先由统一的行政程序法在总则中对正当程序作出概括性规定，使得其可以起到统率行政行为的作用，虽然不如宪法规定可以统率除行政法之外的刑法等所

---

① 在诺斯案中，法院认为：财产利益并不是由宪法创制的，相反是由州制定法、州规章所创制的，其范围亦被州法/州规章界定。

② 美国宪法第十四修正案规定："任何州不得未经正当的法律程序而剥夺任何人的生命、自由或财产。"

有法律部门，毕竟政府活动是最大宗的国家机关活动，比单行的行政行为法的规定（法定程序）要好很多。

值得注意的是 2004 年国务院的《全面推进依法行政实施纲要》，在依法行政的要求中明确要求"程序正当"："行政机关实施行政管理，除涉及国家秘密和依法受到保护的商业秘密、个人隐私的外，应当公开，注意听取公民、法人和其他组织的意见；要严格遵循法定程序，依法保障行政管理相对人、利害关系人的知情权、参与权和救济权。行政机关工作人员履行职责，与行政管理相对人存在利害关系时，应当回避。"但是题目说的是程序正当，内容说的是法定程序，忽略了两个概念的不同含义。而且在实践中，由于国务院的文件甚至不够行政法规的格，也就是说，不是国务院的正式立法，也影响它在实践中的贯彻执行。

思考题：

1. 称为基本原则的标准是什么？
2. 基本原则的作用是怎样的？
3. 基本原则与行政法制定有何关系？
4. 基本原则在行政法实施、适用过程中的地位和功用如何？
5. 在实际生活中，你是否遇到过行政法规则不足的情况？

案例一：

2002 年 7 月，某港资企业投资 2.7 亿人民币与内地某市自来水公司签订合作合同，经营该市污水处理。享有规章制定权的该市政府为此还专门制定了《污水处理专营管理办法》，对港方作出一系列承诺，并规定政府承担污水处理费优先支付和差额补足的义务，该办法至合作期结束时废止。

2005 年 2 月市政府以合作项目系国家明令禁止的变相对外融资举债的"固定回报"项目，违反了《国务院办公厅关于妥善处理现有保证外方投资固定项目有关问题的通知》的精神，属于应清理、废止、撤销的范围为由，作出"关于废止《污水处理专营管理办法》的决定"，但并未将该决定告知合作公司和港方。

港方认为市政府的做法不当，理由是：其一，国务院文件明确要求，各级政府对涉及固定回报的外商投资项目应"充分协商""妥善处理"，市政府事前不做充分论证，事后也不通知对方，违反了文件精神；其二，1998 年 9 月国务院通知中已明令禁止审批新的"固定回报"项目，而污水处理项目是 2002 年经市政府同意、省外经贸厅审批、原国家外经贸部备案后成立的手续齐全、程序合法的项目。

请思考：

市政府的行为用什么标准去评判？

案例二：

2002 年 11 月 5 日，潘某照以人民币 5 元向同村潘某煌庄家购买"六合彩"。2002 年 11 月 7 日晚，泉州市公安局泉港分局下属的涂岭派出所干警到潘某照同村潘某煌家中抓"六合彩"参赌者。潘某照恰好也在潘某煌家中，当场被涂岭派出所带回该所审查。潘某照在该所主动讲述了其于 2002 年 11 月 5 日向同村潘某煌购买金额为人民币 5 元的"六合彩"一次。2002 年 11 月 14 日泉州市公安局泉港分局根据《治安管理处罚条例》第三十二条第一款第（一）项、第二款之规定，决定给予潘某照治安罚款人民币 3000 元。同时为 7 号查处受罚的还有：陈某明当天购买"六合彩"20 元，罚款 1500 元；潘某祥当天购买"六合彩"20 元，罚款 2000 元；潘某安当天购买"六合彩"90 元，罚款 3000 元；黄某恩当天购买"六合彩"30 元，罚款 3000 元；潘某斌当天购买"六合彩"70 元，罚款 3000 元；潘某民当天购买"六合彩"45 元，罚款 3000 元。

潘某照不服，向泉州市公安局申请复议，泉州市公安局于 2003 年 2 月 14 日作出复议决定维持了泉港分局所作的治安管理处罚裁决。潘某照仍于 2003 年 3 月 3 日向泉港区人民法院提起诉讼。

原告潘某照诉称，2002 年 11 月 7 日晚，被告下属的涂岭派出所到原告同村潘某煌家中抓"六合彩"参赌者。原告恰好也在潘某煌家中看电视，并未参赌，当场被涂岭派出所带回该所审查。原告在该所主动讲述了其于 2002 年 11 月 5 日向同村潘某煌购买金额为人民币 5 元的"六合彩"一次。原告的行为属主动承认错误，而非被告所查获，且情节特别轻微。根据《治安管理处罚条例》第十六条规定，有情节特别轻微或主动承认错误及时改正的，可以从轻或免予处罚。而被告却给原告处以该《条例》第三十二条规定的最高罚款额人民币 3000 元。依照我国《行政诉讼法》第五条、第五十四条第（四）项规定，被告所作的治安管理处罚行为显失公正，请求撤销被告的治安管理处罚裁决书。

被告泉州市公安局泉港分局辩称，原告于 2002 年 11 月 5 日向同村潘某煌购买"六合彩"人民币 5 元参赌，于同年 11 月 7 日晚被查获，该事实有潘某煌的供述，原告身上搜出购买"六合彩"的单据及其本人的承认为证，足以认定。被告于 2002 年 11 月 14 日作出第 0201237 号治安管理处罚裁决书，处以原告治安罚款人民币 3000 元，其适用程序合法，依据正确，量罚恰当，原告所诉被告所作处罚显失公正，缺乏事实依据，请求依法判决维持被告第 0201237 号治安管理处罚裁决书。

　　泉州市泉港区人民法院审理认为，根据《治安管理处罚条例》第三十二条第一款第（一）项："严厉禁止赌博或者为赌博提供条件"及上级有关利用"六合彩"进行违法犯罪活动的处理意见的规定，购买"六合彩"进行赌博的行为，社会危害性较大，应依法从重打击。被告认定原告购买"六合彩"人民币5元参赌的违法事实，有其本人的陈述，证人证言及从其身上缴获的单据为证，事实清楚，证据充分。被告依照有关规定作出行政处罚适用程序合法。被告是根据《治安管理处罚条例》第三十三条第一款的规定，对违反治安管理者行使处罚权，是行使法律赋予的职权。在查明原告违法事实的基础上，被告根据《治安管理处罚条例》第三十二条第二款："有上述行为之一的，处十五日以下拘留，可单处或并处三千元以下罚款……"的规定；给予原告单处罚款人民币3000元，该罚款并未超出法律明确规定的处罚幅度、范围。本案原告并非主动投案，原告主张被告对其所作处罚显失公正，理由不能成立，不予支持。被告所作出的具体行政行为证据确凿，适用法律、法规正确，且符合法定程序，应予维持。该院于2003年5月29日作出判决维持被告泉州市公安局泉港分局的治安管理处罚裁决。

　　原告潘某照不服一审判决，仍以被告对其所作处罚显失公正为由，向泉州市中级人民法院提起上诉。在二审审理过程中，上诉人潘某照向二审法院提交申请撤诉的书面材料，以服从原审法院作出的行政判决为由，申请撤回上诉，泉州市中级人民法院裁定准予撤诉。

　　请思考：

　　你怎样评判本案？该用什么标准对办案作出判断？

第三章　行政机关组织法

　　本章内容提要：国家的行政活动要有承担者，行政机关就是国家为了行政任务的达成而设置的组织。在法治社会，和其他组织的设置一样，行政机关要按照法律规定的程序设立，其拥有的职权范围也要在组织法上予以明确。这样，行政机关的活动才有合法的根基。依法行政的其他要求，是在这基础上才能满足的。

第一节　行政机关概述

　　行政机关是指依宪法或行政组织法的规定设置的、以自己名义对外履行国家行政职能并承担相应法律后果的国家机关。

　　"机关"这个词在民法上与公法上的用法有区别。公法上的机关是机关法人，是法人的一种，是能够独立以自己名义行使权力的组织。而民法上的机关除了与企业法人、事业法人相对应的"机关法人"外，还有其他用法，类似器官的含义。如法人是一个拟制的人，其大脑是"法人机关"，民法"法人机关"负有形成法人意思和代表法人活动的职能。诸如公司股东会或股东大会、董事会，或者公司的董事长、经理等均为法人机关。法人没有"法人机关"，无法实现其民事权利能力和民事行为能力，无法成为独立的民事主体。但是"法人机关"不是法人，它所代表的才是法人。而公法上的机关都是代表国家行事的，国家是法人，他们自己也是法人。所以要注意民法与公法使用"机关"这个词的不同之处。

　　当然国外在公法上使用机关一词时，与民法是差不多的。国家是主体，而国家机关是形成国家"意思"，代表国家这种主体——法人活动的。所以行政机关可以代表国家作出决定，但是决定的法律后果是由国家承担。也就是说，在国外，行政机关在行为活动时是法人，但在负责任时是由更大的"法人"——国家来承担的。虽然就我们和外国承担责任的最终主体没有区别，但是在救济程序上，我国是行政机关直接出面作为"形式"主体的。

一、行政机关是国家机关的一种

国家机关各司其职，按照不同分工构筑了不同的国家机关，行政机关是国家机关中的一种。之所以是一种国家机关，在于这种国家机关的种类特征是有别于其他国家机关的。行政机关的种类特征是"执行"机关。执行指执行法律，与制定法律的立法活动区别明显。但与司法机关这一适用（执行）法律的机关，在下定义时不太容易区分。都是执法，都与老百姓直接打交道。但司法机关是由于裁判纠纷即"个案"而与老百姓打交道、适用法律的；行政机关则是普遍性地与老百姓打交道，只要需要国家过问、建立一定秩序的情况均属行政机关与老百姓打交道的情况。另外，司法机关是以审判裁决为核心活动的国家机关，与行政机关的执法活动特点不同。行政机关行使的是行政职权。所以其职权的行使在组织上有其特点即行政首长负责制，而司法机关和立法机关都是合议制。活动的特点也不同，如行政机关往往是"主动出击"，无须当事人申请即主动活动，与司法活动的"不告不理"的被动性不同；行政机关的手段丰富：命令、指导、裁决、采取措施、处罚、许可、签订合同、征收。而司法机关和立法机关的活动方式单纯得多。

二、行政机关以行使行政权为其外在特征

行政机关之所以称为行政机关，就是因为它行使的是行政权力。如前所述，行政权力并非泛指所有的行政管理后勤服务等"行政"，而是指国家行政和带有公法性质的某些社会行政。一个国家的立法、军事、司法职能之外，满足任何社会的任何需要都指向政府或行政机关。这种活动我们概括地说是国家的组织管理活动，但是这个简单词汇所包含的内容范围极其广阔，从计划生育、治安管理、工商管理、税收征收管理、食品安全和药品安全管理，到各种社会保障体系的建立和维护监管，金融监管，产品质量安全，边检，书报影视检查，海关等。可以说，从我们早上一睁眼，生活上所有有关问题都属于行政权力管辖范围。行政机关就是承担这些行政任务，担当这些行政职能，具体实施服务社会、管理社会权力的机关。

三、合法成立是行政机关的资格要求

（一）行政机关是一种组织

从动态言之，"组织"是一种活动，行政管理作为一种组织活动是由之达成一种秩序的活动。而另一种"组织"的含义是静态的，本章讲的组织就是从静态言说的。静态的组织指一种社会形态，一种社会存在的结构形式。如工会、共青

团是一种组织；为了便于学习和提高，学校里同学们组成的较为稳固的学习小组也是社会组织；居委会是一个社会组织，公司、私企也是社会组织。总之，社会组织是多种多样的。行政机关也是这么一种组织——为着特殊目的而存在的组织。

那么，行政机关与这些社会组织有何区别呢？它首先是行政组织。行政组织与其他社会组织如社会团体、企事业单位、政党、协会等不同之处在于，其他社会组织不享有国家权力，而行政机关享有国家的行政权力。可以说，国家成立行政机关这种社会组织就是为了让它享有行政权力、履行行政管理职能。行政组织指行政权力的承担者，行政活动的实施者。所以，行政组织是一种宽泛的说法，承担行政权、实施行政活动的组织体都可以叫行政组织，大到国务院，小到一个科、室、股，甚至大队、中队、小队——只要它是行政活动的组织体。

行政机关是行政组织，但只是行政组织的一种。因为，除了行政机关之外还有许多其他行政组织，如公安交通主管部门下属交警大队、交警中队就不具有行政机关的资格，所以不能称之为行政机关，但他们是行政组织。还有临时性机构、派出机构（派出所、税务所、工商所）也不是行政机关。可见，行政机关是行政组织中有资格被称为行政机关的行政组织。如何在称呼上区分开两者呢？够格的称为行政机关，不够格的行政组织往往称为行政机构。如我们称烟草专卖局为行政机关，但其内设组织就称为内部机构。我们常见的"机构设置"的说法不就是在讲某一行政机关的内部组织结构设置吗？

当然行政法的词汇经常会是多义的，要视语境而定。机构的用法也不是单一的。如宪法第三章"国家机构"。这是把国家机器看成是一个整体，而整体是由部分组成的，组成国家机器的"部分"叫"机构"。因而从国家层面有不同的国家机构：人大（系统）、司法（系统）、行政（系统）三大类国家机构。这里的"机构"显然与上边我们所说的行政机关内设组织不同，这个机构的概念大得多，是从宏观上，把一个组织体系称之为"机构"。再如"机构改革"，从国务院而言或者某一个地方政府而言，确实是其内部设置机构的改革，但是这些政府组成部门大多自身又是行政机关，所以涉及这些行政机关的改革的"机构改革"概念也超出了我们精细分析时的"机构"概念。综上的结论是，广义"行政机构"的概念大体上相当于"行政组织"的概念。

行政组织是社会组织的一种，但与其他社会组织如社会团体、企事业单位、政党、协会等不同：其他社会组织不享有国家权力，而行政机关享有行政权力。可以说，国家成立行政机关这种社会组织就是为了让它享有行政权力、履行行政管理职能。其他社会组织如某一学科的研究会，其存在不是为了对社会实施行政管理，也不是为了维持某一种社会秩序，它即使具有一定的管理属性，也只是为了该学科在广泛领域开展学术活动、促进学术发展，局限一隅，不对社会产生效力，只对局部的一类学者具有辐射效力，且这种效力不是国家赋予的，是组成成员自愿生成的。与行政机关享有国家赋予的权能，具有作出具有法律效力的行政行为，国家强制力保障这些行为的实施不同。所以行政机关是独立享有行政职权、履行行政职能、承担相应的行政法律后果的行政组织。

（二）合法成立是行政机关的资格要求

行政机关"独立享有"行政权力，是有前提条件的。这个前提条件就是依法成立。依法成立，既可以是依宪法规定的程序成立，也可以是依组织法规定而成立。如国务院及各级地方政府的成立是依照宪法规定的程序成立的，即由相应的人民代表大会选举产生。依组织法规定而成立如《国务院组织法》第十一条："国务院可以根据工作需要和精简的原则，设立若干直属机构主管各项专门业务，设立若干办事机构协助总理办理专门事项。"国务院依此设置直属机构如国家工商总局、国家统计局、国家体育总局等，以及设置外事办、侨办、港澳办、台办、法制办、新闻办等办事机构就属于依照组织法规定而成立。这是行政机关区分于（除行政机关之外的）其他行政组织的主要方面，其他行政组织往往是在法律框架内自行设立的，无须宪法、组织法规定，如行政机关设置的临时机构，内设机构。

依法成立是行政机关拥有相应行政编制和财政拨款的前提。行政编制、行政拨款，一般是成立该机关时就一并赋予的。行政机关有了行政编制、行政拨款，在经济上就可以自立了，就具备了自主行使权力的能力了。这与接受法律法规委托行使行政职权的组织不同，因为这些组织并不是自主、自立地行使行政权力，而是以委托行政机关的名义、在行政机关委托权限内行使权力，如居委会是自治组织，不是行政机关，但是它接受计划生育委员会的委托，入户进行计划生育统计，这时居委会应该以计划生育委员会的名义入户统计。再如林木种苗工作站是事业单位，林业部门将行政处罚权委托给林木种苗工作站行使。这时林木种苗工作站也该以林业部门的名义实施行政处罚。这种委托都应该在委托时书面明确委托的权限和范围。

（三）行政机关是独立行使权力的行政组织

独立行使行政权之"独立"的含义，是指以自己的名义行使行政职权，以自己的名义承担由此而产生的法律后果。如在复议或诉讼中，作为被告，或者在国家赔偿责任中作为赔偿义务机关。

以自己名义行使权力具有极其重要的区别作用。因为在绝大多数场合，法律后果都是追踪着行为者的名义来认定的。如《最高人民法院关于执行〈中华人民共和国行政诉讼法〉若干问题的解释》（俗称"98条"）之第十九条规定，当事人不服经过上级机关批准的行政行为提起行政诉讼的，如不能判断谁是被告，以对外发生法律效力的法律文书上的署名来确定。正因为如此，接受委托行使行政权的组织，在行使行政权力时是以委托的行政机关的名义活动的，如被诉诸法院亦非接受委托的组织作为被告，而是由委托行政权力的行政机关作为被告。行使权力时的"名义"，重要性可见一斑。

四、行政机关是常设的组织

"常设"是与临时或者"时有时无"不同的一种状态。为什么强调常设呢？因为"公务不能中断"，行政机关承担着国家公务，且这种公务不能时有时无，这被称之为"公务连续性"原则。"公务连续性"原则表明公务机关或者是延绵不断的组织。行政机关可以随着换届更换行政首长，但是行政机关还是前后一致的行政机关，不能"一个将军一个令"、新官不理旧事。在我国，新一届政府不愿意承认上届政府的合同，不愿意承担上一届政府的补偿或者赔偿责任的情形比比皆是。这与"公务连续性"原则不普及、未及深入人心有很大关系。

我们曾经或者当下存在过一些临时机构。临时机构的存在有其合理性。因为社会需要随时可能出现，行政任务就随之可能增加，而这些新任务不能完全由已有机构完成，临时机构就出现了。而且，临时机构是政府首长自己可以决定的，不用人大或其常委会批准，所以设置极为容易。客观上，一些地方政府为推动某项工作的完成，以"指挥部""办公室""领导小组"等名义，组成了大量临时机构。由于"滥设临时机构"现象严重，加之管理制度的缺失，其工作人员违法犯罪现象逐年增多，严重地影响了政府的形象和社会公信力；另外一方面，临时机构表面上是对某项工作加强领导，实际上是削弱了职能部门应起的作用、应尽的责任。从相对人而言，如果临时机构作出了影响其权益的行为或决定，相对人不服，有时候也会在寻求救济时遇上困难。因为在确定被告时可能出错，导致不能得到法院的救济。

意识到这些问题，政府对临时机构也曾展开过清理。如2005年11月，陕西省对2004年12月前设立的各种领导小组、委员会、协调小组、指挥部、组委会等议事协调机构和临时机构进行清理，撤销了265个议事协调和临时机构；2005年8月，深圳市对1995年以来成立的市政府议事协调机构和临时机构进行全面清理，145个机构被撤销；2006年8月，安徽天长市对部分议事协调机构和临时机构进行了清理、合并和调整，52 个临时机构被撤并等。上述数据表明，政府设置临时机构是有动力的，合理的临时机构可以设，但要警惕滥设。

第二节　行政机关的种类及其相应的组织法

一、综合行政机关与行政主管机关

行政机关按照职权特点，可以分为综合性的行政机关即政府和职能相对单一的行政机关，通常称为行政主管机关。

（一）政府

综合行政机关在我国最主要的是政府。我国的政府按照层级设置，分为中央（全国）、省级、县级、乡镇政府四级。但是省级政府派出机构"行政公署"、县级政府的派出机构"区公所"，从二十世纪五十年代即存在，而且渐渐演化成在一个地域具有综合管理职能的政府，夹层在上述四个层次政府之间。更为复杂的是，过去的城市只有和省平级的直辖市和县级市，而因为派出机构所在地的城市，级别上既不是省级也不是县级，就形成新的级别即"地级"和"副县处"级，这又成为城市发展中套用的级别，所以我们的城市除了省级（直辖）市、县级市之外，便有了副省级市①、较大市、地级市、副县级市等，导致我们的政府层级变得异常复杂。当然 2000 年 7 月 1 日《立法法》实施后，由于其第六十三条的规定，将三种市统称为较大市，改写了较大市的定义，实际上较大市就把副省级市涵盖进来了，如深圳市过去是所谓的副省级市，现在就是较大市。地级市是介于副省级市和县级市之间的城市。市政府是按照城市设置的，故当下的市政府至少有五个层次。加上中央政府和乡镇政府，综合行政机关——各级政府有七个层次。

（二）行政主管机关

行政主管机关是相对于综合行政机关而言的另一类行政机关，其职能相对单一。"相对单一"是说单一职能并不是那么绝对，如大部制改革之下，发改委职能就综合、集中了过去诸多职能，不那么单一了。但就经济发展改革方面的职

---

① 副省级市是八十年代以后国务院政策形成的。副省级市基本上都是国务院批准的较大市。但是目前省会所在地的市当中还有一些不是副省级市，而是所谓地市级，所以目前统称之"较大市"不能和副省级市画等号。另外，副省级市是政策设定的，而较大市是法律设定的，按照政策副省级市在人事任免权限方面和领导配置级别方面与地级市是有区别的。

能而言，发改委职能又是单一的，是大概念下的单一职能。行政主管机关因为职能相对单一，所以机关的设置是按照事权设置的，与综合行政机关按照地域设置不同。

行政主管机关也有多个层次，除了国务院部委和国务院直属（机构）局外，其他各级行政主管机关都按照各级政府同层设置原则设置——除了乡镇一级外，基本上从中央数下来是六个层次。

另外，行政主管机关往往是政府的组成部门，但同时它们又各自是一个行政主管机关，和政府一样是独立行使行政权力的行政机关。

综合行政机关，从体制上都是由人民代表大会产生，向人民代表大会负责。行政主管机关的情形有所不同，作为政府组成部门的行政主管机关是人民代表大会产生的，如国务院的各部委、审计署、中国银行等，其机构设置是由人大批准的，其首长任免是由人大作出的决定，所以它们要接受人大及其常委会的质询，在人大或其常委会不满意时被罢免。但是如果不是政府组成部门，则其机构设置和首长任免都不受人大控制，是由同级政府首长决定的。这种直属机构只向设置它的行政首长负责，不直接接受人大或其常委会的质询，也不对其负责，即人大不能直接罢免其行政首长。地方政府的情况类似。

二、中央行政机关和地方行政机关

按照行政管辖的地域标准，可以将行政机关分为两种即中央行政机关和地方行政机关。这也是对行政机关最通常的分类。中央行政机关行政管理地域范围是全国，而地方行政机关的行政管理地域范围限于某一地方的地域范围。如河南省政府的行政管理地域范围限于河南省行政区划之内。

（一）中央行政机关

中央行政机关又有两种，一种是综合行政机关即中央政府，另一种是行政主管机关。

1. 中央政府——国务院

按照宪法，国务院是最高权力机关全国人大及其常委会的执行机关，是最高国家行政机关。因而国务院是中央政府。国务院由全国人大产生并向其负责，受其监督。向人大负责的表现是国务院每年要向全国人大作工作报告，人大要讨论并表决是否接受其报告。虽然到目前为止，没有人大不通过国务院政府工作报告的先例，但是从理论上说，有这种可能性，这种可能性其实就是国务院不受人大信任的可能性。受其监督的表现是国务院及其组成部门要接受人大及其常委会的质询、问责直至被罢免。

国务院首先是人和组织，其组成人员包括：总理、副总理、国务委员、国务院秘书长、各部部长、各委员会主任、审计长。重大问题要经全体会议或常务会议讨论决定。全体会议上述全体成员参加；常务会议由总理、副总理、国务委员、秘书长组成；行政法规、决定、命令，或者向全国人大提交的议案，由总理签署后公布或提交。

其次，国务院是部门组成的。如上所述，国务院首先是内阁，所以是人和组织。但是国务院作为组织自然是由一定组织结构构成的。国务院组成部门是国务院的构成框架。国务院的组成部门是顺着组成人员这一脉络"拎出来的"，也就是说，除了单个人员如秘书长、国务委员外，其他（内阁）组成人员所领导的部门就是国务院的组成部门。其实国务院组成部门构成的是一个类似于内阁的组织，因为内阁之外，国务院还有直属机构、办公机构、议事协调机构。国务院全体会议实际上类似于内阁会议，而更为核心的常务会议则类似于西方的核心内阁。

2. 部委

国务院的部委是国务院的组成部门。部委是以事权划分的。所以部委是中央的行政主管机关。如公安部、交通部、国土资源部、发改委等都是负责一定领域的行政事务的行政主管机关。

部和委员会，名称不同实质上也应当有所不同。因为即使按照过去苏联的做法，部是首长负责制，而委员会应该是集体负责制，是议决制。就是说，委员会作出决定不是首长拍板说了算，而应该是表决制，一个人一票的票决制。首长也是一票，以少数服从多数作出决定。但是我们现行宪法和组织法规定的却是一样的制度：委员会和部都实行首长负责制。所以我们目前的委员会与部的区别，只是部的职能更单一，委员会的职能相对综合。

部委有部务会议，委员会有委务会议，用于讨论决定本部门重大工作。这是民主集中制的体现，即会议制度是用于讨论部委重大问题，决定重大事项的，但行政首长在听取会议讨论后还是拥有决定权。部委颁发规章时亦是行政首长签署发布规章的部令或者委员会令。

部委的设置和部长、委员会主任的任免均由总理提出名单，由全国人大决定，在全国人大闭会期间由全国人大常委会决定。

3. 直属机构

国务院的直属机构是主管国务院某项专门业务、具有独立的行政管理职能的行政机关。直属机构的设置不用人大批准，故其设置或者调整相对容易和简单。直属机构虽然不是国务院的组成部门，却是独立法人——行政机关。1998 年机构改革后，国务院当时保留有 17 个直属机构①，包括海关总署、国家税务总局、国家环境保护总局、中国民用航空总局、国家广播电影电视总局、国家体育总局、国家统计局、国家工商管理局、国家新闻出版局、国家林业局、国家质量技术监督局、国家药品监督管理局、国家知识产权局、国家旅游局、国家宗教事务局、国务院参事室、国务院机关事务管理局。

当时还有 18 个委（员会或者部）管局，也是独立的行政机关。它们不是直接隶属于国务院，而是隶属于委员会或者部，但也是独立的法人——行政机关。"委管局"有：国家粮食储备局（隶属于计委）、国家外国专家局（隶属于人事部）、国家海洋局（隶属于国土部）、国家测绘局（隶属于国土部）、国家邮政局（隶属于信息产业部）、国家文物局（隶属于文化部）、国家中医药管理局（隶属于卫生部）、国家外汇局（隶属于中国人民银行）、国家出入境检验检疫局（隶属于海关总署）；国家烟草专卖局（隶属于经贸委）。

委管局当时还有：国家国内贸易局、国家煤炭工业局、国家机械工业局、国家冶金工业局、国家石油和化学工业局、国家轻工业局、国家纺织工业局、国家建筑材料工业局。这八个局当时都隶属于国家经贸委。2001 年 2 月被国务院撤销改为行业协会。同时成立国家安全生产监督管理局（国家煤矿安全监察局），两块牌子一套人马。隶属于当时的国家经贸委。

上述机关的负责人均为 2 - 5 人。

委管局，其与隶属委员会或部的关系，没有法律明确规定，业务大体上受所在部委领导。凡属重要问题要经部长、委员会主任批准后方可上报国务院，如制定政策、起草或者修改行政法规草案、重大业务问题。其余事项由委管局自行决定。

4. 国务院办事机构

国务院的办事机构，协助总理办理各项专门事务、不具独立行政管理职能的行政机构。目前包括外事办、侨办、港澳办、台办、法制办、新闻办和国务院办公室（简称国办）也是由国务院总理决定设置，无须人大或其常委会批准。但是办事机构不具有独立主体资格，它们只是协助总理承担具体工作的机构，如果它们对外发布消息、宣布决定是代表国务院所为之行为，不管是否言明代表国务院，因其无行政主体资格，均应推定为是国务院的行为。

5. 国务院的议事协调机构

国务院的议事协调机构是承担跨机构业务的组织或者承担协调任务的行政机

---

① http：//www.360doc.com/content/13/0429/06/7499155_ 281658171.shtml.

构，包括国家国防动员委员会、国务院中央军委专门委员会、国家边防委员会、国务院中央军委空中管制委员会、全国爱国卫生运动委员会、全国绿化委员会、国务院学位委员会、国家防汛抗旱总指挥部、国务院妇女儿童工作协调委员会、全国拥军优属爱民工作领导小组、国务院三峡工程建设委员会、国务院军队转业干部安置工作小组、国务院经济体制改革委员会、国务院科技教育领导小组等。

议事协调机构的法律地位，根据《行政机构设置和编制管理条例》第六条，它们没有对外职能，只是国务院内部的议事机构，但议而不决，职能在于协调不同部门之间的关系。特别情形下，由国务院授权，"可以规定临时性行政管理措施"。

国务院直属机构、办事机构、"部（委）管局"、议事协调机构的设立、撤销或合并，由国务院机构编制管理机关提出方案，报国务院决定。

其中议事协调机构在建立之初即规定撤销的条件或期限（《国务院行政机构设置和编制管理条例》第十条）。

概括地说，直属机构、委（部）管局都是行政机关，而办事机构、议事协调机构，不是行政机关。

除了上述行政机关、行政组织之外，国务院还有一种特殊的机构必须一提，那就是以事业单位的面目出现的行政机关。如1992年成立的中国证券监督管理委员会（简称证监会）、2003年成立的中国银行业监督管理委员会（简称银监会）、中国保险监督管理委员会（简称保监会）、国家电力监管委员会（简称电监会）等。这些监督管理委员会都是正部级事业单位。虽然无从探寻为何行政机关挂名事业单位，但有一点可以肯定，这些监督管理委员会既然"不是"行政机关，当然不用全国人大或其常委会批准就可以成立。虽然国务院的直属机构也无须经由人大批准成立，但是直属机构一般不是正部级。

当然，这样的设计也有问题，以非常重要的一项权力为例：这些"事业单位"可以制定部门规章吗？虽然是正部级，但是制定部门规章的条件法律法规规定得很清楚，并不是以级别确定的。其实这些事业单位享有规章制定权是有依据的，它们是依据法律授权而享有行政权乃至行政规章的制定权。如《证券法》第七条实际上是对证监会的授权，这样证监会就不仅仅是事业单位，而是法律授权的组织。至于规章制定权，证监会是按照该法第一百七十九条第一项的规定"依法制定有关证券市场监督管理的规章"这一授权而享有的。

银监会也是同样情形，它是《银行业监督管理法》授权的组织。

中国保监会成立较早，故仅仅是依据国务院"授权"享有行政权力的。国务院是可以授权的，但是国务院的授权必须是以行政法规的形式授权才是有效的，名正言顺的。只依据国务院非正式的立法甚至一个内部文件，是无法将保监会归入法律法规授权组织的。

电监会则于2013年3月被撤并到能源局。这是在十二届全国人大一次会议第三次全体会议上，国务委员兼国务院秘书长马凯做关于国务院机构改革和职能转变方案中提出的，将现国家能源局、电监会的职责整合，重新组建国家能源局[1]。有意思的是，正部级的电监会并入了副部级的能源局。电监会成立之初即本着2003年国务院下发的《电力体制改革方案》，多经努力，基本实现了政企分开、厂网分开、主辅分开。但终因权责较小，且面对的是垄断性质较重的电力行业，推动电力体制改革仍显力量不足。举例来说，因触及电网利益，输配分开这一骨头电监会就未能啃动。

（二）地方行政机关

与中央行政机关相对的是地方行政机关。地方行政机关也包括地方政府和地方政府的组成部门两类。

1. 地方政府

（1）省、县、乡镇政府

地方政府是相应的地方人大的执行机关，实行双重领导体制：服从本级人大的决议、命令或地方性法规，向其汇报工作，正副职均由人大或其常委会产生，罢免；同时向上级人民政府负责，服从其命令、决定等。其组成人员包括：正副职、秘书长、各厅局长。

（2）地级政府

地方政府本来分为三级：省级、县级、乡镇级。但《地方各级人民代表大会和地方各级人民委员会组织法》（以下简称《地方组织法》）允许省、自治区政府设置派出机关——行政公署，也允许县级政府设置派出机关——区公所。而省、自治区现在普遍设置了地级机构，所以地方政府的层次上基本上是四级：在省与县之间，有自治州、设区的市、管县的市——即常说的"地级"，其行政机关就是地级政府。

（3）较大市政府

在省自治区的区域内，除了地级区域（市）的出现外，还有较大市人民政府。1982年《宪法》规定国务院可以批准较大市。自此，国务院分五批批准了19个较大市，其中重庆市在1997年升格为直辖市，所以国务院批准的较大市实

---

[1] 能源局是归发改委领导的部管局。

际上还有 18 个。2000 年 7 月 1 日生效实施的《立法法》，第六十三条有一个归纳性解释，将省或者自治区所在地的市（27 个）以及特区所在地的市（4 个）都归入较大市，较大市数量现为 49 个。较大市在法律上的意义在于，其拥有了原来只有省级政府享有的地方规章制定权。由于我们的城市在制度上区分大小是按照级别进行的。较大市到底为何级别为人们所关注。现在看，我们绝大多数的较大市是副省级市，但很少数是地厅（市）级。

（4）不同层次的市政府

除了较大市，各省、自治区内还有地级市、县级市、市管的市。

地级市以 1983 年为界，此前称之为"省辖市"以区别于中央政府直管的直辖市，数量有 144 个。1983 年中央《关于地市州党政机关机构改革若干问题的通知》，要求"积极试行地、市合并"，并把此作为 1983 年地方政府改革的一项重要内容。至此市管县体制开始在全国范围内推行，并且在国家的行政区划序列里，正式将市分为"地级市"和"县级市"，自此开始在国家行政机构区划统计上把"地级市"作为行政区划术语固定下来，取代之前的省辖市之称。到 1998 年 15 年间地级市增加了 68 个，总数为 212 个。新增的地级市大多数是地改市、少数是县级市升格而来。到 2013 年 3 月，"地级市"增加为 286 个。基本上各省现在都有地级市，如江西省下辖 11 个地级市：南昌市、九江市、景德镇市、萍乡市、新余市、鹰潭市、赣州市、宜春市、上饶市、吉安市、抚州市。地级市一般都设区。只有 5 个地级市不设区，即浙江省湖州市、广东省中山市和东莞市、海南省三亚市、甘肃省嘉峪关市。县级市现在省和自治区也比较普遍存在。

市管市本是一种比较特别的现象，但是现在却变得很普遍，较大市有下管市的，地级市也有下管市的。如广州市管辖的番禺市（现为广州一个区了），广州市是较大市，番禺市当时是一个县级市。

"（地级）市管（县级）市"目前在我国大量存在。体制内的说法是"地级市代管县级市"。出现这种现象的主要原因是实行"市领导县"体制之后，大量的属县改成市，不可避免地导致"市管市"现象的出现。到 2004 年底，全国共有 155 个地级市"代管"着 308 个县级市。地级市代管县级市的，占地级市的54.77%，被代管的县级市则占到全部县级市的 82.35%。

（5）乡镇政府

乡镇政府根据我国宪法，是一级政府，最基层的政府，拥有政府的一般职能。不过现实中，因为乡镇一般都是管理农村事务，职能相对少些，主要有计划生育、农业补助发放、粮食收购、农业服务等。原来还有代收农业税，但自 2005

年12月29日，第十届全国人民代表大会常务委员会第十九次会议决定：自2006年1月1日起废止1958年6月3日通过的《农业税条例》，农业税被取消，乡镇政府这项职能也随之取消。

根据《地方组织法》规定的精神，乡镇政府只设相关责任人即乡长、镇长、副乡长、副镇长，不再设立诸如财务科、民政科之类的行政部门。近年来，乡镇政府也会有简单的机构设置，常见的是"三办一所"：党政综合办公室，可能加挂人民群众来信来访办公室牌子；经济发展办公室，可能加挂扶贫办公室牌子；社会管理办公室，加挂民政工作办公室、人口和计划生育办公室牌子等；财政所。

（6）地方政府的派出机关

地级政府包括地市级政府是因省、自治区的派出机关以及改革演化而来。此外，《地方组织法》允许县、自治县人民政府在必要的时候，经省、自治区、直辖市的人民政府批准，可以设立若干区公所，作为它的派出机关；市辖区、不设区的市的人民政府，经上一级人民政府批准，可以设立若干街道办事处，作为它的派出机关。

"区公所"本为民国初年地方自治组织的称谓，12年后即1935年以后，区公所已沦为地方土豪劣绅巧取豪夺的工具。新中国成立以后，作为县或市政府的派出机关，区公所在五六十年代也曾经一度改建为区人民政府，总之其行政地位介于县和乡镇之间。当时绝大部分的县将其行政区域划分为若干个"区"，大县有时超过10个区。1个区平均管辖4至5个乡、镇，最高行政官员称"区长"。区公所在计划经济时期为巩固农村基层政权、管理农村社会经济事务发挥了积极作用。但是后来，地级市下属的区公所逐渐演化为市辖区，成为与县并列的行政区，区公所渐渐衰落。到2012年，全国仅有2个县辖区（区公所），1个位于河北省（涿鹿县南山区公所），另1个位于新疆（泽普县奎依巴格区公所）。

街道办事处是城市中的区政府的派出机关。对街道办事处曾经有过争论，分歧主要在于它们是否具有独立的行政主体资格，能否像行政机关那样承担责任。经过一段时间尤其是实践的检验，似乎多数意见已经形成，即街道办事处既然在组织法上称为"派出机关"，就应该如其名称所揭示的那样，应该是一个行政机关——独立的行政主体，从而与另外一些派出机构区分开了，与公安派出所、工商局的派出机构工商所、税务局的派出机构税务所不同。这些派出机构不具有独立行政主体资格，只能以派出它们的行政机关的名义行使权力，从事活动。当然如果法律法规对某一类派出机构另有授权，则这些派出机构就是法律法规授权的组织，具有独立执法资格。

2. 地方行政主管机关

地方政府的组成部门，同时又是独立行政机关。所以服从地方政府的领导并接受上级行政主管机关的业务指导，这种关系是我国多年来的传统体制。由于是地方政府的一部分，所以在人财物方面都是相应地方政府的棋子。只有极少数的行政机关如海关、边检是垂直体制。举例来说，各级海关都是由海关总署统一指挥，其人财物也不是地方决定的，而是由海关总署掌控的。改革开放以后，为了对付越来越严重的地方保护以及分割统一市场，1999 年国务院下发文件，将工商改为省以下垂直体制。这就意味着省工商机关集中了全省工商机关的人财物，不像过去，各级政府的工商机关在各级政府的财政预算之中，人事、财物也受相应地方政府辖制。随后统计、质监、土地资源等管理部门也都步入垂直体制的改革，试图通过这种体制改革，摆脱地方政府对中央政府意图的负面影响。行政机关垂直领导体制，意味着这些行政机关直属中央，就人财物而言，均受制于中央政府，而非相应地域的政府。地方政府预算中不含垂直体制的行政主管机关，虽然这些行政主管机关是在该行政区域内的。随后垂直体制下的行政主管机关，不用向地方人大及其常委会负责（如果原来是地方政府组成部门的话），也不用服从相应地方政府的命令或领导。但任何制度都不是完美的，采用何种制度不过是利弊权衡，两害取其轻而已。垂直体制也一样，实施中暴露了它的不足，由于缺乏地方政府的支持，垂直行政主管机关在许多方面作为的权威性不够，效果打折扣，调整还有待时日。

第三节　行政组织法制化

中央行政机关也好，地方行政机关也罢，行政机关的组织体系应该是由法律确定。因为法律确定的行政机关，其职责权限是明确的，易于为世人所知，既便于人民群众监督，也便于人大和社会以及媒体的监督，是防止行政机关权力滥用的最好最简便的办法。从其他发达国家来看，行政组织的设立都是有法律根据的，甚至直接是由法案设立的。行政组织法是行政机关合法出生的证明。就像一个企业法人的章程，确定其可以做什么不可以做什么。行政机关的组织法就是确定行政机关这种特意组织起来为社会提供全方位服务的组织，如何设置成立，权力界限在哪儿的"章程"。

目前行政机关的组织法仅有国务院的组织法和地方人大和地方政府的组织法。称为"一个半个"组织法。因为地方人大和地方政府的组织法是和地方人大的组织法放在一个法里，所以其中一半内容属于行政组织法，另外一半组织法更贴近"宪法性法律"的性质。《国务院组织法》只有 11 条，自 1982 年 12 月 10 日通过公布以后未曾修改过；《地方各级人民代表大会和地方各级人民政府组织法》于 1979 年制定颁布，其后经过 1982 年、1986 年、1995 年、2004 年和 2015 年共计五次修改。无论是 1982 年通过的《国务院组织法》还是 1979 年制定经过五次修改的《地方各级人民代表大会和地方各级人民政府组织法》，可以想见，三十多年对于我们这样处于改革变化中的国家而言，组织法的这种状况显然不适应我们国家社会经济发展和法治发展的要求。

值得一提的是，似乎有一种替代规定填补了组织法的不足，那就是出现在 1998 年国务院机构改革过程中的"三定方案"。1998 年 3 月全国人大会议通过国务院机构改革方案。国务院当时撤销了 15 个部委，新组建了 4 个部委，实际保有 29 个部、委、（中国银）行、（审计）署。保留下来或者新组建的国务院组成部门均依据"三定方案"具体确定该部门的主要职责权限，定员，下设机构。"三定方案"全称为"某某部委主要职责内设机构和人员编制规定"，简称"三定方案"。所谓"三定"，即定机构，定编制，定职能。定机构，就是确定行使职责的部门，包括名称、性质（行政或事业）、经费（全供、差供、自收自支）等。定编制，实质就是定人员数额，这其中包含部门领导职数和内设机构的领导职数。定职能，定的是这个部门的具体职责，以及部门内设的处（科或股）、室的具体职责。

"三定方案"在地方行政机关改革中是否全部贯彻了，似乎是有疑问的，因为如果搜索一下网络会发现查找地方行政机关的"三定方案"，不是那么容易，找全就更难。无论如何，即使就国务院的层次而言，"三定方案"也只是一个国务院的决定，不是法律。自己确定自己多大权力，是"三定方案"的软肋。客观言，是改革具有不确定性，改革的结果很难预期，"三定方案"具有组织法实验田的作用。但不能把实验常态化，"三定方案"应该是一个过渡阶段，还是应该以组织法来确定行政机关的这些最重要的事项。

改革中出现的一个仅次于法律的组织法方面的法律文件是 1997 年《国务院行政机构设置和编制管理条例》。这个行政法规有一些很好的规定，如明确了国务院办事机构协助国务院总理办理专门事项，不具有独立的行政管理职能（第六条）；再如规定设立国务院议事机构，应当明确规定承担办事职能的具体工作部门；为处理一定时期内某项特定工作设立的议事协调机构，还应当明确规定其撤销的条件或者撤销的期限（第十条）；还有就是规定了部门领导的职数，除了组成部门的副职按照已有《国务院组织法》的规定是 2 – 4 人外，还规定厅或司局的副职数只能是 2 位。时间过了十七年，审视这些规定还是经得住考验的，遗憾的是有的规定未能够很好执行，如关于副职的规定，多有突破却鲜有法律上的正式质疑。看来有法可依固然重要，执法严格也是非常重要的。

还有值得一提的行政组织法是 1991 年的《工商行政管理所条例》。之所以可以称为条例，是因为这个规范文件是国家工商局起草后报国务院批准，又由国家工商局颁布实施的。这个条例将工商所的地位、性质、权限范围、程序、经费来源等都规定下来，权责明确、责任可预见，正体现了组织法的好处。

总而言之，如果说在法制建设方面我国已经取得了长足的进步，但就组织法方面却是滞后的，与行政行为法和行政救济法的发展不成正比，需要我们迅速赶上。

第四节　法律法规授权的组织（委托的组织）

一、法律法规授权的组织

法律、法规授权的组织是指依具体法律、法规授权而行使特定行政职能的非行政机关组织。由于行政活动的广泛性及复杂性，经常出现某项行政事务可能由非行政机关承担的情形，如卫生防疫站和食品卫生监督站不是行政机关，经《食品卫生法》授权，它们就能行使食品卫生监督检查权和对违反食品卫生法的相对人的行政处罚权。什么样的组织可能得到法律法规授权而成为行政主体呢？通过检索法律法规，大致说，以下组织可能成为法律法规授权的组织。

（一）事业单位

事业单位，一般指以增进社会福利，满足社会文化、教育、科学、卫生等方面需要，提供各种社会服务为直接目的的社会组织。事业单位不以盈利为直接目的。事业单位一般是由国家设置的，带有一定公益性质的机构，但不属于政府机构，其人员与公务员性质也是不同的。

目前我国的事业单位如果从费用来源分类，大体可以分为"全额拨款""参公（即参照公务员）""财政补贴""自收自支"四类。从功能上区分，事业单位可以分为三类：

1. 承担行政职能的事业单位。即从事行政决策、行政执行、行政监督等行政管理工作的事业单位。例如：城管监察、环境监测、土地监察等。

2. 从事公益服务的事业单位。即为社会提供公益服务或者为政府行使职能提供支持保障的事业单位，国家保证经费，不再从事经营活动。可具体划分为两个小类。公益一类。即从事关系国家安全、公共安全、公共教育、公共文化、公共卫生、经济社会秩序和公民基本社会权利的公益服务，不能或不宜由市场配置资源的事业单位。例如：图书馆、博物馆、环境监测站、水文站等。国务院有一批事业单位：新华社、中科院、社科院、工程院、国务院发展研究中心、国家行政学院、中国地震局、中国气象局、银监会、证监会、保监会、全国社会保障基金理事会、国家自然科学基金。其中银监会、证监会、保监会我们下边还会讲到，这里不议论了。公益二类。即面向全社会提供涉及人民群众普遍需求和经济社会发展需要的公益服务，可部分实现由市场配置资源的事业单位。例如：职技校、卫生服务站等。

（1）从事生产经营类的事业单位则指为社会提供有偿服务获得收入的自收自支单位，按企业模式发展，参与社会竞争，自负盈亏，国家财政不再负担人头经费。

事业单位一般是法人。但是有的事业单位不是法人，如直属事业单位就不是具有独立人格的法人。直属事业单位是直接隶属于核心政府部门，不具有独立法人地位与财务权、人事管理权的单位。直属事业单位所有从业者的待遇均比照公务员。在大量各级政府的政策研究室中，许多已经成为直属事业单位。

如上所述，事业单位是介于以营利为目的的企业和行政机关之间的一种社会组织。且其公益性的宗旨目标使其与行政机关仅一墙之隔。正因为如此，在法律法规授权不是行政机关的组织行使行政权的时候，比较好的选择是选择事业单位。如1999年《档案法实施办法》第十条规定，各级档案馆是事业单位，按照档案法第八条，承担以下任务：收集和接受本馆保管范围内对国家和社会有保存价值的档案；对之按照规定进行整理和保管，为社会提供服务。

要注意的是，银监会、证监会、保监会这类事业单位。从其权力来看，它们就是行政机关，但是名义却是事业单位。如何解释这种矛盾，已如上述，按照法律法规授权，才能从法律上说清这种事业单位享有巨大的行政权力的理由。所以，从法律上，这些事业单位亦应该在法律法规授权组织中出现。

（2）社会团体。社会团体虽然不是行政机关，不属于行政系统，但法律、法规往往授权它们行使某些行政职能，如各种行业协会，它们有依法律、法规的授权管理本行业的某些行政事务的权力。如《价格管理条例》第二十二条规定，价格监督机构会同工会、群众价格监督站，开展价格监督工作。

要注意区分的是人民团体。人民团体与社会团体定冠词不同，内涵是很不同的。虽然从名词解释角度，人民和社会往往是可以通用的，但是在我们国家的历史传统背景下，人民团体是指中国人民政治协商会议（全国政协）组成单位，包括工会、共青团、妇联、科协、侨联、台联、青联、工商联等 8 个团体。而社会团体一般是指需要经过民政机关登记的民间组织，之所以称之为民间组织，是相对于人民团体而言，人民团体事实上已经是半官方的团体了。

当然由于我们国家的改革是一种解构式的改革，许多社会组织是从以前的官方组织转换过来的，如行业协会是从过去的行政主管机构转换过来的，它们或带着原来行政化的浓重痕迹，或者为成员的个人利益计，一些本是社会团体的组织千方百计地往行政机关靠。如争取"参公"待遇，以便可以在行政系统内升迁、调动，可以端铁饭碗等。所以许多社会团体越来越像行政机关，而不是最初所设想的，它们应该变成植根于草根的社会团体。行政法的本质是控制政府的权力，但若无国家和社会的区分，又怎么谈得上控制？就授权而言，亦应各自分明的面孔，才能说授的是谁的权，谁接受权力呀！

（3）基层群众性自治组织。基层群众性自治组织是指城市和农村按居民、村民居住的地区设立的居民委员会和村民委员会。我国政府在农村地区设到乡镇一级，在城市设到区一级。由于我国人口众多，这些基层政府直接管到相对人，还是很有些够不着。所以许多行政任务都会借助居委会和村委会的力量完成。如过去乡镇政府的行政征收任务中就有部分任务是由村委会完成的，如"三提五统"。"三提五统"是指村级三项提留和乡镇五项统筹。"村提留"是村级集体经济组织按规定从农民生产收入中提取的用于村一级维持或扩大再生产、兴办公益事业和日常管理开支费用的总称，包括公积金、公益金和管理费。"乡统筹"是指乡（镇）合作经济组织依法向所属单位（包括乡镇、村办企业、联户企业）和农户收取的，用于乡村两级办学（即农村教育事业费附加）、计划生育、优抚、民兵训练、修建乡村道路等民办公助事业的款项①。"三提"是村委会收取的。城市里的居委会，也协助区政府或者街道办事处承担了不少行政任务。

（4）企业组织。企业组织主要是行政管理的对象，但在特定情况下，法律、法规也可授权其行使一定行政职权。

（5）各种技术检验、鉴定机构。对一些需要运用专门知识、专门技能、专门设备进行检验鉴定的事务，法律、法规通常授权由一些有关的技术性机构办理。

除了上述五种组织可能被法律法规授权，承担行政任务外，还有这样一种情形，即不够行政机关资格的行政组织，由于法律法规授权，成为和行政机关一样

---

① 由于"三提五统"是农业税的一种，随之 2006 年中央决议取消农业税，"三提五统"也寿终正寝。

可以独立行使权力的行政主体。具体而言，又可以分为两种情况。一种是行政机关的内部机构，如直辖市和较大市的道路交通管理大队本是交通管理机关的机构，因《道路交通安全法》的授权，即将其归入道路交通管理部门，使其可以自己的名义独立行使权力。另一种是派出机构，派出机构与派出机关不同，不是一个独立的行政机关，但如《治安管理处罚法》第九十一条规定："警告、500元以下的罚款可以由公安派出所决定。"《税收征收管理法》第十四条规定："本法所称税务机关是指各级税务局、税务分局、税务所和按照国务院规定设立的并向社会公告的税务机构。"这实际上是授权使得不够行政机关资格的税务所具有了行政机关一样的主体资格。

被授权组织的法律地位体现在以下三个方面：

①被授权组织在行使法律、法规所授职权时，享有与行政机关相同的行政主体地位。

②被授权组织以自己的名义行使法律、法规所授职权，并承担相应法律后果。

③被授权组织在执行其被授职权以外的自身职能时，不享有行政权，不具有行政主体的地位。

二、委托的组织

委托与授权在英文中是一个词。但是在中国是有区别的，这种区别始自1989年4月4日颁布的《行政诉讼法》的规定。该法规定，法律法规授权的组织，在行政诉讼中是被告，行政机关委托的组织不做行政诉讼的被告，其行使委托行政权所引起的争议，老百姓提起行政诉讼要以委托机关为被告。自此，委托与授权截然分开。

行政机关委托的组织是指受行政机关的委托，按照委托范围，以委托主体的名义，行使被委托的行政职权的非国家机关的组织，亦称被委托组织。

行政机关委托的组织和范围十分广泛，不仅包括事业单位、企业单位、社会组织、人民团体，而且还可以包括某些个人或某些私人组织。如国务院发布的《家畜家禽防疫条例》规定，农牧部门及其畜禽防疫机构可以委托有条件的饲养户或检疫单位检疫，家畜出售者可持有被授权检疫的饲养户或检疫单位的检疫证明进入市场。

尽管行政机关委托的组织可以范围广泛，但是对于行政机关将公权力委托给其他组织行使，还是要有一定限制，否则可能因为公务员趋利避害的本能，而将认为麻烦的事项不管是否适合委托统统委托出去。所以法律渐渐有了若干限制。如按照1996年《行政处罚法》的规定，行政机关委托行政处罚权：第一，要依照法律、法规或者规章的规定，方可委托；第二，接受委托的组织应当是依法成立的管理公共事务的事业组织；第三，接受委托的组织应当具有熟悉有关法律、法规、规章和业务的工作人员；第四，对违法行为需要进行技术检查或者技术鉴定的，应当有条件组织进行相应的技术检查或者技术鉴定。

另外该法还要求：委托行政机关对受委托的组织实施行政处罚的行为应当负责监督，并对该行为的后果承担法律责任；受委托组织不得再委托其他任何组织或者个人实施行政处罚。而到了 2004 年的《行政许可法》则干脆要求委托的对象只能是行政机关，即第二十四条规定："依照法律、法规、规章的规定，可以委托其他行政机关实施行政许可。"

委托后，由于接受委托的组织以委托机关的名义实施行为，引起相对人不服，也是以委托行政机关为复议被申请人或者行政诉讼的被告，所以应当特别强调委托的权限范围。具体操作应以书面形式将委托事项、权限范围、行使委托权限的实体要求和程序要求予以明确，便于被委托组织执行，也便于委托行政机关监督。

委托的组织不是行政主体，还在这一部分中涉及主要是因为委托组织是实际上行使行政权的组织，所以从组织法的角度是应该有所限制和要求。

第五节　行政机关编制法

一、编制的含义

编制，根据《地方各级人民政府机构设置和编制管理条例》第二十八条规定，是指机构编制管理机关核定的行政机构和事业单位的人员数额和领导职数。

任何一个具体"组织"，其职位的数量是有一定的数量的。职位的数量是由这一组织在整个组织体系中的地位、任务、人员培训的需要及经费预算等因素决定。根据这些因素所决定的职位数量，称作这一"组织"的编制。

行政编制有广义和狭义两种。广义的行政编制是过去长期使用的，是相对于企业编制、事业编制而言的。那时候即使是企业也是国企的天下，所以企业也有编制。这种广义行政编制与其说是行政编制，不如说是国家机关编制更为妥帖。因为这种行政编制在三分法的前提下，将所有花财政钱的国家机关都囊如行政编制。如"百度百科"给出的行政编制定义是：工作人员的工资和日常办公经费，由行政经费开支，执行国家职能及政治体系管理职能的国家权力机关、国家行政机关、国家安全机关、国家审判机关、国家检察机关、党派机关、政协机关、人民团体所使用的人员编制，列为国家行政编制。

狭义行政编制应该是名副其实的行政编制，指的就是行政机关的编制。但是这只是理论上的说法，或者讨论行政机关编制时方便的说法。

因此，本节用行政机关编制法的概念，以排除我们行政法不需要讨论的那些组织的编制问题。当然因为体制就是这样的，所以不可能完全在行政机关编制范围内研究问题，如谈及编制管理机构的设置就会遇上现行体制的问题。

二、编制管理"一支笔"原则

"一支笔"审批原则是编制管理机关审批机构编制的一项重要原则。所谓"一支笔"原则是指对机构设置和人员编制审批实行统一领导、集中管理。"一支笔"原则有利于保证机构编制管理工作的权威性、严肃性，避免政出多门，多渠道、多种文件批准设置机构、增加人员编制。

"一支笔"原则的主要内容包括：

1. 有关机构编制事宜，应由主管编制的领导决定或批准，并且专题文件下达，其他领导一般不能随意决定或审批；

2. 有关机构编制方面的问题，应由主管部门提出专题报告，统一经编制主管部门办理并向主管编制工作的领导提出审查、处理意见，其他部门不能以任何形式自行决定或下达有关增设机构、增加编制、确定机构级别等事宜。"一支笔"审批原则，能有效地防止官僚主义和本位主义，有利于机构编制管理。

这一原则实施多年，是编制管理的基本思路，就是编制管理机关也是按照这样的思路设置的。

三、编制管理机关

由于缺乏法律规定，编制机关的设置不是统一的。曾有三种编制管理机关模式：1. 设置编制管理委员会在地方政府办公室内；2. 编制管理委员会同时设在党委和政府，一套班子同时挂两块牌子；3. 编制管理委员会设在政府人事部门下。

1997年8月3日国务院发布《国务院行政机构设置和编制管理条例》，该条例五章25条，对国务院机构的编制管理基本原则、机构设置的管理、编制管理等重要事项作出了规定，是值得肯定的法制进步。该条例不少规定是比较先进的，符合社会发展需要。如其第五条规定："国务院行政机构的设立、撤销或者合并，由国务院机构编制管理机关事先组织有关部门和专家进行评估和论证。"再如其第十条规定："为处理一定时期内某项特定工作设立的议事协调机构，还应当明确规定其撤销的条件或者撤销的期限。"以及第二十四条规定："国务院行政机构不得干预地方各级人民政府的行政机构设置和编制管理工作，不得要求地方各级人民政府设立与其业务对口的行政机构。"等等。

但是该行政法规所规范的范围只限于国务院本身机构编制的管理，地方政府的机构编制管理另行规定。所以对地方政府可能产生的是一种示范效果。因而，关于地方编制机关如何设置一直有不同的方案。概括一下大致有三种编制管理机构的设置方案：第一，在各级政府设置编制管理机关，这是一种以地方政府领导为主的方案；第二，在政府之外设置编制委员会，由党委、政协、人大、政府以及其他有关专业人士参加，这是一种独立于政府的方案；第三，保留现有结构，即编制管理委员会，一套人马，两块牌子，一块党委编制管理机构的牌子，一块政府编制管理机构的牌子。具体言，政府的人事机构承担具体工作，报给编制委员会统一报编制，由党委批准后施行。

2007 年 3 月国务院第 486 号令颁布了《地方各级人民政府机构设置和编制管理条例》，该条例自 2007 年 5 月 1 日起施行。关于地方政府编制管理机构的应当依据国务院这一条例来设置。该条例六章 30 条，与十年前国务院自身的机构编制管理条例比，多了一章"法律责任"。而且注意社会对编制管理的监督，如其第二十五条规定："任何组织和个人对违反机构编制管理规定的行为，都有权向机构编制管理机关、监察机关等有关部门举报。县级以上各级人民政府机构编制管理机关应当接受社会监督。"

地方编制管理机构的设置，按照国务院的这一条例，是设在各级政府。但是如果比较上述三种方案，编制管理机构的设置应该是沿袭了现行体制。国务院的行政法规自然无法规定独立于政府的编制管理机构，也不可能规定党委设不设编制管理机构，但党的机构的改变或者撤销一定要党自己作出决议或决定，所以这是一种不得不的选择。观察现有编制管理机构的网站，这个结论是正确的。即编制管理机构既是政府的也是党的。具体构建是党中央组建编制管理委员会，国务院设置编制管理委员会办公室具体承办编制管理工作。

本书以为在编制管理问题上应该借鉴国外有益经验，将现行体制下的决定主体转变为人大。由专家、各方代表组成组织，或者政府自身在广泛听取意见、调研的基础上，提出编制方案，由各级人大或其常委会负责审批，批准才能在预算上增加新机构的拨款。每一届人大和政府都应该如此循环往复，编制管理不是僵死固定的，是动态适应社会需求的，也是不断博弈的，可以在过程中做到人大监督政府。当然就法制程度而言，现有两个编制管理条例是不足的。更加具体、明确、透明的编制管理制度需要法律的进一步作为。

第六节　公务员法

一、公务员的概念和范围

公务员在我国是指依法履行公职、纳入国家行政编制、由国家财政负担工资福利的工作人员。这个概念是非常大的，因为在西方国家，两党"竞争上岗"轮流执政，轮流执政的这部分官员是政务官，不受公务员法的调整，受宪法关于政治制度的规定调整，相对固定在政府、行政机关内的官僚称作公务员。这样就把议员、法官、政务官都排除在外了。然后对这部分官僚建章立制予以统一规范，这种制度就是公务员制度，调整公务员与国家关系的法律是公务员法。可见，我们国家的公务员概念与其他国家有很大不同。有人说我们和日本很像，日本也是把议员、法官都放进公务员范围之内，但是日本第一是把公务员法当作所有公务人员的一般法，而马上规定法官、议员另有立法规范；第二，日本的公务员法不包括政党——不管是党魁还是党组织总部人员都不在公务员范围内，但是我们国家的执政党和各民主党派的总部人员都是公务员。过去我们用苏联的概念"干部"来概括从事公务的人员，现在用公务员，但是这个公务员概念并非完全与"国际接轨"，而是与过去干部的概念范围大小差不多。

公务员法之前是1993年国务院制定的行政法规《公务员暂行条例》，其并未将法官和检察官纳入公务员范围。这有三种可能，一是因为这是行政法规，不宜超过行政机关范围去规定司法机关的人员也属于公务员；二是国务院沿袭了1957年以后"行政机关工作人员"这一概念范围；第三，1993年前国务院起草这一暂行条例时，曾经组织专门的班子包含学者，研究国外的公务员法律制度，基本了解国外通行做法。其后两年即1995年全国人大常委会制定了《法官法》《检察官法》，似乎局势很明朗，随后制定上升为法律的公务员法，公务员范围没有什么疑问应当延续《公务员暂行条例》的公务员概念和范围。但2005年出台《公务员法》时，却把已经有单行法调整的法官、检察官都放入了公务员范围。但《公务员法》所规定的公务员范围毕竟太大了，不可能统一作出规定；另一方面，此前已经有了《法官法》《检察官法》，所以《公务员法》第三条第二款规定："法律对公务员中的领导成员的产生、任免、监督以及法官、检察官等的义务、权利和管理另有规定的，从其规定。"多少体现了"分类管理"的原则。分类管理是公务员制度通行的原则，是经过多国验证的公务员管理经验。

具体来说，公务员包括以下七类机关中除工勤人员以外的工作人员：中国共产党各级机关、各级人民代表大会及其常务委员会机关、各级行政机关、中国人民政治协商会议各级委员会机关、各级审判机关、各级检察机关、各民主党派和工商联的各级机关。

实际上，还不止于此，还包括以下三类组织中除工勤人员以外的工作人员：第一，人民团体。人民团体是指全国政协的组成单位：工会、共青团、妇联、科协、侨联、台联、青联、工商联等8个团体。第二，群众团体现在多称为社会团体，是为一定目的自愿结合成的社会组织。包括学术团体，如哲学学会、党史研究会、数学学会；行业协会，如作家协会、戏剧家协会、个体劳动者协会。或者是由特殊需要、特殊爱好而组成的协会，如老年人协会、消费者协会、残疾人协会，武术协会等。群众团体的主要作用是：互通信息；交流学术观点、成果，切磋技艺，促进专业、行业内部的协作。它们在性质上虽不同于国家机关工作人员，但在传统管理上历来属于干部范围，对其参照《公务员法》进行管理。第三，具有公共事务管理职能的事业单位中除工勤人员以外的工作人员，也参照《公务员法》进行管理。

二、公务员的录用和退出

这一题目下是叙述公民如何成为公务员和从公务员队伍如何退出这样两个环节，即"进"和"出"这两个环节。

（一）公务员录用制度

公务员录用制度是指国家行政机关依据有关法律和法规的规定，按照一定的标准和法定的程序，采用公开考试、严格考察、择优录取的办法，将符合条件的人员录用为公务员的制度。公务员录用制度建立起始于改革开放以后的1980年，正式建立于1989年。1980年，邓小平同志提出要勇于改革不合时宜的组织制度、人事制度，要健全包括招考制度在内的一系列干部人事制度。1987年，党的十三大将干部人事制度改革的重点确定为建立国家公务员制度。1989年，中组部、人事部下发了"关于国家行政机关补充工作人员实行考试办法的通知"，通过考试选拔录用国家机关工作人员的工作就此展开。较大规模的录用一般采取多个部门联合招考的形式进行，较小规模的则采取各个部门单独招考的形式。到2009年止经过了20年的发展已经形成了比较稳定的人才录用选拔体系。2005年通过了《公务员法》，按照该法，公务员录用都以考试择优录用统一进行。中央机关及其直属机构公务员的录用，由中央公务员主管部门负责组织；地方各级机关公务员的录用，由省级公务员主管部门负责组织，必要时省级公务员主管部门可以授权设区的市级公务员主管部门组织。

公务员的考试内容一直调整，最近的调整是《公务员法》实施之后。根据 2006 年 1 月 1 日起施行的《公务员法》相关规定，将考试类别调整为综合管理类和行政执法类，所有依照公务员制度管理的国务院直属事业单位的招考职位为综合管理类，考试科目为"行政职业能力测验一"和"申论"两科；中央垂直管理机构地（市）以下所有机关及部分中央垂直管理机构中的省级机关和直属机构，部分依照公务员制度管理的国务院直属事业单位的招考职位为行政执法类，考试科目为"行政职业能力测验二"和"申论"。2007 年的调整，最终将"行政职业能力测验一"和"行政职业能力测验二"合并为统一的"行政职业能力测验"，不再区分报考类别，使报考各类职位的考生都处于相同的起跑线上。综合管理类与行政执法类考生答题区别在"申论"中体现。此后沿用至今，没有结构性变化。

《公务员法》对公务员的录用条件是用反面（否定性）限制的办法规定的。《公务员法》第二十四条规定："下列人员不得录用为公务员：（一）曾因犯罪受过刑事处罚的；（二）曾被开除公职的；（三）有法律规定不得录用为公务员的其他情形的。"第三项因为是概括性条款，有弹性地适用于多种情形，是一个"利器"。《公务员法》第十一条补充了正面规定的公务员录用条件，包括下列条件：（一）具有中华人民共和国国籍；（二）年满十八周岁；（三）拥护中华人民共和国宪法；（四）具有良好的品行；（五）具有正常履行职责的身体条件；（六）具有符合职位要求的文化程度和工作能力；（七）法律规定的其他条件。这七个条件基本上都是具体的，只有第四项条件"具有良好的品行"是有很大解释空间的。例如几年前曾因为与有妇之夫发生关系被事业单位处分过的人，考公务员在良好品行上算不算有问题？这种弹性条款是政策性或者策略性很强的规定，需要有较高水平处理才能妥当。

另外鉴于行政程序越来越公开透明，《公务员法》第二十六条规定录用公务员，应当发布招考公告。招考公告应当载明招考的职位、名额、报考资格条件、报考需要提交的申请材料以及其他报考须知事项。而且招录机关应当采取措施，便利公民报考。

（二）公务员退出

以往教科书绝少用"退出"这一用语来概括公务员离开公务员队伍的种种情形。但是无论是正常退休、离休、辞职、辞退，还是发生情形较少的纪律处分中的开除，实际上都是离开公务员队伍。故本书采用这一最容易理解的词汇来概括上述种种离开公务员队伍的情形。

公务员进入公务员队伍后与国家建立了雇佣关系、职务关系。职务关系是公法关系，讲的是公务员在公法上要履行什么义务和职责，为此享有公法赋予行政机关的公权力。雇佣关系是一种社会法关系，因为个人的劳动权利是社会权利，公务员是通过进入公务员队伍实现其劳动权利，由此形成的是社会法关系。作为劳动者享有年老体弱退休、离休、辞职的权利。行政机关也享有公务员不履行职责却又无法给予纪律处分或者纪律处分也不奏效时，采用辞退的办法，使之离开公务员队伍的权利。

1. 退休

公务员退休是指公务员因达到退休年龄等原因而退出工作岗位，公务员退休制度是社会保障制度的重要组成部分。建立公务员退休制度，对于维护公务员的合法权益、促进公务员队伍的新陈代谢都具有重要的意义。根据法律规定，我国公务员退休的类型有两种，一是法定退休，它侧重于体现退休是公务员的一项义务；二是自愿退休，这种退休更多体现的是退休的权利色彩。

法定退休有人又称之为强制退休，指公务员达到国家规定的退休年龄或者完全丧失工作能力的退休。关于公务员的退休年龄，《公务员法》没有具体规定，现在是按照企业职工退休的法定年龄办理，即男职工年满六十周岁，女职工年满五十周岁，在管理技术岗位的女职工年满五十五周岁。除了年龄到了退休年龄外，法定退休还有另一种情形即身体条件已经完全不能承担工作，亦可办理退休。

提前退休。公务员符合一定条件，自愿要求退休，经任免机关批准，可以提前退休：（一）工作年限满三十年的；（二）距国家规定的退休年龄不足五年，且工作年限满二十年的；（三）符合国家规定的可以提前退休的其他情形的。

2. 离休

所谓"离休"指离职休养，就是具备一定条件的公务员从公务员队伍退下来后，依然享受和原职位相同的所有工资福利待遇等的称谓。这是国家针对业已退出工作岗位的、新中国成立前参加革命的老同志设立的一种较优越的社会保障措施。离休的条件是：中华人民共和国建立前参加中国共产党领导的革命战争，脱产享受供给制待遇和从事地下革命工作的老干部，在达到规定年龄而退出工作岗位后，实行离职休养制度。

新中国成立前参加革命具体包含以下情形：

（1）1949 年 9 月 30 日前参加中国共产党所领导的革命军队的；在解放区参加革命工作并脱产享受供给制待遇的；在敌占区从事地下革命工作的。

（2）在东北和个别老解放区，1948 年底以前享受当地人民政府制定的薪金制待遇的干部，也可以享受离休待遇。

（3）1949 年 1 月 1 日至 9 月 30 日参加革命工作，实行部分供给、部分工资制（含包干制）的，或既享受过供给制待遇、又享受过薪金制待遇的干部。

（4）新中国成立前是解放区机关工勤人员和公营企业、事业单位的工人，享受供给制待遇，以及 1948 年底以前在东北和个别老解放区，享受当地人民政府制定的薪金制待遇的工人，在达到国家规定的退休年龄前提拔为干部的。

（5）新中国成立前参加革命工作的干部，现在是工人的，须同时具备下列条件：新中国成立前在中国共产党领导下提拔为脱产干部、享受供给制待遇的，或从事地下革命工作的；当干部（含从事地下革命工作）的时间必须长于当工人的时间；不属于因犯错误、受处分而安排当工人的。

（6）新中国成立前参加革命工作，因工作需要由上级主管部门调派到集体所有制企业、事业单位工作的国家干部（包括军队转业干部）。

（7）1948 年底以前在根据地、解放区入党的农村党员，新中国成立前被提拔为享受薪金制待遇的干部。

（8）在 1949 年 9 月 21 日中国人民政治协商会议第一届全体会议召开以前，加入中国国民党革命委员会（包括三民主义同志联合会、中国国民党民主促进会）、中国民主同盟、中国民主建国会、中国民主促进会、中国农工民主党、中国致公党、九三学社、台湾民主自治同盟等民主党派的成员，一直拥护中国共产党，坚持革命工作的。

（9）抗日战争时期，在根据地、解放区加入中国共产党，1953 年底以前提拔为脱产干部，一直坚持革命工作的。

（10）按中央组织部组通字［1986］8 号文件规定，将参加革命工作时间改为新中国成立前的半脱产乡干部。

（11）新中国成立前来我国参加革命工作，新中国成立后一直在我国从事革命和建设事业，符合干部离休条件的外国籍干部。

离休的年龄条件。部长、省长以上及相当职务的干部，正职 65 周岁，副职为 60 周岁；行署专员以及相当职务的干部，年满 60 周岁；其他干部，男为 60 周岁，女为 55 周岁；身体不能坚持正常工作的，可以提前离休；确因工作需要、又能坚持正常工作的，可适当推迟。

离休后的待遇。基本政治待遇不变，生活待遇略为从优。离休后工资照发，并按照参加革命工作的不同时间，每年增发 1～2 个月的本人标准工资作为生活补贴。享受上述待遇的离休干部，一律不再发给任何形式的奖金。另外，对老干部离休后的医疗、住房、用车、生活用品供应及其他有关生活待遇，都有相应规定。离休干部所需各项经费，由原工作单位列入预算。

当时为了解决干部终身制的问题，针对特定情形设计了这种离休制度。但时至今日，这项制度基本上完成了使命。因此，2005 年通过的《公务员法》并无规定涉及该制度。

3. 辞职

辞职指公务员辞去公职。公务员自愿加入公务员队伍，当然也可以按照自己意愿退出公务员队伍，但因为公务员毕竟是从事公务的人员，没有任何限制，将使得公务员辞职成为很随意的事，影响公务员队伍的稳定和威信。因此，《公务员法》规定公务员有下列情形之一的，不得辞去公职：

（1）未满国家规定的最低服务年限的；

（2）在涉及国家秘密等特殊职位任职或者离开上述职位不满国家规定的脱密期限的；

（3）重要公务尚未处理完毕，且须由本人继续处理的；

（4）正在接受审计、纪律审查，或者涉嫌犯罪，司法程序尚未终结的；

（5）法律、行政法规规定的其他不得辞去公职的情形。

为了使公务员辞去公职更加慎重、严肃，《公务员法》规定，公务员想要辞职应当向任免机关提出书面申请。任免机关应当自接到申请之日起三十日内予以审批，其中对领导成员辞去公职的申请，应当自接到申请之日起九十日内予以审批。

4. 辞退

辞退是行政机关对公务员主动采取的令公务员离开公务员队伍的活动。辞退并不是行政处分，所以与开除有区别。是一种对不称职、不能胜任工作的公务员采取的非处分方式令其离开公务员队伍的措施或方法。公务员有下列情形之一的，予以辞退：

（1）在年度考核中，连续两年被确定为不称职的；

（2）不胜任现职工作，又不接受其他安排的；

（3）因所在机关调整、撤销、合并或者缩减编制员额需要调整工作，本人拒绝合理安排的；

（4）不履行公务员义务，不遵守公务员纪律，经教育仍无转变，不适合继续在机关工作，又不宜给予开除处分的；

（5）旷工或者因公外出、请假期满无正当理由逾期不归连续超过十五天，或者一年内累计超过三十天的。

为了防止行政机关利用辞退侵害公务员的合法利益，公务员法作出了限制性规定，对有下列情形之一的公务员，不得辞退：

（1）因公致残，被确认丧失或者部分丧失工作能力的；

（2）患病或者负伤，在规定的医疗期内的；

（3）女性公务员在孕期、产假、哺乳期内的；

（4）法律、行政法规规定的其他不得辞退的情形。

5. 开除

开除是惩戒公务员的方法之一，也是最严重的行政处分。在公务员奖惩的题目下会专门叙述。这里不赘述。

三、公务员的管理制度

（一）任职、免职

1. 国家公务员职务任免的含义

国家公务员的职务任免，是国家公务员任职与免职的统称，指任免机关依据有关法律、法规，按照一定的标准条件，通过法定程序，任命（聘任）或者免去国家公务员担任的某一职务。目前对国家公务员担任的所有职务都必须进行任免，不仅对担任领导职务的必须办理，而且对担任非领导职务的也必须办理，不仅在晋升、降职时办理，在录用、调任、轮换、挂职锻炼、退休时也要办理。

2. 国家公务员的任用方式

国家公务员的任用方式主要有三种，即选任制、委任制和聘任制。国家公务员中政府组成人员的任免，根据宪法和组织法的规定，由各级人民代表大会及其常委会选举产生或者决定任命。非政府组成人员的任免根据《公务员法》的规定，实行委任制，部分职务实行聘任制。

（1）选任制

选任制是一种通过民主选举确定任用人选的任用方式。根据宪法和组织法的规定，各级人民政府组成人员的产生和任免的方式如下：

全国人民代表大会根据中华人民共和国主席的提名，决定国务院总理的人选，根据国务院总理的提名，决定国务院副总理、国务委员、各部部长、各委员会主任、审计长、秘书长的人选，并有权罢免上述人员。在全国人民代表大会团会期间，人大常委会根据国务院总理的提名，决定部长、委员会主任、审计长、秘书长的人选。中华人民共和国主席根据全国人民代表大会的决定和全国人民代表大会常务委员会的决定，发布任免国务院总理、副总理、国务委员、各部部长、各委员会主任、审计长、秘书长的命令（国家主席令）。

地方县级以上各级人民政府的正副领导人由本级人民代表大会主席团或者十人以上代表联名提名，选举产生。人民代表大会有权罢免本级人民政府的组成人员。闭会期间，由本级人大常委会决定副省长、自治区副主席、副市长、副州长、副县长、副区长的个别任免；在省长、自治区主席、市长、州长、县长、区长因故不能担任职务时，从本级人民政府副职领导人中决定代理的人选；根据省长、自治区主席、市长、州长、县长、区长的提名，决定本级人民政府的秘书长、厅长、局长、主任、科长的任免。由同级人大或者其常委会以公告形式发布任命决定。

（2）委任制

委任制是指由任免机关在其任免权限范围内，直接确定并委派某人担任一定职务而产生的公务员。我国公务员中的非政府组成人员主要是委任制的公务员。

如国务院各部委的副职领导、直属机关、办事机关等的正副职领导，由国务院常务会议决定任命。县以上各级人民政府及其部门的派出机关，其领导人员由派出的政府机关及其部门决定任命。我国目前公务员的任用以委任制为主。

（3）聘任制

聘任制是指行政机关根据工作需要，经省级以上公务员主管部门批准，对不涉及国家秘密的专业性较强的职位和辅助性职位，按照平等自愿、协商一致的原则以合同的方式聘用而产生的公务员。通过引入市场机制，实行聘任制，可以克服委任制的不足，促进公务员队伍的合理流动和新陈代谢，疏通出口，增强公务员队伍的活力，提高政府工作效率。其实国外聘任制是常见的，尤其是先进国家实行地方自治，地方议会拥有地方重大事务的决定权，有的是地方议会选举市长，也有的是聘用市长来承担执行任务和日常的管理事务。如2008年顺利承办奥运会后，伦敦市市长来京交接2012年奥运会的事宜，该市长就是伦敦市议会聘任的市长。

2. 免职

免职也分为选任制公务员的免职和委任制公务员的免职。聘任制是靠签合同建立法律关系的，故该法律关系完成归于消灭取决于合同的规定。

选任制公务员的免职有两种情形：（1）任届期满，不再连任自然免除。（2）任期内被罢免、被撤职或者辞职被接受。

委任制公务员具有下列情形之一的，应予免职：（1）晋升职务后需要免去原任职务的；（2）降低职务的；（3）转任的；（4）辞职或者调出机关的；（5）非组织选派，离职学习期限超过一年的；（6）退休的；（7）其他原因需要免职的。

（二）考核

公务员的考核是指拥有法定公务员考核权限的国家行政机关根据公务员法及其相关规定所明确的公务员考核内容、标准和程序，对考核权限内的国家公务员进行的专门性的考察和评价的制度。

1. 考核原则

考核是公务员管理的基础性工作，是公务员制度建设中的一个重要环节。为了保证公务员考核能够顺利有效地实施，必须坚持以下原则：

全面考核和重点考核相结合的原则。全面考核是指对公务员的德、能、勤、绩、廉五个方面要逐一进行考核。重点考核是指在全面考核德、能、勤、绩、廉的基础上，要着重考核工作实绩，并把工作实绩作为评价公务员的主要依据。

客观、公正、公开、民主的原则。"客观"就是要实事求是地对公务员作出评价，全面地本质地反映公务员的政治、业务素质和实绩工作情况，避免片面性。

"公正"就是对任何公务员都要按规定的程序进行考核，评定考核结果要公道，要能够全面公正地反映公务员的情况。考核结果的使用也要公道，使考核成为激励公务员奋发上进的有效手段。"公开"就是要将考核的目的、范围、时间、方法、内容、标准公之于众，考核结果要书面通知本人。"民主"就是要走群众路线。比如，对非领导成员公务员进行考核时，考核委员会或考核小组必须有群众代表参加；主管领导在给公务员写评语、提出等次意见之前，要广泛听取群众意见；对领导成员公务员进行考核时，要进行民意测验和民主评议等等。

分类考核的原则。考核对象不同，考核的标准和方法也有所不同。对非领导成员公务员的考核，由主管领导提出考核等次建议，由机关负责人或其授权的考核委员会确定，以体现机关管理首长负责制的要求。对领导成员公务员的考核，按照干部管理权限，由党委及其组织部门负责。对非领导成员公务员的定期考核采取年度考核的方式进行，对领导成员公务员的定期考核采取届中届末考核的方式进行。在实际工作中，对专业技术类公务员、行政执法类公务员的考核，也应采取与考核综合管理类公务员有所不同的考核标准和考核方法。

考用结合的原则。对公务员的考核必须同正确使用考核结果有机结合起来，考核结果要作为调整公务员的职务、级别和工资以及公务员的奖励、培训、辞退的依据。这样才能发挥考核的作用，使考核工作成为公务员管理中不可缺少的重要环节。否则，考核成了为考核而考核，徒具形式，这样不但不会收到良好的效果，最终也难以坚持下去。

2. 考核的对象和方法

考核对象目前仅限于非领导公务员的考核，按照 2007 年 1 月颁布的《公务员考核规定（试行）》第二条规定："对领导成员的考核，由主管机关按照有关规定办理。"

定期考核采取年度考核的方式，在每年年末或者翌年年初进行。这是目前一直比较严格实行的一项考核。也是公务员非常重视，对其影响比较大的考核。

3. 考核存在的问题

考核目前存在的较大问题是，考核标准无法穷尽所有情形，而应对意外情况、突然出现的情况，社会虽然迫切需要行政机关出手处理，但因无考核标准，所以公务员面对此类情形时，宁愿选择什么都不做，也不愿意因为做出了相应举措却不被考核所认可。客观上说，考核也好，公务员行为也罢，都不能基于对"职权法定"过于狭隘的理解。因为职权法定是为了防止行政机关及其公务员过度使用侵益权力而设置的原则。如果出现紧急情况、突发情形，社会迫切需要政府提供的往往是一种服务，不能一概说职权法定，故而拒绝提供这种服务。

（三）职务升降

1. 晋升

公务员晋升职务，应当具备拟任职务所要求的思想政治素质、工作能力、文化程度和任职经历等方面的条件和资格。公务员晋升职务，在规定任职资格年限内的年度考核结果均为"称职"以上等次。

（1）资格条件

晋升须具备一定的资格条件。例如晋升乡科级领导职务的公务员，要具备以下条件：

具有大学专科以上文化程度，具有正常履行职责的身体条件；如果是晋升乡科级正职领导职务的，要有担任副乡科级职务两年以上的经历；晋升乡科级副职领导职务的，应当担任科员级职务三年以上，等。

（2）年限条件

公务员晋升有一定的年限要求是合理的，经验的积累、职业知识的积累、处理问题的能力的提高都要假以时日，因此各国公务员都是循序渐进，以一定年资为条件作为晋升条件的。如前所述，国外的公务员是不与政府共进退的官僚，是事务官，不是政务官。所以稳定是这支队伍的特点。晋升把年资当作比较重要的条件，才能进一步维持这种稳定。

晋升之前需要有一定的年限资格如晋升科员职务，应当任办事员三年以上。晋升副主任科员职务，应当任科员三年以上；晋升主任科员职务，应当任乡科级副职领导职务或者副主任科员三年以上。诸如此类，每个级次都有相应的年限要求，且这些年限要求是公务员法直接规定的。

（3）晋升程序

公务员晋升职务，要逐级晋升。特别优秀的公务员或者因工作特殊需要的，可以按照破格或者越级晋升职务的程序进行破格或者晋升职务。

公务员晋升领导职务，按照下列程序办理：首先是民主推荐，确定考察对象；其次是组织考察，研究提出任职建议方案，并根据需要在一定范围内进行酝酿；第三步是按照干部管理权限集体讨论决定。最后按照规定办理任职手续。公务员晋升非领导职务，参照前款规定的程序办理。

机关内设机构厅局级正职以下领导职务出现空缺时，可以在本机关或者本系统内通过竞争上岗的方式，产生任职人选。

厅局级正职以下领导职务或者副调研员以上及其他相当职务层次的非领导职务出现空缺，可以面向社会公开选拔，产生任职人选。

公务员晋升领导职务的，要按照有关规定实行任前公示制度和任职试用期制度。

2. 降职

科员以上职务的公务员，在定期考核中被确定为不称职的，应予降职。公务员降职，一般降低一个职务层次。

公务员降职要依照公务员法规定的程序进行：

（1）提出降职建议；

（2）对降职事由进行审核并听取拟降职人的意见；

（3）按照干部管理权限集体讨论决定；

（4）按照规定办理降职手续。

降职的公务员，在新的职位工作一年以上，德才表现和工作实绩突出，经考察符合晋升职务条件的，可晋升职务。其中，降职时降低级别的，其级别按照规定晋升；降职时未降低级别的，晋升到降职前职务层次的职务时，其级别不随职务晋升。

（四）奖惩

1. 奖励

公务员或者公务员集体工作表现突出，有显著成绩、贡献，或其他突出事迹的，法律规定给予奖励。奖励坚持精神奖励与物质奖励相结合、以精神奖励为主的原则。

工作表现突出、有显著成绩、贡献，或其他突出事迹，按照公务员法的规定具体体现为下列情形：第一，忠于职守，积极工作，成绩显著的；第二，遵守纪律，廉洁奉公，作风正派，办事公道，模范作用突出的；第三，在工作中有发明创造或者提出合理化建议，取得显著经济效益或者社会效益的；第四，为增进民族团结、维护社会稳定作出突出贡献的；第五，爱护公共财产，节约国家资财有突出成绩的；第六，防止或者消除事故有功，使国家和人民群众利益免受或者减少损失的；第七，在抢险、救灾等特定环境中奋不顾身，作出贡献的；第八，同违法违纪行为作斗争有功绩的；第九，在对外交往中为国家争得荣誉和利益的。

最后是兜底性条款：有其他突出功绩的。

奖励种类为：嘉奖、记三等功、记二等功、记一等功、授予荣誉称号。对受奖励的公务员或者公务员集体予以表彰，并给予一次性奖金或者其他待遇。

给予公务员或者公务员集体奖励，按照规定的权限和程序决定或者审批。

2. 惩戒

（1）惩戒的标准

公务员是行使公权力的行动者，活动必须有法律依据，遵守法定程序，以及遵守公务员纪律。按照公务员法的规定，公务员要遵守以下禁止性规定，否则将受到惩戒：

a. 散布有损国家声誉的言论，组织或者参加旨在反对国家的集会、游行、示威等活动；这是各国的普遍通例，公务员政治中立。对于两党轮换制的国家而言，这是非常重要的，因为内阁可以在不同党派手里换来换去，但是国家的稳定和公务的连续需要一只不受政治影响的队伍。

b. 组织或者参加非法组织，组织或者参加罢工；

c. 玩忽职守，贻误工作；

d. 拒绝执行上级依法作出的决定和命令；

e. 压制批评，打击报复；

f. 弄虚作假，误导、欺骗领导和公众；

g. 贪污、行贿、受贿，利用职务之便为自己或者他人谋取私利；

h. 违反财经纪律，浪费国家资财；

i. 滥用职权，侵害公民、法人或者其他组织的合法权益；

j. 泄露国家秘密或者工作秘密；

k. 在对外交往中损害国家荣誉和利益；

l. 参与或者支持色情、吸毒、赌博、迷信等活动；

m. 违反职业道德、社会公德；

n. 从事或者参与营利性活动，在企业或者其他营利性组织中兼任职务；

o. 旷工或者因公外出、请假期满无正当理由逾期不归；

p. 违反纪律的其他行为。

这些禁止性规定说是公务员的纪律，其实许多含有法律内容。主要视情节轻重，如玩忽职守，贻误工作，轻者是违反公务员纪律，严重的就是触犯法律构成渎职罪。

（2）惩戒的例外

行政机关是首长负责制的体制，公务员执行公务时，经常会遇到上级命令与法律规定有冲突或者上级的决定或者命令有错误的情形，是否绝对服从？过去缺乏明确规定，陷公务员于两难之间。公务员法明确规定，在这种情况下，公务员可以向上级提出改正或者撤销该决定或者命令的意见；上级不改变该决定或者命令，或者要求立即执行的，公务员应当执行该决定或者命令，执行的后果由上级负责，公务员不承担责任；但是，公务员执行明显违法的决定或者命令的，应当依法承担相应的责任。

（3）纪律处分的种类和内容

纪律处分从轻到重分为六种：警告、记过、记大过、降级、撤职、开除。违纪行为情节轻微，经批评教育后改正的，可以免予处分。

受处分的期间为：警告，六个月；记过，十二个月；记大过，十八个月；降级、撤职，二十四个月。

公务员在受处分期间不得晋升职务和级别，其中受记过、记大过、降级、撤职处分的，不得晋升工资档次。受撤职处分的，按照规定降低级别。

公务员受开除以外的处分，在受处分期间有悔改表现，并且没有再发生违纪行为的，处分期满后，由处分决定机关解除处分并以书面形式通知本人。解除处分后，晋升工资档次、级别和职务不再受原处分的影响。但是，解除降级、撤职处分的，不视为恢复原级别、原职务。

（4）惩戒决定的作出和作出程序

纪律处分对公务员来说是一件很严重的事，所以要非常严肃，应当事实清楚、证据确凿、定性准确、处理恰当、程序合法、手续完备。公务员违纪的，应当由处分决定机关决定对公务员违纪的情况进行调查，并将调查认定的事实及拟给予处分的依据告知公务员本人。公务员有权进行陈述和申辩。处分决定机关认为对公务员应当给予处分的，应当在规定的期限内，按照管理权限和规定的程序作出处分决定。处分决定应当以书面形式通知公务员本人。

监察机关基于《行政监察法》有权受理对公务员违反行政纪律行为的控告、检举；调查处理国家行政机关及其公务员和国家行政机关任命的其他人员违反行政纪律的行为。这种处理，可能是查无实据而结案，也可能查有实据导致纪律处分。如果监察机关认为应当给予该公务员纪律处分，对于其作出的决定，有关行政机关或者人事部门应当执行。

（五）申诉控告

1. 向原处分决定机关申请复核，向同级公务员主管机关或处分的上级机关申诉

公务员对涉及本人的人事处理不服的，可以自知道该人事处理之日起三十日内向原处理机关申请复核；对复核结果不服的，可以自接到复核决定之日起十五日内，按照规定向同级公务员主管部门或者作出该人事处理的机关的上一级机关提出申诉；也可以不经复核，自知道该人事处理之日起三十日内直接提出申诉。对省级以下机关作出的申诉处理决定不服的，可以向作出处理决定的上一级机关提出再申诉。

所谓人事处理包括：纪律处分，辞退或者取消录用，降职，定期考核定为不称职，免职，申请辞职、提前退休未予批准，未按规定确定或者扣减工资、福利、保险待遇等。

原处理机关应当自接到复核申请书后的三十日内作出复核决定。受理公务员申诉的机关应当自受理之日起六十日内作出处理决定；案情复杂的，可以适当延长，但是延长时间不得超过三十日。复核、申诉期间不停止人事处理的执行。

公务员申诉的受理机关审查认定人事处理有错误的，原处理机关应当及时予以纠正。

公务员认为机关及其领导人员侵犯其合法权益的，可以依法向上级机关或者有关的专门机关提出控告。受理控告的机关应当按照规定及时处理。

2. 向监察机关申诉

公务员对处分不服，也可以依照《行政监察法》向行政监察机关申诉。申诉

要自收到处分决定之日起三十日内向监察机关提出。监察机关应当自收到申诉之日起三十日内作出复查决定。

监察机关对受理的不服主管行政机关处分决定的申诉，经复查认为原决定不适当的，可以建议原决定机关予以变更或者撤销；监察机关在职权范围内，也可以直接作出变更或者撤销的决定。

3. 向监察机关的上级机关申请复核

公务员对监察机关作出的复查行政处分的决定仍不服，可以自收到复查决定之日起三十日内向上一级监察机关申请复核，上一级监察机关应当自收到复核申请之日起六十日内作出复核决定。

思考题：

1. 行政机关的含义和特征是什么？

2. 行政机关合法成立是指什么？

3. 行政机关有哪些种类？

4. 行政机关之外还有怎样的行政主体？

5. 行政机关体制上最重要的制度是什么？

6. 行政编制在法律上的作用为何？

7. 公务员在我国的范围为何？

8. 公务员管理制度有哪些？其特征是什么？

9. 公务员的惩戒和救济指的是什么？

案例：

2014年8月17日，中国人民大学学术期刊《国际新闻界》刊登了一则《关于于某某论文抄袭的公告》，该公告中称经编辑部仔细比对，发现于某某发表在该刊2013年第7期的论文《1775年法国大众新闻业的"投石党运动"》，大段翻译Nina R. Gelbart发表于《Eighteenth－Century Studies》1984年第4期的论文《Frondeur Journalism in the 1770s：Theater Criticism and Radical Politics in the Prerevolutionary French Press》，甚至直接采用Gelbart引用的文献作为注释。该公告还附上了两篇论文全文，并用黄色标注了于某某具体抄袭的内容。据此北京大学经调查后于2015年1月9日作出关于撤销于某某博士学位的决定（于某某已于2013年取得北京大学博士学位，且该篇涉嫌抄袭的论文并不是构成申请博士学位的必备要件）。于某某对此不服提出了校内申诉；2015年3月17日北京大学作出申诉处理决定，认为经北大学生申诉处理委员会认真复查和充分讨论，认定世界历史专业博士于某某发表的论文存在严重抄袭行为，因此决定维持原处理决定，撤销于某某的博士学位。此后于某某针对北京大学撤销其博士学位的处理决定向北京市教委提出申诉同样也未获支持。

2015 年 7 月 17 日，因公开发表的学术论文涉嫌抄袭，已取得的博士学位被北京大学撤销，于某某将北京大学诉至法院，其中涉及诉讼有两个。其一是信息公开案。2015 年 5 月，于某某要求北大审查于论文过程中的 4 项会议记录与 2 份文书。6 月 17 日，于某某收到北京大学信息公开办公室发来的电子邮件，邮件中回复，于所申请的 6 项材料，除了《关于于某某学术论文抄袭事件尽快做出处理意见的通知》，4 项会议记录和一份法律意见书均是"学校工作过程中产生的内部工作资料，属于不予公开范围"。本次诉讼中，于某某提出了要求北京大学公开前述信息的诉讼请求，以此作为本人申辩前提；其二是要求法院判令撤销《关于撤销于某某博士学位的决定》并恢复于某某博士学位证书的法律效力。北京市海淀区人民法院受理了此案。

请思考：

北京大学在本案之中是否能够作为适合的被告？其依据是什么？

第四章　行政行为概述

本章内容提要：行政行为是行政法学体系的核心概念。也可以说，两百年的行政法学体系就是围绕着行政行为建立起来的。我国虽然继承了大陆法系国家的这一概念，但是在使用上却有自身特色。即在不同内涵、外延来使用行政行为这一词汇，使得其含义过于丰富，不便于掌握。因而学习者要特别注意这一概念使用的语境，才能使讨论和研究话题在同一平台上展开。

第一节　行政行为的概念

行政行为是行政法学最重要的概念之一，甚至可以说是行政法学核心概念之一。为什么行政法学研究使用行政行为这个概念呢？第一，我们使用行政行为的概念就可以为行政法调整范围划出一个界线。第二，行政行为是行政权运行的结果。近些年来，许多人以行政权为核心研究行政法，但是行政行为是行政权运行后的结果，静态分析这一结果具有很大的便利性。可以说，行政行为概念如上所述显然具有理论研究上的工具意义。第三，任何学术研究都是从具体到抽象，再回到具体。行政行为概念的运用和分析，符合这一学术规律。第四，行政行为的概念使得法院监督行政机关有了明确对象。

行政行为是含义最多的概念，这里我们按照通说的行政行为，给出行政行为的定义：行政主体行使行政职权、履行行政职责，产生法律效果的行为。

按照这一定义，行政行为的特征或者说行政行为的构成要素如下：

一、主体要素

主体要素是表明行为的发出者是谁。民事行为的行为主体是民事主体；行政行为，其行为主体就是行政主体。这两种主体如何区分？民事法律关系是一种平等的关系，没有谁能够命令谁，如果要作出一个民事行为，除非完全是其个人自己的事如一个孤老立遗嘱处理自己的遗产，否则就要通过协商另一方当事人达成一个民事行为如缔结一个合同。而行政行为的双方当事人地位是不平等的，当然此言曾被大批过。法律规定了谁有命令权，谁必须服从，权利义务都是法律规定的，这虽然不能说是事实上的平等，但可以说是法律面前平等了，因而认为说行政法律关系双方当事人地位不平等是错误的描述。但是无论置换什么词汇如改成法律地位不对等，其实它所描述的就是和民事法律关系不同的状态，一方拥有命令权，另一方负有服从的义务。与民事法律关系双方权利义务平等确实不同。

就与行政主体比较而言，行政机关是行政主体没问题，但是它也可以是民事主体。在它是民事主体时，它与其他民事主体一样没有命令权，所以签订建筑办公大楼的合同时，不能使用公权力迫使建筑公司接受自己的条件。就此而论，行政主体的概念确实比行政机关的概念更科学，因为行政机关不是固定的行政主体、永远的行政主体，而行政主体讲的就是作出行政行为的主体。就行政主体问题，中外的区别、是否误读，曾经有过争论，我们姑且不论孰是孰非，仅就行政机关这一概念与行政主体概念作个比较的话，还是行政主体概念来得确切些。

那么目前我们的行政主体仅仅指行使公权力时候的行政机关吗？还包括法律法规授权的组织，已如上一章所述。

法国、德国的行政行为主体要素是公法人。"公法人"指根据公法成立的，以管理公共事务为宗旨的法人。是否为公法人是强制性的，也就是说是法律所确定的，不像私法人那样可以自愿加入。法国承认的行政行为主体"公法人"有三种，国家、地方公共团体、公务法人。第一，法国公法人中没有见到中央政府及其所属行政主管机关，这是因为中央政府和其所属行政主管机关都是代国家行使行政权力的机关，它们既然是代表国家，钱是国家出，责任是国家担，所以国家是主体。第二，地方公共团体是由于地方自治而产生的替代地方政府的组织。由于地方公共团体是自治团体，用地方税收和中央政府的转移支付满足其经费需要，是法律上的独立人格，具有独立的主体地位。第三，法国的"公务法人"是以实施公务为目的而成立的具有独立法律人格的公共设施或公共机构。如研究机构、公立图书馆、博物馆、公立大学等。其实类似我们的事业单位（法人）。

德国的公法人指在法律上有独立行政法律能力的，公共行政的承担者。包括：1. 公法团体，高权行政的承担者。2. 公法机构，独立的、不一定在行政机关体系内的机构。类似美国的独立管制机构。3. 公法财团。以提供资本或者物资手段完成行政任务的行政承担者。可见，德国的行政行为主体要素也不是单纯的行政机关，也含有类似我国的法律法规授权组织。因为有一点可以肯定的是，西方国家的公法机构都必须是法律设置或者批准的。

英国说是公私法不分，但是公法人与私法人有区别。英国的公法人一般分为四类：工商企业公法人、行政事务公法人、行政管制公法人和咨询和解性质的公法人。

我国无公法人概念。所以行政行为的主体要素，要么说行政机关、法律法规授权的组织这么一长串字符，要么讲是行政主体，却又需要解释何为行政主体。因此，有人建议我国以后也用公法人概念。

二、行政行为的内容要素

行政行为的内容要素或者内容上的特征是行使行政职权、履行行政职责。行政行为是行使公权力的过程和结果，否则就可能是民事行为。公权力，是行政行为属性最根本的依据。这种公权力与民事权利不同。行政行为是行使公权力的结果，而公权力是有自身特点的：

1. 法定性。公权力的存在是由于人民让渡自己的私权利形成的。所以公权力必须符合授权人的意愿，授权人即人民通过自己的代表进行立法表达自己的意愿，公权力要遵从法律就是必然的了。因此，法律保留原则是公权力必须奉为圭臬的原则。法律保留原则要求行政机关只有在取得法律授权的情况下才能实施相应的行为。也就是说，行政行为必须具有法律依据。就立法来说，重要的事项应由法律规定，未经法律授权，行政机关不得以行政立法代为规定。就行政行为而言，法律保留实际上就是职权法定。公权力这种性质与民事权利不同，民事权利可能来源于法定，也可能来源于合意，如来源于合同约定。私人在法无禁止的情形下即有行动自由，而行政机关一般而言尤其是侵害行政，都必须有法律明确规定（授权）。

2. 强制性。与公权力相比较，民事权利不能强制实施，只能靠义务人自觉维护、尊重，无私力救济，只能由国家救济。而公权力有强制性，且在法律的逻辑上是推定其合法，除非为数极少的无效行为，相对人都必须服从执行。

3. 优先性。公权力具有公益性。公益即公共利益是行政法的诸多概念、规则、原则的基础，是"从公共利益这一总的要求出发从私法中借鉴出来的"。"公共利益的意义表现在它是行政法的核心概念，是行政法的适用、解释和权衡的普遍原则"。[①] 行政权力在行政管理过程中具有一种优势，这种优势来源于何处？其实就是来自于公共利益。如果没有公共利益，一种凌驾于私权利之上的权力正当

---

① 吴庚：《行政法之理论与实用》，三民书局 1998 年版，第 60 页。

性何在？个人利益是公共利益的基础，个人利益在构成国家、政府、行政法存在的理由时异常重要，但是只有基于公共利益才能解读整个行政法，才能解读行政法上的不同制度。没有公共利益，行政不可能拥有优先权。如先行处置的权力、获得社会协助的权力以及物质保障权。

著名的德国社会法学派代表人物耶林也曾经指出：法律本身不是目的，而是为达到社会公共利益所运用的手段，行政紧急权力必须合乎宪法和法律，必须体现法律的目的和精神。

4. 可审查性。可审查性指复审，即行政复审，也指司法复审。行政复审在我国称为行政复议，也可能是非正式的申诉；司法复审在我国就是行政诉讼。公权力可审查性的特点是保障公民权利、"责任政府"决定的。

三、行政行为是产生法律效果的行为

公法效果要素。公法效果既不是私法效果，也不是宪法意义上的公法效果，是行政法意义上的效果。这里讲的产生法律效果是指发生在行政机关之外，与相对人发生法律关系的法律效果。不产生法律效果的行为不是行政行为，如事实行为不产生法律效力，只产生事实效果！行政行为的作出是一种法律事实，引起权利义务关系的产生、变化。效果包括直接效果和间接效果，如抽象行政行为、内部行政行为均是间接产生效果。

具有这样三个要素的行为就是行政行为。

第二节　行政行为概念在中国的出现

行政行为概念在中国的出现是随着行政法学的出现而出现的，没有行政法学，这种行为未被作为对象研究，自然不是通行意义上的概念。只有行政法以及行政法学的出现，作为工具意义上的行政行为概念才真正出现，并且真正具有意义。因此，可以说，行政行为的概念和行政法的概念一样，在中国的出现晚于其他国家，至少晚于经济发达国家——按照马克思主义的历史唯物主义，经济的发展最终会导致、推动社会的发展。

行政行为概念在中国的出现，曾经有过两个阶段。1914年北洋政府时期，组建了直接隶属于总统的平政院，是中国传统上监督官员的都察院与西方宪政思想结合的产物，即后来出现的行政法院的前身。但由于其存在时间较短，因此对社会以及理论研究的影响在当时没有那么大。后来到了国民党统治时期，1936年有了《行政诉讼法》《行政诉愿法》，行政法的概念开始被法律人所知。1928年白鹏

飞主编出版了中国第一本行政法著作《行政法总论》，1933年另一个讲到中国行政法必须叙及的是范杨，他出版了同名著述《行政法总论》，该书2005年被方正出版社重版过，所以现在找到不很困难。这两本重要著作的标志性含义是，中国人开始知道行政法，也开始知道行政行为。范杨给行政行为下的定义是："行政机关依公法所为之作用，而能发生法律效果之称谓。"正如人们后来评价的，范杨这本书深受日本美浓布达吉的影响，而日本的行政法学人都受到德国法实践和理论的影响。如下边要讲到的，德国19世纪末已经出现了以行政行为作为行政法学主线的著述。其间的传承很明显。可惜，后来的战乱以及政权更迭造成学术研究的中断，尤其是新中国建立后废除"旧法统"，时间一长，人们几乎忘记曾经有过的研究，甚至对行政法的名词都变得很陌生。

从国外来说，行政行为是法国最先使用，Acte administrative，用来指一切行政机关的法律行为。包括公法行为和私法行为。据说1826年传入德国。1886年，奥托·迈耶"以德国学者的思维方式重述法国行政法理论"出版了《法国行政法原理》一书。1895年，出版《德国行政法》，正式提出行政行为概念，德文是verwaltungsakt。这本书奠定了他德国行政法学之父的地位。迈耶所使用的行政行为概念只限于行政机关的公法行为，将行政机关的私法行为（国库行为）排除在外。奥氏行政行为的定义是："行政官署对于个别事件宣示何者为适法行为之公权力行为。"奥托·迈耶建立的行政法学体系是以行政行为为核心的。而这个行政行为的概念就是我们现在常说的具体行政行为。

根据德国学者毛雷尔《行政法学总论》①的介绍，在17、18世纪，行政的概念主要可以理解为一种"行政权力"，它的特点不仅表现为其广泛性和强度，还表现为不受法律的约束。这是一种绝对国家时期的行政。19世纪以来，行政概念的发展实际进入了"自由国家时期"，自由市民阶层要求将国家行政的活动范围限制到为保护公共安全和秩序、消除危险所必要的限度内，并将行政权力置于法律的约束之下。正是在这个背景下，奥托·迈耶出版的《德国行政法》是自由法治国家时代行政法的经典论述，其主要观点是法治国家的观念和对国家侵害行政的约束，这些观点借助法律保留和行政行为的概念得以明确。

当然奥托·迈耶以行政行为作为行政法学的核心后来也被不同国家的学者批评过。如近些年日本行政法学者发展的"过程论"，实际上就是建立在否定行政行为这种"片段式"分析模型基础上建立起来的。我们国家十几年前也有学者开

---

① 毛雷尔：《行政法学总论》，高家伟译，法律出版社2000年版，第15页。

始以行政权为核心书写行政法教材，同样也是意识到行政行为作为行政法学核心概念的缺陷。但不管怎样说，工具意义上的行政行为概念远没有被取代。行政法学是以行政法为研究对象的，行政行为这一分析工具所具有的便利性，还没有别的工具可以让我们放弃它。例如我们对行政处罚、行政许可、行政强制的分析，都是建立在行政行为以及其分类的基础上，而对实践而言，这些单行行为立法的好处和方便之处也是不容否认的。比如立法可以针对不同行为，如许可是依申请的行为与行政处罚不同，单行行为法就可以根据这些不同的特点设计行政程序。行政行为作为分析工具的缺陷，是割裂了实际行政活动这种连续不断运转的状态，静态地割出其中一个片段来分析。在立法、研究与实务活动之间有时候就存在一种紧张关系。但是无论如何，行政行为仍然是行政法学研究最重要、最基本的概念，仍然是我们的研究最重要的分析工具。

第三节　"行政行为"概念在中国是多义的

行政法有一个很常见的现象，就是同一词汇在不同语境或者场合下的含义是不同的。例如"行政"，在"行政审判"中，行政意味着法院审理的案件是行政性的，而"行政审批""行政许可"等概念中的"行政"概念则是主体意义上的，即审批的主体、许可活动的主体是行政机关。行政行为的概念也是这样，例如我们可以用行政行为概念代表包含所有行政活动，这个范围的行政行为其实相当于德国、日本或者台湾地区"教科书"上的"行政作用"。又在与德国、日本或台湾地区同样的意义上使用"行政行为"，这个含义、范围的行政行为，就是指具体行政行为。所以一定要注意每个场合出现的行政行为是在哪种含义上使用。

本书也不能免俗，因为这种或大或小的概念在我们下述分析中是非常方便使用的，否则我们不知道要费多少口舌，还罹患语言啰唆表述不清楚之弊。

在分类或者分析时，我们不可避免地在多种含义上使用行政行为的概念，但是本书大多数情况下是在法律意义上分析行政行为的。法律意义上分析行政行为，意味着行政行为是一个法律行为的概念，所以其后才会讲到它的合法要件和生效等问题。

当然，有学者对我国大陆地区对行政行为的滥用进行过批评，因为奥托·迈耶的行政行为就是没有区分"具体""抽象"，仅指我们现在的具体行政行为，所以说具体抽象就已经突破了奥氏概念，说内部外部也突破了奥氏概念，因为奥氏行政行为就是指对外发生法律效果的行为。该学者认为让行政行为承载这么多内容有如下弊端：第一，概念多义，对话沟通造成不便；第二，引起实践的混乱，因为行政诉讼法是具体行政行为可诉，但是现在这样解释行政行为和具体行政行为，例如行政指导在某一层次的行政行为概念中就是行政行为，可诉吗？第三，关于行政行为效力的理论是建立在奥氏行政行为概念基础上的，现在这个效力原则无法涵盖这么多行政行为，仍然只是讲"具体行政行为"的效力，从理论上难以自圆其说，等等。

本书认为，许多事情是"约定俗成"，或者说"法不责众"，如果使用行政行为这个概念太宽泛是不合适的话，但是已经泛滥得"俗成"，我们所能做的是，在大家比较容易有共同语言的前提下，在理论上尽量拉得它"规范"些。比如本书实际上比较赞成用"行政作用"代替现在最大范围的行政行为概念，就属于比较现实的修正。

第四节　行政行为概念解构

许多教科书讲到行政行为的时候，都要画"一棵树"，一棵行政行为概念之树，二十世纪二十年代、三十年代的白鹏飞、范扬都是如此。本书也先给出这样"一棵树"然后解释树上每颗果子——不同行政行为概念的含义和范围。

（一）广义行政行为：行政作用

1. 广义的行政行为包括所有行政活动

行政作用或者广义行政行为是行政活动的概称，相当于德系行政法学所称行政作用。既然称之为行政作用，就应包括所有行政活动。既包括法律行为也包括事实行为，既包括有强制力的行为，也包括没有强制力的行政活动，既包括管理性活动，也包括服务性活动，既包括"高权行政"活动，也包括"国库行政"活动。

2. 行政作用不光包括法律行为，还包括事实行为

法律行为发生的法律效果，是基于为此行为的行政机关代表国家的表意，如一个行政处罚行为，它的法律效果是因为作出这一处罚决定的行政机关代表国家所为的对违法行为的制裁的表意。也就是说，一个法律行为是按照国家明确表达出来的意思而发生的，法律效果是国家意思表示的结果。

事实行为，只是一个事实上发生的行为，或者说只是一个物理动作，不包含国家意思表示。例如为了作出一个行政决定而收集材料的活动即属于事实行为；

海关检查过关物品，不慎把相对人的相机掉到地上摔坏的行为也是事实行为。事实行为也产生法律后果，如收集材料包括向相对人要求提供，此活动违法，其违法的后果由这一法律行为承担，就像行政处罚过程中的调查取证活动，如果违法，属于该行政处罚行为程序违法，其法律后果实际上归属于该法律行为了。

3. 行政作用既包括有国家强制力保障的活动，也包括没有国家强制力保障的活动

行政活动中许多是有法律保障的，具有强制力，如行政处罚、行政强制、税收、行政许可以及其他一些行政处理。行政处罚、行政强制、税收具有强制力，可能比较好理解，但是许可会有强制力吗？是的，许可也有强制力，因为许可的前提是未经许可不可为之，禁止和限制是其前提，如果未经许可就从事某一活动，是违法的，会遭致处罚或者其他强制措施，如责令停产停业，被罚款，被查封扣押从事该活动所需要的物资财物等。所以，许可也是国家强制力保障实施的。其实除了这几种常见的行政行为外，还有"其他行政处理"。例如，变更规划的行为，决定是否给予津贴、救济的行为等。这些行为一旦作出，具有法律效力，不容随意变更、撤销。

行政作用还包括没有强制力的行政活动，例如行政指导活动。行政指导只是为当事人提供一种咨询意见、建议，如本地土地成分和气候条件适宜种植某种植物的建议；市场缺乏某种农产品的咨询意见等。这种咨询意见或者建议没有任何强制力，当事人可以听从，也可以不听从。行政机关、政府的不具强制力的活动还有很多。例如地方政府现在对经济建设最为关注，他们可能常做的事是为企业发展出谋献策，如劝企业联合、合并，或者促成某一经济上的合作等，均属于不具强制力的行政活动。还有许多服务性活动也是这样。当然如果法律、法规规定行政机关或者政府提供的服务，则提供这种服务，对行政机关或者政府而言是一种职责，是有强制力的，即具有对行政机关一方的强制力。

行政作用的"行政"两字，指的首先是组织管理活动，所以肯定是包括组织管理活动的。但是现代行政要求，现代政府、行政机关不仅应社会需要，为社会的正常运转进行组织管理活动，同时还要服务社会。例如政府信息公开制度要求政府除了主动公开政府信息外，还要应相对人申请提供其所要求公开的信息材料。还有许多行政资助，都是服务性质的。例如国家设置了许许多多的自然科学和社会科学的研究课题，把这些课题交给合适的人或组织，并且监督课题正常进行，保障课题成果符合预先设计等活动，实际上是服务性行政。服务性行政活动在当代是大量的，它们都属于行政作用范围。

　　行政作用还包括"国库行政"活动。国库行为是相对于高权行为而言的，这两个概念都是德国学者提出来的。高权行政和国库行政的概念，前边的章节已经叙述过。基于高权所为行为是高权行政行为，是公法行为，基于国库行政所为活动是国库活动，属于行政私法活动。高权活动是行使国家权力的表现，国库活动是经营国家财产的表现。尽管两者差别很大，但都在行政作用概念范畴内。

　　（二）中义行政行为：行政机关一切法律行为

　　中义行政行为包括行政机关所有法律行为。行政机关的法律行为既可能是行政法律行为，也可能是民事法律行为。例如行政机关的公务员为了公务出差购买机票的活动就是民事行为；行政机关盖办公大楼而与建筑公司签订合同的行为也是民事行为。中义行政行为没有区分什么性质的法律行为，将所有行政机关的法律行为归入其内。它所排除的只是事实行为。这样的行政行为概念有其缺陷，表面上看，它囊括了所有行政机关的法律行为，但是由于不区分行政法律行为和民事法律行为，实际上从规范层面是很难对这个意义上的行政行为统一标准和要求的。

　　（三）行政行为：所有行政法律行为

　　行政行为概念是指行政机关所有行政法律行为。这一概念是原来法国的行政行为概念。与中义行政行为比，排除了民事法律行为。但所有行政法律行为的范围还是很广的，既包含实施行政管理直接发生法律效果的行政行为，也包括间接发生法律效果的行政活动；既包括单方行政行为即一般所言具体行政行为，也包括双方或者多方参加其间的行政行为；既包括外部行政行为，也包括内部行政行为。

　　直接发生法律效果的行为指的是具体行政行为。这个概念非常重要，不但因为《行政诉讼法》规定的人民法院受理审理裁判的行政案件是以具体行政行为作为标示的，还因为具体行政行为是德系行政法研究行政行为最基本的概念，也是目前我国行政法领域使用最多的概念。抽象行政行为与具体行政行为不同，没有在法律上直接出现过，在法律上直接出现的与具体行政行为相对应的概念是"具有普遍约束力的规范文件"。具体行政行为是作为人民法院受案范围的主要标识出现在《行政诉讼法》中的。"具有普遍约束力的规范文件"是《行政诉讼法》在对受案范围作否定性规定时，即规定何种情形不属于人民法院受案范围的时候使用的概念。从逻辑上说，有"具体"就应该有"抽象"，具体是相对于抽象而言的。所以人们自然而然将"具有普遍约束力的规范文件"称为抽象行为或者抽象行政行为。具体行为、抽象行为在下边还要讲到，这里不赘述。

　　行政法律行为既包括单方行政行为即一般所言具体行政行为，也包括双方或者多方参加其间的行政行为。单方行为或者双方、多方行为强调的是行政行为参与其间的主体数量是不同的。单方行为就是行为作出者或行政机关以自身意愿作出行为，而双方或者多方行为指行为所形成的结果如一个合同或者一个决定参与其间的主体是两个或者两个以上。举例来说，行政机关与相对人签订一个公务特许合同允许某一公司可以在某公路或某桥梁收取过路费，就是一个双方合意的结果，有人称之为双方行政行为。再如行政机关联手行动做一件事情，就可能出现多方行为。两个三个地方政府签订协议，商定在统一市场方面统一行政立法和行政执法，也是多方行政行为。也就是说，当这一法律行为中的主体意志不是一个，而是两个或者两个以上时，就是双方行政行为或者多方行政行为。

就本书而言，不大同意所谓双方、多方行政行为概念。因为这种行为不能真正称为行政行为，而应该称为"混合"行为或者"合意"行为。混合是指这个行为是行政主体、私人主体一起作出的行为，怎么能称之为"行政"的行为？合意不难理解，是民法称合同为合意行为，因为这个行为是两个主体作出的，这两个主体以共同意愿作出了这一行为。所以合意表明，不是一个主体的行为，而是两个主体的行为。甚至是多个主体的行为，像上述几个地方政府就某些事项达成协议就属于此类。以合意主体是两个论，一个公法主体，一个私法主体，这个合同既可能是私法合同，也可能是公法合同，这时候的区分是以合同完成的任务是不是公法任务来衡量。如果是公法任务，如同刚才举例特许在道路桥梁上收费而签订的合同，是行政合同，而如果行政机关该办公楼与建筑公司签订的合同就是私法合同。所以，是不是行政合同也不是单纯以主体论的。由于合意不公是行政机关表意，所以称之为行政行为是勉强的，因为在行为里还含有其他主体的表意。如果是完成行政任务的合同称为行政合同是可以的。有人可能会问称之为行政行为与称之为行政合同有何不同？我们可以翻看一下德国行政程序法。德国行政程序法专门一章是行政行为，即我们所说具体行政行为。另外一章是行政合同（有人翻译成行政契约），本书比较赞成这种严谨的分类，行政合同不同于行政行为，行政行为就应该是单方行为。否则我们就达不到分类的目的，失去研究、规范、设计程序的针对性。

所谓多方行政行为，本书认为亦应区分完成任务的性质，如上述几个地方政府达成的协议，一般而言是行政协议。称其为行政协议而非行政合同，是有意的，用此种方法，可以将行政主体与外部相对人达成的合意称之为合同，而将行政主体之间的合意称之为协议，因为两者有这样明显的不同，称谓当然以能够明显区分为好。

　　行政法律行为既包括外部行政行为，也包括内部行政行为。就此而论，奥托·迈耶的行政行为是指外部行为，法国的行政行为也是指外部的行为。也就是说，内部活动虽然具有法律效果或者效力，是被视为行政活动、行政作用之内的，而非行政行为范围之内的。但是如前所述，既然我国大陆地区已经在很规范的层面使用行政行为的概念，况且《行政诉讼法》第十二条①关于不予受理的行政案件的规定，也在一定程度上助长了内部、外部行为的区分，所以本书认为应当承认现实，使用这一组相对应的概念帮助我们研究和分析问题。

　　所谓内部、外部行为的分类，是从行为针对行政机关内部还是行政机关外部发生效力而言的。1989 年 4 月 4 日《行政诉讼法》公布，1990 年 10 月 1 日生效实施后，因为其第十二条规定了四种排除法院主管行政案件的情形，其中一项是"行政机关对行政机关工作人员的奖惩、任免等决定"。这项规定后来被许多人解读为内部行政行为，因而内部行为是不可诉的。其实，内部行为有许多，包括这里规定的对公务员的奖惩、任免决定，但是不限于此。例如还包括调动、进入公务员队伍等环节的活动，所以用内部行为的概念大大扩张了排除人民法院主管案件的范围。为了还原行政诉讼法规定的真实意思，不少学者建议就是按照《行政诉讼法》规定的原文来确切地排除人民法院的主管，而不宜用内部行为扩张解释这一条款。简单说，就是内部行为宽泛，而《行政诉讼法》第十二条的规定只是内部行为中的两种情形而已。

　　其实内部行为除了人事活动外，还包括机构设置等不涉及行政机关之外相对人的一切活动。

　　外部行政行为是对行政机关之外的相对人发生法律效力的活动。外部行政行为又可以分为直接发生法律效力和间接发生法律效力的行为，前者是具体行政行为，后者是抽象行政行为即制定规范文件的行为。

　　（四）与国际接轨的行政行为概念——具体行政行为

　　自从奥托·迈耶提出的行政行为概念通行诸多大陆国家以后，行政行为就是指我们现在所说的具体行政行为。他们不加定冠词，是因为行政行为的概念对他们来说是确定的，而我们在行政行为之前加上具体这一定冠词是因为我们的行政行为概念已经变成猴皮筋，可大可小，不加定冠词就无法确定我们所说的行政行为是什么含义上的行政行为。与国际接轨的行政行为概念是我们的狭义行政行为概念。

---

① 此为 1989 年《行政诉讼法》，该条已被修订为 2014 年《行政诉讼法》第十三条。

第五节　行政行为常用分类

行政行为的概念是一种工具，用于分析纷繁的行政行为，可以"眉清目秀"，而且大家可以共同语言交流，无须再多解释；可以在实务上提纲挈领为行政活动设计程序，予以规范，用处很大。

一、法律行为、准行政行为、事实行为

（一）法律行为

是以行为的效果意思为内容的行为。人类许多活动是没有意思表示的，每天起床、吃饭、睡觉、洗澡、收拾收纳物品等，有目的，却不是意思表示的活动。而法律行为是强调行为是表达主体意思的活动，如签合同是法律行为，因为双方就达成合同内容——协商，妥协，达成一致的结果。合同本身就是表意的——表明双方合作的意愿、合作的范围和想达成的效果。当然就行政行为而言，行政机关也存在大量的事实行为，作出一个有实质内容的决定是一个法律行为，但是为了作出这个决定要收集材料、讨论案情、书写决定、履行规定手续等，却都是事实行为。事实行为是没有表意的行为，没有表意是指，没有国家意思的表达，而法律行为是行政机关及其工作人员代表国家为意思表示，以行政决定承载这一意思表示的行为。

法律行为还强调意思表示与效果的一致，也就是说法律效果是意思表示的自然结果，如行政机关作出一个行政处罚行为，法律效果就是行为的意思表示要达到的效果。法律行为是一个意思表示与法律效果密不可分的行为。而事实行为，举例来说，一位交警把醉酒驾驶员带回大队，发现大队暂无人可以处理此事，因为还要赶回去执勤，只好把该人放到自己的宿舍，怕其跑掉，用手铐把其手和自己的床栏锁在一起。事后发生火灾，因此人醉酒，也因为没有人知道此处锁着一个人，故该人被烧死。用手铐锁住该人的行动是事实行为，因为在这个行为里没有国家意思表达，不是表意行为。虽然事实行为并不是不负法律责任的行为，该行为的受害人家属可以要求国家赔偿这一职务行为的损害的责任。

（二）准行政行为

如果说法律行为是以意思表示为标志，准法律行为就是以观念表示为内容的行为。所谓观念是一种判断或认识。具体行为的形式可能有确认、证明、鉴定、登记、告知、受理，界于法律行为与事实行为之间。流行于大陆法系国家，中国澳门、台湾地区，和日本，中国大陆很少用。但是实际上是有用的，例如确认与

许可是有区别的，相对人的活动应当经过政府或行政主管机关确认，却未经确认的，只是自身行为无效，不导致行政处罚；而相对人的活动应当经过政府或行政主管机关许可，未经许可，当事人从事的活动就是违法的，就要招致行政处罚。具体举例来说，结婚登记是确认，未经结婚登记颁布导致行政处罚，但是其结婚行为无效；企业经营需要行政许可，未经行政许可，当事人从事经营活动违法，会招致行政处罚。可见，行政法律行为与准行政法律行为是不同的，最重要的区别是法律效果本身的不同。再如遗嘱可能会留下不同时间的不同版本，但是法律规定，没有经过公证的遗嘱并不是不合法，但经过公证的遗嘱效力高于其他未经公证的遗嘱。公证这种"准法律行为"给当事人的行为增强了法律效力——附加给它公信力。

要注意的是，《行政许可法》第十二条规定的几种行政许可形式中，有一个企业、事业单位、社团的登记，很明确的是，登记是许可的一个类别。但许多确认也用"登记"这个词，所以要注意区别两种不同性质的登记。

举例说明后，可能已经比较明白：所谓观念行为，就是本身没有产生。变更当事人已有法律行为或者法律关系，它只是附加给当事人的行为一种法效而已。不像行政法律行为，直接引起行政法律关系的发生、变化、消灭。准法律行为也没有发生这种实质影响的意愿，所以它只是表达了一种"观念"。

准法律行为也是可诉的，如房屋登记登错了，当事人当然可以提起行政诉讼。应当受理未予受理也是可诉的。但是，有些准行政行为效果是归属于法律行为的，如告知，若没有告知，则该法律行为程序违法。

（三）事实行为

关于事实行为，学者们的表述大致有四种：

1. 是行政主体在行政管理和服务过程中基于行政职权而产生的不以追求特定行政法律关系的产生、变更或消灭为目的的行为。

2. 是行政机关在从事行政管理，履行公共服务职能过程中依法作出并产生相应法律效果的客观物质活动。

3. 是主观上不具备意思表示要素，客观上不产生法律效果的行为。

4. 不直接发生法律效力但又与法律行为相联系的行为，如作出决定前的准备，有些发生法律后果但与行政主体的意思表述无关，如警车撞人，有些完全没有法律意义，是参考、指导性活动，如天气预报，行政指导。

无论怎样表述，有一点是共同的，即强调事实行为是没有"效果意思""观念表示"含义的行为。如行政机关执行自身决定的活动、为会议搜集材料的活动、书写决定的动作等。事实行为并非没有法律后果，而是说这种后果并非国家表意的结果，或者说这种后果与国家表意无直接关联。

如果法律行为与事实行为都有法律后果，为什么区分两者？最初的区分是因为对法律行为可以提起行政诉讼，而对事实行为不可以，其逻辑上的意思就是因为有国家表意的行为当然可以作为行政行为被诉，而没有国家表意的行为，诉行政机关是不合适的。因为说到底，行政诉讼实际上是告代表国家行为的行政机关。行政机关是行政诉讼中的形式被告，行政机关背后是国家。但是法治国家，国家为所有自身活动造成的侵权承担责任。所有事实行为，国家也承担责任，这样的话，区分两者有无意义？还是有一定意义的。因为程序性的事实行为还是归属于其所附属的法律行为的，如前举例的调查取证活动违法，并不是直接针对调查取证提起行政诉讼，而是针对法律行为未遵守法定程序而起诉。这样的好处是，直接否定了对相对人有实质意义不利的法律行为，而不只否定了一个程序性的事实行为。当然许多事实行为如果是侵权行为，则可以直接以侵权为由提起行政诉讼，如海关官员检查过关物品，摔坏了相机，虽然是事实行为，但是国家要为这一事实行为承担赔偿责任。

事实行为包括三类：

1. 作出行政行为的过程中阶段性、程序性和辅助性的行为；如检查、调查、告知、听取意见等；这些事实行为通过将其效果归属于法律行为即可通达救济。

2. 违法的侵权行为如殴打、损坏财物等；对违法事实行为的后果进行救济。

3. 纯粹不产生任何法律后果的服务性行为：天气预报、行政指导等。

二、具体行政行为与抽象行政行为

具体行政行为指行政机关为调整公法领域具体事务，作出对外直接产生法律效力的任何处理、决定或其他措施。这是目前用得最多的行政行为概念。这跟具体行政行为概念首次出现在行政诉讼法，成为行政诉讼制度中界定法院审判权限的标志有关。

由于具体行政行为是由《行政诉讼法》规定而变成法律词汇的，《行政诉讼法》界定受案范围的边界就成了人们界定具体行政行为的边界。1991年《最高人民法院关于贯彻执行〈中华人民共和国行政诉讼法〉若干问题的意见（试行）》[①] 所作的司法解释，给出的定义是："具体行政行为"是指国家行政机关和行政机关工

---

①　该司法解释已失效。

作人员、法律法规授权的组织、行政机关委托的组织或者个人在行政管理活动中行使行政职权，针对特定的公民、法人或者其他组织，就特定的具体事项，作出的有关该公民、法人或者其他组织权利义务的单方行为。

由于这一定义不足够周延，两个"特定"有时候还需要解释，况且是否需要两个特定来框定具体行政行为都存疑。所以 2000 年《最高人民法院关于贯彻执行〈中华人民共和国行政诉讼法〉若干问题的解释》去掉了具体行政行为的定义，而从相反方向，即勾勒何谓抽象行政行为，从而可以倒推出具体行政行为意指何物。该司法解释第 3 条：行政诉讼法第十二条第（二）项规定的"具有普遍约束力的决定、命令"，是指行政机关针对不特定对象发布的能反复适用的行政规范性文件。

抽象行为和具体行为现在都是以文件形式呈现的，由于实质意义不同，对两者进行区分很重要。司法解释给出了区分的根据，即两个特征，据此，可以解释抽象行政行为，也可以反方向推导出具体行政行为来。这一解释主要指出了抽象行政行为具有两个特征：第一，针对不特定的对象发布的；第二，能反复适用。反过来说，具体行政行为就是针对特定对象发布，且不能反复适用的。

何谓特定对象？在乔某告铁道部的案件中，由于其告的是铁道部调价的通知，调价通知到底是不是具体行政行为，原被告在一审庭审中有一番争论。乔某认为通知是针对特定对象发布的，理由是该通知的抬头写得很明白，通知是发给各铁路局和各铁路分局的，全国一共有十四个铁路局和铁路分局，可见"对象特定"。但是实际上铁道部的通知是发给铁路局和铁路分局执行的，而不是把铁路局和铁路分局当成执法对象（适用对象）。可见具体行政行为的"特定对象"应当指的是该行为适用对象，所以确切地说，对象特定应加上两个字"适用对象特定"才更准确。否则可能出现文件发给谁，谁就是特定对象这类解释。

何谓不能反复适用？如一个行政许可的决定，它只是一次性的效力，所以只能适用于特定的对象，而一个规定收费的规范文件，是可以反复适用的，因此行政机关可以根据这一规范文件，针对符合条件的张三收费，也可以针对符合条件的李四收费。这就是反复适用。能否反复适用就是指作为行为表现形式的文件本身是否可以反复适用。但是值得注意的是，有时候一个文件看上去似乎是在反复适用，但它并不是抽象行为，而是具体行为。例如某镇政府发布一个对全镇驾驶员的通知，要求每人缴纳五十元以便修建人民桥；再如某区政府取缔一个摊贩市场的通知，该市场里有摊贩八千户。上述两个例子都是似乎有关文件在反复适用，但是实际上它们仍然是具体行政行为。原因在于能否反复适用与对象是否特定是共同要件，一起构成区分标准。如果一个条件符合，另一个条件不符合，这个行为就是具体行为。因为这样推断才有利于相对人在合法权益受到侵犯时可以诉诸法院寻求救济。出现这种情形，是因为从逻辑上说，作区分时，一个标准区分两者，不会出现分不清的情形，因为"非此即彼"的道理；但是如果用两个标准区分两者，就有可能出现一个特征符合，另一个特征不符合的情形。所以我们只能按照应当原则作出推断。德国有"一般处分"之说，处分即指行政行为，一般则是说该行为具有"一般"即普遍这一特性，也是介于两者之间的特质，同样，一般处分，在德国是和行政行为一样可诉的。我国没有这样细致的理论，但是按照上述方法，亦可达成一样的结果。至此，本书使用行政行为概念的基本范围和内容大致如上了。最后这种狭义行政行为就是我们分析时用得最多的概念，其他范围含义的行政行为概念一般会在前提很明确的情形下使用，如果没有明确前提，应当言明在什么意义上使用这一概念。

三、授益行为和不利行为

这一分类是从相对人出发，看行政行为究竟是授予其利益还是对其不利。授予利益的情形包括免除其义务，为其设定权益。如税务机关免除相对人的某一项纳税义务，或者国土资源部门核发给相对人开采铜矿的采矿许可证，再例如民政机关对鳏寡老人提供生活补助的决定，都属于授益行为。

不利行为包括负担性行为和惩戒性行为。如行政机关给相对人课以义务，要求相对人缴纳某种费用或者要求其清除遗撒在马路上的灰土，或者行政机关剥夺或限制其权益，如道路交通管理部门对违反交通规则的相对人开罚单，或者因为相对人闯红灯而暂扣其驾驶证3个月，都属于不利行为。

授益行为和不利行为的分类，有利于分析行政行为的内容，确定对行政行为的变更、撤销权的限制。因为授益行为是对相对人授益，为了保护相对人的合法权益，授益行为适用信赖保护原则，在撤销变更上要受更严格的限制。而不利行为，在救济过程中，受"复议诉讼不加罚"的限制，也就是说，认为不利行为违法而申请复议、提起行政诉讼后，无论当事人是否有理，不利行为都不应加重。

四、羁束行为、自由裁量行为

羁束行为、自由裁量行为是以行政法律规范的适用有无灵活性为标准，对行政行为所作分类。法律规范对适用法律规定了严格的事实条件，因此羁束裁量只有合法性问题，也就是说只要违反了法律规范规定的适用条件，就是违法行为。

而自由裁量行为意味着行政机关在合法范围内还有选择权，有幅度、余地可供行政机关选择。所以自由裁量行为，可能有合法性问题也有合理性问题。值得注意的是，自由裁量行为与羁束裁量虽然在适用法律上有区别，但是在认定事实上，两者都有一定灵活性。当然不论自由裁量还是羁束裁量，在认定事实上的错误都导致该行为违法。

另外，由于自由裁量行为的广泛存在，自由裁量权限如何约束的问题也成了全世界行政法理论与实务界讨论的话题。在行政程序中发展出的裁量基准，在司法审查或者行政诉讼中发展出的对自由裁量进行审查的理由和论说，都大大丰富了行政法学的内容和深度。

五、要式和非要式行政行为

这一行政行为的分类是以是否具备法定形式为标准进行的区分。以口头语言和实际动作作出的行政行为是非要式的行政行为。如口头警告，口头告诫；游行示威时，强制带离等即时强制……要式行为则指有一定形式要求的行为。要式行为的形式包括书面文字、特定字符和数字。书面文字指各种格式的文书和证件；特定意义的符号例如处罚法要求的处罚决定书的形式，罚单的形式等。

目前法律行为最多的是要式行为，大多以书面形式作出，有些法律对这种书面形式还有进一步的具体要求。例如《行政处罚法》第三十九条规定，给予行政处罚，应当制作行政处罚决定书。行政处罚决定书应当载明下列事项：（一）当事人的姓名或者名称、地址；（二）违反法律、法规或者规章的事实和证据；（三）行政处罚的种类和依据；（四）行政处罚的履行方式和期限；（五）不服行政处罚决定，申请行政复议或者提起行政诉讼的途径和期限；（六）作出行政处罚决定的行政机关名称和作出决定的日期。行政处罚决定书还必须盖有作出行政处罚决定的行政机关的印章。这些要求就是一个要式行为形式上的具体要求。要式行为违反形式要求是违法的。

六、作为与不作为

作为的行为是指行政机关作出了一个决定，而不管这个决定是肯定性的还是否定性的。例如行政机关就相对人申请变更规划作出一个决定，不予变更。这个决定否定了相对人的申请，但是只要行政机关作出了决定，就属于"已经作出"，因为它已经明白地表达了代表国家所为意思表示，因而不属于"不作为"。"不作为"是指不改变现有法律状态，如相对人申请许可，行政机关不予答复。有的学者把另一种情形也放到不作为中，就是维持现有法律状态的行政行为，如拒绝颁发许可证。其实这不符合不作为的本质特征，不作为的本质特征是没有作出任何决定，而对相对人说"不"，表明行政机关已经考虑了相对人的要求，但是认为其不符合申请条件，故否定性回复了，是已经作为了。

不作为的前提是有法律职责，行政机关没有履行这一职责，与作为明显不同，将不作为作为一种行政行为对待，有利于追究物理上没有作出行为的行政行为的责任。

七、内部行政行为与外部行政行为

内部、外部行为的区分在我国大陆始于对行政诉讼法的解释，已如前述。新中国成立之后，行政机关内部事务和外部事务的区分是不言而喻的。这是以行政行为效力范围及于行政主体内部或外部为标准划分的种类。

对此，有的学者如姜明安教授是以行为的相对人在行政机关内部，还是在行政机关外部划分的。如果是姜教授的方法来区分，就一定注意，这个相对人应当作广义解释。也就是说，不仅是行为针对的直接相对人，可能还包括复效行为影响到的相对人，如行政主管机关核发了规划许可给申请人，申请人是直接相对人，但是这个行政行为是复效行政行为，申请人根据许可盖楼可能会影响邻里居民的阳光甚至妨碍消防通道，这些邻里也是相对人，广义相对人。

内部行政行为与外部行政行为的区分，是希望给法院审判行政案件划出一条界线，外部的，影响到管理相对人的，人民法院可以受理和审理，如果是内部的，不影响管理相对人的利益，或直白地说不关管理相对人的事，相对人即使起诉，人民法院亦不能受理、审理、裁判。可见，这种区分是把内部法律关系看得更为特殊，不受司法审查，不接受外部监督。与德系行政法一直认为的，内部活动所引发的法律关系是特别权力关系，如出一辙。"特别法律关系"说认为，公务员进入公务员队伍时完全知道公务员有公务员的规矩、纪律，而自愿进入这个队伍，其实是在进入公务员队伍时概括地接受进入公务员队伍的（合同）条件，既然如此，公务员与国家的关系不再受法律保留原则和司法审查制约。法律保留本来是保护任何法律关系的，意思是除非法律规定的不利决定，否则不能落到私人身上。但是如果公务员知道公务员自有其他规矩，自然就不受法律保留的保护了。司法审查一般地说也是对所有人开放，保护所有人权益的，但是基于上述同样理由，特别权力关系也不受司法审查的保护，意味着公务员不可以就内部关系诉诸法院。但是德系行政法这二十多年来，包括日本、台湾地区，都在渐渐解冻，一点点地将某一所谓特别权力关系的事项交由法院审查，并且适用法律保留的司法审查标准，使得特别权力关系不再那么坚硬，有部分突破。突破的部分主要集中在改变身份这类法律关系上。如进入公务员队伍，是从普通公民变成公务员，这涉及身份的改变，这种法律关系可以诉诸法院审查；再如行政机关开除或者辞退公务员，也涉及公务员身份的改变，也可以诉诸法院审查。但是如果对公务员的处分不涉及身份的改变，而只是比如降职了或者受到记过等处分，法院不予受理审理。

特别权力关系说可能还会影响到高校的某些活动可否以行政案件诉诸人民法院。高校是事业单位，不是行政主体，但是它接受高等教育法的授权，将国家学位授予合格毕业生。故涉及此项权力的活动或行为，可以行政案件诉诸人民法院。但是其他按照高校纪律、规则作出的不改变身份的决定，不能诉诸法院。例如警告、留级、其他不涉及高校学生身份的处分，只是高校的内部关系，或称为特别权力关系，而不受法院司法审查的监督。

八、附款行政行为和无附款行政行为

这一分类是以行政行为是否附加条件生效或者失效来划分的。除行政法规范明确规定外，行政主体根据实际需要在主内容上附加从属性内容的行政行为（条件行政行为），是附款行政行为。所谓附款是指附条件。附款（条件）是某种不确定的事实或行为，附款成就与否，决定该行为的效力或效力消灭。包括期限、条件、负担、保留行政行为的废止权或保留行政行为事后对负担的追加和变更权。我们许多许可证都是有期限的，例如经营许可证、卫生合格证、采矿许可证、驾驶证等都是附款行为。到期限，如果持有人不去申请延展期限，该许可证将在到期后丧失效力。在我国，附款行为除了附期限外，主要还有附生效条件的附款行为。如应急状态的应急预案，就是附生效条件的附款行为。

附款行为和无附款行为的分类，意义在于帮助我们分析行政行为法律效力的产生、溯及力、变更或消灭。

思考题

1. 为什么在行政法学上提出行政行为的概念？其功用是什么？

2. 哪些行政行为的分类最具法律意义？

3. 具体行政行为与抽象行政行为的区分，除了行政诉讼，是否还有其他意义？

4. 依申请的行政行为与依职权的行政行为，其区分有无实质意义？

案例一：

2003年4月28日中国证监会作出《关于退回海南凯立中部开发建设股份有限公司A股发行预选申报材料的函》，该函认定凯立公司发行员选申报材料前三

年财务会计材料不实，不符合发行上市的有关规定。经研究决定，退回 A 股发行预选申报材料。海南凯立公司不服该函的认定结论及退回 A 股发行预选申报材料的行为，于 2003 年 8 月 16 日向北京市一中院提起行政诉讼，请求撤销有关错误认定，并判令恢复审查程序。

2003 年 12 月 18 日市一中院判决：确认中国证监会退回海南凯立公司 A 股发行预选申报材料的行为违法；责令被告证监会恢复对原告海南凯立中部开发股份有限公司股票发行的核准程序。判决后，证监会不服提出上诉。北京市高级人民法院经审理作出维持原判的终审判决。

请思考：

退回 A 股发行预选申报材料属于什么行政行为？

案例二：

戴姆勒·克莱斯勒公司于 2000 年 10 月向商标局提出四个图形商标注册申请，因该四个图形与汽车散热格栅的常用造型基本相同，商标局驳回了戴姆勒·克莱斯勒公司的注册申请。原告不服，向商评委提请复审，商评委作出驳回复审决定。2003 年 8 月，原告向北京市第一中级人民法院提出诉讼，请求法院依法判决撤销被告的驳回复审决定。

北京市第一中级人民法院认为，原告申请的商标与汽车散热格栅（俗称"前脸"）的常用造型基本相同，使用在汽车等商品上，难以起到区别商品来源的作用，不具有商标的显著性。故依法判决维持被告商评委的驳回复审决定。

请思考：

1. 请问商标注册是什么行政行为？

2. 商标评审委员会的复审又是什么行政行为？

第五章　行政行为的效力

　　本章内容提要：行政行为的效力是最具理论性的行政法问题，也是最重要的行政法问题。因为行政行为的生效，是对相对人权益产生实质影响的开始，而相对人将其诉诸人民法院，人民法院的审查结果也是直接影响到行政行为的效力。效力的具体阐释和展开是颇具理论挑战意义的，但是正确理解不同效力的意义，对于我们解决现实生活中的复杂问题是很有助益的。这一点随着学习和研究行政法的深入会更加有体会。

　　行政行为具有法律效力，这是我们常说的。但是法律效力究竟为何？这一问题非常重要，它是行政法学研究最重要的研究课题和基础理论问题，也是实务制度的前提条件。如行政诉讼制度，在行政诉讼中，被诉行政行为到底成立、生效没有？在行政诉讼中，行政行为哪种效力受到影响？法院判决对该行政行为的效力怎样？这些问题都与行政行为法律效力这一基础性问题相关。

第一节　行政行为的成立、生效

行政行为的成立和生效只有一步之遥。我们先看看它们分别具备什么条件：

（一）有行政主体

行为是主体活动的结果，所以不论行政行为成立还是生效，前提条件都是先要有行政主体，它才有可能进行活动产生行政行为。目前的两种行政主体都是组织：行政机关、法律法规授权的组织，但产生行政行为的主体例外是一种比较少见的现象，就是法国行政法上的"事实上的公务员"。事实上的公务员意思是该人可能是退休的公务员或者根本不是公务员，但是在某些特殊场合被当时的公众误认为是公务员，从而服从了其本应由行政机关的公务员作出的指挥、命令、调动。而在这种特殊场合，即使是公务员亦应作出这样的处理或指挥等。行政机关承认了该公民的行为是行政机关所愿意采取的行动，相对于民法上的表见代理，即可以由被代理的一方以追认的方式承认其行为是代理行为，也就是说承认了这一行为的效力。

（二）有意思表示

德国学者 Fleiner 将行政行为解释为是行政机关的"法效意思"；Walter Jelliner 对行政行为的概括是："行政机关对特定人所为具有公权力之意思表示"。也就是说，德国学者都以公法行为的意思表示作为发生法律效果的核心要素。如果没有意思表示，或意思表示不明确，尽管貌似作出行为，实际上都无效！

（三）行政行为告知当事人

告知的方式可以多种，一般是送达，在有些情形下以通知、邮寄交付、公告等方式进行。告知当事人，当事人才能遵循该行政行为（决定）所设定的义务。

以上三个条件，前两个是成立的条件，加上第三个条件，行政行为就生效了。在八十年代，我国刚刚有了行政法教材时，一般的说法是，行政行为一经成立即发生法律效力。但是行政法及行政法学发展至今，我们应该区分成立和生效了。为什么呢？因为区分了成立和生效，在相对人知情的情形下，行政行为才生效。如果按照以前的说法，不管老百姓知道不知道有一个直接影响其权益的行政决定，该决定就已经生效了，两相比较，显然区分成立和生效更符合法治和人权的要求。那么成立本身是不是完全没有效力或者效果呢？不是的。成立是对内部而言的，对内而言已经有效力了，具体来说对内有确定力、拘束力、不可变更力了。即使没有送达当事人，一经作出的行政行为，不可随意变更，其内容具有上述三"力"，这些效力不是行政行为效力的全部，但是成立后，行政行为确实具有相当的效力了。

德国行政程序法第 43 条规定：行政行为从向相对人或利害关系人作出通知的时刻开始生效。而法国、西班牙、葡萄牙，其法律规定是具体行政行为作出即生效，也就是说，成立与生效是同一的时间点。我国尚且没有统一的行政程序法，如果制定统一的行政程序法，就应该像德国一样，规定通知当事人是行政行为生效的时点。

我们说通知当事人行政行为就发生效力，没有议及其他程序，这并非疏忽，而是说，只要履行了通知这一程序，即使在行政行为决定过程中没有遵守其他程序亦不影响该行政行为的生效！其他实体问题或者程序问题都可以通过事后救济的途径得以纠正或者补救。

第二节　行政行为的效力

一、概念界定

对效力的定义往往是，能够直接引起现存的行政法律关系变更或设定新的行政法律关系的效果。让人觉得效力与效果是一回事，可以同义反复。其实效力与效果相比，是有区别的。一是效力往往是非直观的，而效果是可视的；二是效力是法律行为的属性，而效果是法律行为效力的具体表现形式。所以效力是抽象的，而效果是具体的。效果是客观的，效力是主观的。因此，事实行为没有法律效力却有可能产生法律效果——引起国家赔偿或者其他法律后果。可见，虽然用效果来解释效力，但是两者是有区别的。

效力这一概念与后果也很易混淆。后果可以包含意志因素也可以不计意志因素，完全可以是客观的。因此，引起法律后果的可以是法律行为（法律行为所引起的后果往往与责任相联系），也可以是事实行为，还可以是法律事件。而效力是表意行为或者表明行为的后果。所以只能因法律行为或准法律行为的作出而产生，不会因事实行为产生。而且效力所涉及的内容包括责任（后果）也包括其他义务和权利，如后所叙述的效力之种类确定力、执行力等等，显然比后果（责任）宽泛。

法律效力一说包括"法律"的效力和据法律所作出的法律文书的效力。那么区分法律的效力与法律所派生文件的效力，对学者而言是毫无疑问的事情。论著一般均将法律的效力归纳为时间效力、地域效力、对人效力和对事效力等；而将法律派生的文书的法律效力归纳为公定力、确定力、拘束力、执行力。

二、公定力

行政行为的公定力是指行政行为一经生效，即对任何人都有被推定为合法有效而予以尊重的法律效力。又称先定力或效力先定性、效力先定特权。即推定合法。因具有这样的公定力，任何人均不得以自己的判断而否认其拘束力。

但行政行为不可能都合法，因此国家法律允许行政管理相对人，对其认为是违法的行政行为申请行政复议，或提起行政诉讼，复议机关或人民法院对违法的行政行为（甚至是不当的行政行为）有权撤销或变更。由此可见，行政行为的公定力"是形式意义上的适法性之推断而非实质意义的适法性之推断"。换句话说，公定力不是绝对的，是相对的。首先推定合法，但事后可以依法质疑。

关于这种合法性推断的理论学说，有早期德国行政法巨匠奥托·迈耶的"自己确信"说。这种说法在德国、日本和我国台湾地区被广为接受，即认为行政处分（德系行政法中，是与行政行为等同的概念）的公定力是行政机关以其权威自我确认其适法性。但随着法治观念的增长，遭到指责，认为如果说公定力是不依赖法律规定，而基于行政权权威的当然结果，是违背法治原则的。

于是需要另一种对公定力的合理解释。有"法安"说这样解释公定力：行政行为是否合法有了问题，有权限的行政机关或法院固然可以随时准备撤销它，但是，如果任何人都能否认行政处分之拘束力，则行政处分必无以发挥其功能，应用行政行为来实现公益的方式，亦将显著延宕下来，行政法上关系终将陷于一片纷乱。因此纵使行政行为有瑕疵，仍然需要承认它具有拘束力的力量，亦即必须承认它具有公定力，这种必要性是无以否定的。在这一层意义之下，行政处分公定力的合理根据，可以说是在于行政法关系的法律安定性"①。"法安"说指出了行政处分的公定力来自于"实定法"，而"实定法"作此规定是因为要维持法律关系的安定性。

南博方教授对公定力的根据提出了另一理论，他认为："行政行为不同于私人的意思表示，是作为行政权的担当者行政厅对法律的执行，其权威来源于法律。因此，不仅从授益行为中获得直接利益的对方对行政行为的信任，而且从侵益行为中获得间接利益的一般公众对行政行为的信赖，都必须得到严格保护。如果允许随意否定行政行为的效力，将会严重危及、损害行政行为信任者的权益。只要重视保护对方及一般公众对行政行为的信任，就不得不肯定行政行为的公定力"。南博方的说法被称作"既得权"说。

法国学者用行政法上的"公务连续性"原则来解释行政行为的公定力。公众对具体行政行为的信任，基于一种信念或常识：法律是保护他们在内的所有人的利益的、法律是公正的、要遵守法律，等等。所以具体行政行为的公定力仍基于公共利益，是公共利益使公务不能中断，因此需要将具体行政行为全部推断为合法。

公定力在有法律明确规定的情形下，行政行为具有公定力是确定的；在没有法律明确规定的情形下，由于私人并无撤销具体行政行为的权利，否定具体行政行为的效力必须经过法定程序，可见除无效的情况外，实定法即制定法实际上承认行政行为的公定力。

---

① ［日］杉村敏正："论行政处分之公定力"，转引自陈秀美：《行政诉讼上有关行政处分之研究》，台湾"司法周刊社"1989年版，第131页。

公定力是其他法律效力的前提，因为没有公定力，其他效力就无从说起。只有推定行政行为具有合法性，才能谈及这一行为具有拘束力、确定力、执行力。

三、拘束力

拘束力是指行政行为的内容约束行政机关和行政管理相对人（包括具体行政法律关系的对方当事人，也包括利害关系人），使其遵守和服从该行政行为的法律效力。虽然行政行为的法律效力包括拘束力和其他效力，但通常所称行政行为的效力，仅指拘束力而言。这是因为，公定力只是推定行政行为合法，并不涉及行政行为的内容，这种效力尚未与相对人的实体权利义务联系起来；确定力、执行力都是以拘束力内容为基础的，也是晚于拘束力发生的效力，所以对于相对人而言，拘束力是该行政行为生效的标志。

拘束力分为对行政机关的拘束力和对相对方的拘束力。对行政机关的拘束力，指行政行为在未经法定程序被变更或撤销之前，无论作出行政行为的行政机关，还是其上级行政机关或下级行政机关，都负有服从该行为内容的义务。虽然行政机关的上级机关有权改变或撤销下级行政机关"不适当的"行政行为，但这种改变或撤销均应遵循法定的程序和形式要求。

拘束力发生的时间，因对相对人的拘束力和对行政机关的拘束力而有所不同。在法国、西班牙、葡萄牙，由于行政行为作出即生效，所以对行政机关来说，行政行为的拘束力与该行为成立的时间相同，即行政行为一经作出，行政机关就有遵守的义务；而对相对方而言，行政行为的拘束力在该行为被书面送达时方才生效。可见，拘束力对内发生效力早于其对外发生效力。当然，在有的国家或地区，其行政程序法规定行政行为自通知或公告之日生效，其拘束力不论对内或对外均以通知或公告之时日为生效之时日，从有利于相对人一方而言，凡对相对人不利的行政行为，应以相对人受领该行政行为作为生效的时点。

四、确定力

确定力又称为"不可变更力"。但因司法判决也有确定力，而其确定力显然比行政行为的确定力更"确定"，行政行为的确定力与司法判决的确定力"毕竟有其差异，除少数例外并无类似判决之确定力"，为避免误会认为两者的确定力是一回事，德国行政程序法将其称之为"存续力"。

确定力可分为形式确定力与实质确定力。形式确定力，即相对人在法定救济期限内未主张权利，在期限过后就不得再主张；因其已不可通过行政复议、诉讼请求救济，该行政行为发生不可争力，所以形式确定力又称为"不可争力"。形式上的确定力是约束相对一方的。行政机关在超过复议期限或诉讼时效后，认为行政行为违法或不当的，仍可撤销或变更①。

实质上的确定力又称为"不可变更力"或"自缚力"。是针对行政机关而言的。指在发生形式确定力后，行政机关已不得撤销或变更该行政行为。一般的行政行为是否具有实质的确定力，值得讨论②。但是超过法定救济时效后，若无重大明显缺陷，行政机关就不应改变或撤销有关行政行为。

确定力对行政机关的约束应体现在三个方面③：

1. 行政行为一经作出，即具有相对稳定性。不经法定程序不得撤销或变更；

2. 作出行政行为后，原作出行为的行政机关或人员的变动不得影响该行政行为的效力；

3. 行政机关要改变和撤销已发生形式确定力的行政行为，必须经过作出该行为时的同样程序。

行政行为的确定力是相对的，相对人可以质疑行政行为的合法性，其确定力就处于存疑状态；人民法院接受行政案件后，审理后的判决可以彻底颠覆行政行为的确定力；行政机关自身也可以甚至在超过复议、诉讼期限后因为情况的改变，通过同样程序改变行政行为，当然对相对人授益行为改变时受到更严格的限制——信赖保护原则的保护。

五、执行力

关于行政行为的执行力，一般定义为是使行政行为得以全部实现的效力。从我国大陆的实际情况看，由于《行政诉讼法》和其后的《行政复议法》分别规定行政诉讼、复议期间，不停止具体行政行为执行。似乎行政行为的执行力是一往向前的，完全没有问题的。但是第一，目前单行法律中主要赋予了涉及外部紧急

---

① 参见蔡志方：《行政法三十六讲》，五南图书出版公司，1980 年版，第 212 页。

② 参见翁岳生：《法治国家之行政法与司法》，月旦出版社，1994 年版，第 20 页；前引陈秀美：《行政诉讼上有关行政处分之研究》，台湾"司法周刊社"1989 年版，第 136 页－146 页；前引蔡志方：《行政法三十六讲》，五南图书出版公司，1980 年版，第 212 页。另外，王名扬教授在讲法国行政法上公务活动的原则"公务适应性原则"时亦认为："公务的实施必须适应可能改变的情况，因而行政行为原则上不具备实质上的确定力"。见王名扬"比较行政法的几个问题（提纲）"，载 1985 年中国政法大学《行政法研究资料（下）》第 263 页。

③ 参见张尚鷟：《走出低谷的中国行政法学》，中国政法大学出版社 1991 年版，第 153 页。

公共利益的少数行政机关享有执行权，如公安、工商、税务、审计、财政、外汇、海关等。所以，行政机关自行强制执行自己决定，而不管相对人是否申请复议或者提起行政诉讼的情形，在行政机关中并不是多数。第二，由于行政机关大多不拥有自力执行权，中国大陆的行政强制执行势必是两套体系，一套是行政机关依法拥有执行权力情形下的自力执行体系；另一套体系是司法执行体系，即法律如果没有规定某一行政机关拥有自力执行力，则该行政机关在当事人不履行行政行为的内容时，只能向法院申请强制执行。

两套执行体系，加上我们的法律规定就出现这样一种可能性：相对人向人民法院提起行政诉讼，而行政机关因为自身没有强制执行权而向人民法院申请强制执行，同一行政行为同时出现在法院不同的程序中。一个要求强制执行其行政决定，一个诉求法院确认或者撤销该行政决定。针对这种可能的情形，《最高人民法院关于执行〈中华人民共和国行政诉讼法〉若干问题的解释》第九十四条规定："在诉讼过程中，被告或者具体行政行为确定的权利人申请人民法院强制执行被诉具体行政行为，人民法院不予执行，但不及时执行可能给国家利益、公共利益或者他人合法权益造成不可弥补的损失的，人民法院可以先予执行。后者申请强制执行的，应当提供相应的财产担保。"本来就理论而言，行政行为的执行力就是相对的，不是绝对的，从实践上看确实如此了。当然，法律总是有原则有例外，甚至例外还有例外，这是因为单行法总会根据具体情形确定内容，例如税法领域，有一个关于税收征管的单行法——《税收征收管理法》，明确规定纳税义务人必须缴纳税款后方才可以申请复议或者提起行政诉讼来质疑税收决定。这一规定考虑的是保障国家税收收入的可靠性，使得税收决定的执行力具有不同于其他行政决定的绝对性。

就理论上说，基于上述现状，我国大陆行政法学者，一般是将行政行为的执行力理解为包括自力执行力和法院依行政机关申请强制执行行政行为的效力；其实质是强调行政行为之内容的实现。台湾学者从形式意义上界定"执行力"即行政机关自力执行。与大陆学者的界定有区别。

在德国，提起异议或诉愿及撤销之诉时，以停止执行行政处分为原则，以不停止执行为例外；确认之诉，亦得停止执行；课以义务之诉及其他给付之诉，则不停止执行。以我们现在的状况，似宜在修改行政复议法和行政诉讼法时，借鉴德国的规定，实际上是对不同行政行为的执行力确定了不同对待的情形。

从上述行政行为的四种效力来看，它们都具有相对性，不是绝对的。也就是说，这些效力不是绝对固定下来了，而要视是否有相对人质疑，行政机关自身是不是会撤回或撤销、废止该行政行为而定。

第三节　行政行为的合法要件

一、主体要件

行政行为生效后可能遭到相对人的质疑，该行为合法与否是一个双方纠结的问题，也是人民法院审查行政行为时的标准，行政机关自身亦可据此在事前、事中、事后随时自检。因此合法要件是一个行政行为存在的核心问题。合法要件包括以下四个要件：

（一）主体资格

行政行为是主体发出的活动，主体不可或缺，而且主体是受限制的主体，不是随便的什么主体，是公法主体，其资格是有法定要求的。行政行为的"行政"两字首先来源于作出行为的主体是行政的主体；其次是说该主体从事的是行政的活动。

公法主体或者行政主体的资格要求是：依法成立的公法组织，有维持自身活动的经费、场所和人员，可以独立对外行使公权力或行政权力。这里公法和行政法的使用是互通的。虽然公法概念是比行政法概念范围更为广泛，但是公法主体的概念和行政法主体的概念范围却是相当的。目前中国大陆行政主体的概念是按照行政诉讼被告设计的，所以包括行政机关、法律法规授权的组织，而公法主体并没有逃出这一范围。这是因为法律法规授权是作为公法主体对社会行使公权力的前提，因此很奇怪的情况发生了，公法概念大于行政法概念，但是公法主体与行政法主体的概念却没有什么区别。

行政机关是传统行政法上最正宗的行使行政权的主体。行政机关的主体资格概括地说是没问题的，但是要注意的是，行政机关的权限范围是各不相同的，所以其行使具体行政权的时候是受权限范围限制的。简单说，公安机关不能行使工商机关的行政权力，虽然公安机关肯定是行政主体。

如上章所述，行政机关是行政组织的一种，其范围比行政组织要小，许多行政组织不是行政机关，例如行政机关的内设机构、派出机构、临时机构等都不是行政机关。也就是说它们不够行政机关的格，虽然它们仍然是行政活动的实际活动者，但是它们的活动要以行政机关之名进行。这些机构和公务员是一样的，虽然他们是行政活动的实际行动者，但是在法律上他们只是行政机关委托的代理人，所以执法名义是行政机关的，执法责任也是行政机关的。原因就是他们不是行政主体。

法律法规授权的组织是行政法主体，这类主体的范围比较广泛，且因为单行法的不断制定出台，法律法规授权的组织的数量会不断调整、扩充。为什么说扩充呢？因为政府权力在可能的情况下向社会转移是一种世界趋势，而这种转移肯定是法治化的，要由法律法规确定。因此可以肯定，许多下放的行政权力，经由单行法授权，由社会组织行使了。例如许可权限，过去是行政机关专有，但是现在许多变成社会行政，如《注册会计师法》规定由注册会计师协会负责注册会计师资格证书的考试、核发、乃至注销等。许可权限授予了社会组织，这种权限同样也是受限制的，因为它仍然是公权力，公权力的取得需要法律法规授权，所以注册会计师协会是法律法规授权的组织，是行政主体。这类行政主体目前还有许多，如足球协会、篮球协会、田径运动协会、律师协会、纺织协会等，它们依单行法规定享有一定的行政权力。

（二）权限范围

一个合法的行政行为不仅其主体合格，而且不能超越其权限范围。主体资格合格，只表明组织法上该行政机关是合格主体，但是到具体行为时，还要视单行法（行为法）授予其多大权限。例如公安机关目前没有专门的组织法规定，但"三定方案"对公安机关的职责权限有总体上的规定，应当视为公安机关的组织法，而在《治安管理处罚法》中对公安机关治安管理的权限范围作出了具体的规定，其他法律如《集会游行示威法》规定的公安机关批准集会游行示威的权力，以及批准之后维持集会游行示威的职责等。这些单行法构成公安机关的行为法，组织法与行为法共同构成其权限范围，公安机关不能仅仅依据组织法就行使权力，因为组织法关于行政机关权限的规定是原则性、概括性的。如何行使这些权力需要行为法的明确具体规定。如果只有组织法规定的权限，而没有具体行为法的规定，行政机关行使权力作出行政行为的合法性仍然是有问题的。我们比较习惯个人的权利受限制，但是对于公权力的限度想得较少。那我们就与私人相比说明，宪法规定了公民有言论自由、出版自由、结社自由，但是如果没有具体法律规定，公民可能仅仅依据宪法就上街游行、自由结社、不受任何限制发表言论，宪法规定了劳动权利，公民可能说我要通过开个公司实现劳动权利，就不履行任何手续开公司营业吗？

二、内容要件

行政行为是表达行政机关（代表国家）意思的，如制裁违法行为的意思，批准相对人从事某一活动的意思，征收税款的意思等。行政机关表达意思并非没有根据就作出意思表示，相反，行政机关必须在有事实根据、法律依据的情形下方可行使权力作出行政行为。

（一）事实

行政行为是一个决定，决定作出的前提是有法律规定的情形出现，即要件事实。所以行政决定也是适用法律的过程。适用法律的前提条件就是要有符合法律规定的事实情形出现。即所谓的以事实为依据，以法律为准绳。这里的事实不是哲学意义上的事实，哲学意义上的事实是真实的事实，但是法律上的事实是证据能够证明的事实。都是事实，但是差距很大。试举一例，某人借给朋友两千元，没有写欠条，事后该朋友彻底忘了，某人索要欠款未果，起诉该朋友，但因为没有借据，也没有人证来证明此事，他会输掉官司。这就是法律上的事实。法律上的事实之所以不能是哲学意义上的事实，是因为事过境迁，我们的科技发展远没有达到回溯、再现当时事实的水准，法官不可能凭空下断，只能依赖证据——这种人类活动所留下的痕迹来表明某一事实曾经发生过，并据其作出判决。

我们有过相当长的时间，行政机关作出决定并无多少章法，不注意证据的收集，甚至口口声声事实就是事实，意思发生过就足够！1990年10月1日《行政诉讼法》生效实施，行政诉讼法给行政机关作出行政行为提出一个基本要求，即行政行为必须有证据证明适用法律的事实存在，并且要求这个证据是先于裁决调取的。这个要求对行政机关作出行政行为来说，是一个很大的变革。因为这个要求是以判决作后盾的，行政机关不改变自己就会败诉，所以迅速变成一种行政过程中的要求，变成行政程序中的要求。虽然今天我们认为这是理所当然的要求，再正常不过，但是当时这个要求在行政机关中引起的震荡很大。

在证据问题上，行政机关的进步也不是一帆风顺的。2009年9月上海发生的"钓鱼执法"事件，震撼了全中国，是行政机关在取证问题上的极端发展。形式上看是行政机关为了执法取证乔装乘客，但实际上违反了执法取证的基本要求。行政机关应当如何取证，什么样的证据是合法证据，成为全国人民聚焦的问题。其实不光上海"钓鱼执法"事件，北京发生的"摄像头取证"事件，记录了一个公民连续几个月105次同一违章行为，交通警察或者摄像头执法藏在隐蔽处，交通协管藏起来等相对人违章停车等，是近年来人民群众一直议论纷纷的事。这些事件都指向一个问题就是证据，一方面这些事件的发生都表明行政机关越来越重视证据了，但是另一方面也说明，对证据的重视不能走偏，在证据问题上，与执法本身一样，要强调执法者本身的道德水准。刀都是刀，善良的人只会用之切菜，而恶人却用之砍人，利器的使用者是最重要的，执法者就是持利器者，提高其法律意识、道德水平是公正执法、善良执法的关键。

同时也推出一个值得研究的问题，行政执法调查取证方式的底线在哪儿？引蛇出洞也好，"钓鱼执法"也罢，到底可否用于行政执法？

"钓鱼执法"或者引蛇出洞是有不同理解的。大体上有三种情形：一种是被引诱的人有犯意，引诱者只是让该人把犯意变成行动，如警察抓妓女，是伪装成嫖客抓的妓女。妓女本有拉嫖客的犯意，警察化装成嫖客不过是让其犯意变成交易行为从而取得证据。第二种是被引诱者没有犯意，执法者利用人的弱点使其产生犯意，从而取证。如引诱者对一个良家妇女说给你100元陪我一夜，该女人不干，引诱者就不停加价，到5000元时，此妇女说可以。这种情形就是被引诱者本无犯意，是引诱者利用了人的弱点，使得被引诱者终于有了犯意。第三种就是上海这种"钓鱼执法"，说白了，就是栽赃陷害。目前看，后两种取证方式都必须否定。只有第一种方式在非常有限的情形下可以使用。所谓非常有限，是说不这样取证就无法取证，是一种不得已、不得不。但行政法与刑法区别较大，如果说为了制止犯罪行为，在非常有限的范围内使用这种手段尚且情有可原的话，对于行政法上的违法行为而言，其严重程度远没达到这样的必要性。行政法就更应该杜绝毒树之果了，即取证手段非法（毒树）所生证据（毒果）因为被毒树所污染而不能使用。过去公安机关是刑讯逼供非法取证的重灾区，《治安管理处罚法》特别在第七十九条作出规定："公安机关及其人民警察对治安案件的调查，应当依法进行。严禁刑讯逼供或者采用威胁、引诱、欺骗等非法手段收集证据。以非法手段收集的证据不得作为处罚的根据。"

（二）法律适用

行政行为是法律适用的结果。符合法律预设的事实出现后，相应的行政主体就要考虑适用法律了。适用法律似乎是很简单的事，就是照章办事。但由于法律规定是抽象的，况且立法者立法的当初无法预料到可能出现的所有情况，所以适用法律并不会像自动售货机那样简单。

首先要准确适用法律，一是正确适用制定法，例如拆除违章建筑物与城市房屋征收的最后的强制搬迁、强制拆除是不一样的，前者适用《行政强制法》，后者不仅要适用《行政强制法》，而且同时还要适用《国有土地上房屋征收与补偿条例》。二是正确适用法条。如拆违——拆除违章建筑物的简称，要适用《行政强制法》第四十四条。如果适用其他条款就不对了。因为如果适用其他条款，不仅定性错了，而且适用的程序也不对。

法律适用之前对法律的理解和解释往往决定了如何适用法律。法律解释有正式解释和非正式解释，虽然适用法律的结果是产生一个有法律效力的行政行为，但是适用法律之前对法律的理解和解释，并非正式解释。这种解释往往是隐性的，是隐藏在适用法律的选择和意图之中的。不是正式解释，却不能"任意"解释，因其对正确适用法律至关重要，所以应当遵循解释法律的原理。例如解释法律首先选用的方法是字面解释，因为文字是表意的，所以基于文字的解释是最基本的解释。字面解释不仅要注意本条的字面意思，还要注意上下文不同条款之间的关系，如《物权法》多条规定可诉，但是有的明确可以提起行政诉讼，有的只说提起诉讼，这就需要细细体会为什么不同条款有这样的区别，除非可以推断是疏忽，否则应当能够理解立法者是有意区分不同情形。这似乎又与立法原意解释靠近了一步。无论如何，法律解释按照规则，循着原理，最能服人，也最经得住时间考验。

三、程序要件

行政行为要按照一定的步骤、方式、形式、时限作出，这些步骤、方式、形式、时限就是程序要求。"步骤"是指做事的顺序和环节，如《治安管理处罚法》规定公安机关作出治安处罚决定的步骤是：传唤、讯问、必要的人身财物场所的检查、取证、裁决。这些步骤不可颠倒顺序，要一环接一环地进行。所以步骤是作出行政行为的空间状态要求。《行政诉讼法》对所有行政机关实际上提出了一个概括性要求，即先取证，后裁决。这个要求也是步骤要求。如果先作出裁决，再寻求证据，这个行政行为已经违法了，违反了步骤的要求，违反了程序要求。

"方式"是对行政行为怎样作出提出的要求。例如调查取证，法律要求出示执法者身份证件，要求对采取的行为说明事实和法律规定的理由，如果调查过程中要告知相对人享有陈述权、申辩权，在作出决定的同时要告知复议、诉讼的权利和途径等。再如《行政强制法》规定不能在夜间执法，不能以断水、断电、断煤气等手段执法，不能在节假日执法等，也是对强制执行的方式提出禁止性要求。"方式"除了上述正面要求行政机关作为和反面禁止性要求外，可能还有许多无须明示是对行政机关的要求，但是行政机关却必须服从其要求的情形。如道路交通标示显示禁止停车的路段，执法的交警不能在这样的地段命令机动车停车接受检查。再如，国务院三令五申除了公安交通部门和道路主管部门可以上路设置检查站拦车检查外，其余行政机关都不得上路检查、执法。那么其他行政机关就不能到道路上去执法，这也是对执法地点的要求。对执法地点、场合、时间的要求都属于对"方式"的要求，行政机关都应当注意，如果没有注意，无论什么理由，都是违法的，都会影响到行政行为的效力。

"形式"是指作出行政行为的具体形式，如果说方式还针对的是行政行为作出的整个过程的话，形式就仅指行政行为作出的形式，如书面形式、口头形式。

书面形式的行政行为按照学理的称谓是"要式"行政行为，口头形式被称为"非要式"行政行为。由于法治的发展，到目前，我们具有法律效力的行政行为很少是口头这种"非要式"形式的。行政行为一般是要式的。但是要式并非仅仅是书面形式即可。法律在许多情形下还会对书面的具体细节有要求，例如《行政处罚法》对执法人员当场作出行政处罚决定的，要求"应当向当事人出示执法身份证件，填写预定格式、编有号码的行政处罚决定书。行政处罚决定书应当当场交付当事人。前款规定的行政处罚决定书应当载明当事人的违法行为、行政处罚依据、罚款数额、时间、地点以及行政机关名称，并由执法人员签名或者盖章。"这一规定中的"预定格式""编有号码"和关于载明事项的规定，都是对行政处罚决定书形式的要求。所以，仅仅书面形式可能还不够，现在的法律经常会对书面形式提出更为具体的要求。

"时限"是行政行为作出的时间限制，也可能是行政行为过程中不同环节的时间限制。行政机关以效率为圭臬，速度是效率最直观的表现，过去对行政机关规定时限办结少，随着服务理念、便民原则，尤其是服务政府的倡导，对行政行为的时限规定越来越多。例如，相对人提出许可申请，行政机关需要审查申请资料的，要在自受理行政许可申请之日起二十日内作出行政许可决定。二十日内不能作出决定的，经本行政机关负责人批准，可以延长十日，并应当将延长期限的理由告知申请人。这里的二十天以及延长十天的规定，就是许可法关于"时限"的规定。再如行政处罚法规定当场收缴罚款的特殊情况时规定，执法的公务员要在两日之内将罚款交给行政机关，行政机关要在两日内将罚款再交到指定银行。亦是行政处罚行为某一环节的时限规定。

第四节　行政行为效力变更和撤销

行政行为的效力变更指已经生效的行政行为效力发生变化，或者改变，或者消灭。行政行为的效力变更的原因有三种：一种是行政行为违法，另一种是行政行为合理性有问题，第三种与违法无关，而与"情势变更"有关。具体而言，行政行为的效力变更有如下情形：

一、违法行政行为的撤销

行政行为违法是导致行政行为撤销的原因。行政行为被撤销可能发生在两种程序中，一种是在行政诉讼中，一种是在行政程序中。在前一种程序中时，行政行为有《行政诉讼法》第七十条规定的六种情形之一的，都是违法行为。这六种情形是：行政行为主要证据不足即事实依据有问题；行政行为适用法律法规错误的；违反法定程序的；超越职权的；滥用职权的；明显不当的。有这六种情形之一的，人民法院即可撤销该行政行为。

在行政程序中是指在行政复议中或者其他行政机关自我纠错的过程中，行政行为违法被行政机关或者行为的上级机关或者其自身发现，从而撤销该行政行为。行政行为违法的情形与行政诉讼没什么不同。但是行政诉讼是正式的法律程序，而在行政程序中，除了正式法律程序——行政复议之外，行政机关无论是行为机关还是行为机关的上级机关在合理期间内发现行政行为违法都可以通过一定程序撤销该行政行为。"违法必究"是我们法制建设的口号，但是如果行政行为是授益行为的话，即使该行为违法，也不一定导致撤销。这主要是因为相对人对行政行为的信赖，已经按照行政行为的指向从事活动了，例如按照行政许可已经投资建厂，这时候虽然许可有违法问题，但是也要衡量撤销这一许可的公共利益是否足以抵消相对人的损失。因为如果相对人在取得这一许可时并无过错，相对人对行政许可的信赖是善意的，那么撤销这一许可之后对当事人造成的损失，要由国家赔偿。国家赔偿是国家动用公共财政的资金补偿了受损个人、企业，但是公共资金的使用也是国家利益，所以这是两种国家利益的衡量。在这一点上，人民法院与行政机关的考量应该是一样的。《最高人民法院关于执行〈中华人民共和国行政诉讼法〉若干问题的解释》第五十八条就是这样考量的：被诉具体行政行为违法，但撤销该具体行政行为将会给国家利益或者公共利益造成重大损失的，人民法院应当作出确认被诉具体行政行为违法的判决，并责令被诉行政机关采取相应的补救措施；造成损害的，依法判决承担赔偿责任。这一规定因为被使用得过于广泛屡受批评，但是无可否认，对违法必究有条件地留下一点例外是必要的。行政机关自我纠正违法行为时亦应与人民法院利益衡量的方法相同。

对于违法行政行为的撤销，撤销的含义不能不言明，是指"连根拔掉"，即撤销的效力是回溯的，撤销令行政行为自始丧失效力。正因为曾经生效，现在回头收回其所有效力，才会产生其后的法律责任例如国家赔偿，追究有关责任公务员的责任等。

撤销的这种回溯效力与废止、注销是不同的，废止、注销都是从废止注销之日起或行政行为规定的日期起丧失效力。撤销与无效也是不同的，虽然两者都是自始无效，但是无效的行政活动自始无效是从来没有生过效，而撤销的行政行为是曾经生过效，现在收回了其所有效力。

另外，违法行政行为的内容如果是多项的，是可分的，对违法部分可以部分撤销，不一定撤销整个行政行为。

二、不合理或者错误行政行为的改变

行政行为除了违法外，不合理常常对相对人造成损害，应予纠正。例如劳动教养按照当时的规定是一年至三年，特殊情形可以延到四年。被劳动教养的人如果提起行政诉讼，在司法审查程序中，由于关于劳动教养的实体规定过于抽象，所以人民法院若想在实体上判定劳动教养决定违法是有难度的。撤销不成，就只能维持该行政行为。这种情形下，如果在行政程序中，如在行政复议中，这个问题就比较容易解决。因为复议机关不受合法性审查的拘束，可以审查合理性问题，假如复议机关认为劳动教养决定真有问题，如尺寸掌握得过于严苛，则可以直接变更该决定，如将三年改为两年或一年。

还有一种情况看上去是合理性问题，但是实际上是合法与否的问题。如《城乡规划法》第六十四条规定："未取得建设工程规划许可证或者未按照建设工程规划许可证的规定进行建设的，由县级以上地方人民政府城乡规划主管部门责令停止建设；尚可采取改正措施消除对规划实施的影响的，限期改正，处建设工程造价百分之五以上百分之十以下的罚款；无法采取改正措施消除影响的，限期拆除，不能拆除的，没收实物或者违法收入，可以并处建设工程造价百分之十以下的罚款。"如果城乡规划部门对所有未取得建设工程规划许可证或者未按照建设工程规划许可证的规定进行建设的，一刀切，统统限期拆除，好像是重新规划部门在两种情形中的统一选择，是自由裁量权的形式，是合理性问题，但是由于行政机关已经预设地将所有此类违法行为归入限期拆除，这实际上是违背了法律赋予其自由裁量权的初衷，因而是违法的。法定复审机关就可以撤销它了。反之，如果城乡规划部门一直是个案分析，酌情使用自己的自由裁量权，则人民法院一般不能干预。当然行政复议机关仍然可以有所作为，可以变更该行政行为。

行政行为除了合法性、合理性外，可能还会出现一种常人出现的错误。例如在行政决定中出现计算错误、表述错误，甚至行政决定的附件出现上述错误。例如矿产资源的许可证一般附有开采范围的图示，图示出现错误，图示旁边的标高出现错误，这类错误都对实体权益造成影响，甚至直接影响到开采权范围的大小，因而十分重要。这种错误不能一概等到再次换证（许可证）时予以纠正，应当是一经发现立即纠正错误——变更该核发许可证的行为。

变更行政行为，一般地，应该以作出原行政行为同样的程序作出变更决定。

这样的变更才是郑重其事的、严肃的。因为变更一个行政行为无异于作出一个新的行政行为，所有对行政行为的要求一概适用于变更决定。

三、合法行政行为的改变

合法行政行为也有可能改变。这种改变类似民法上的"情势变更"，既然情势变更了，行政行为的继续存在可能就变得不合理，那么这种行政行为就需要改变。例如行政机关核发了许多店铺的营业许可证，但是后来此区域划为该城市重点建设的异域风情一条街，有些店铺需要迁出此区域，到其他地方去经营。在这个大变动中，会有一些许可证发生变更。由于这种变更并非当事人自身原因申请的变更，对于当事人来说，当事人未必情愿。可既然变更是出于公共利益的需要，是行政行为的变更，当事人只能接受。当然国家、地方政府对这种变更引起当事人的损失应予补偿。

行政机关签订的公务特许合同等行政合同，虽然不是严格意义上的行政行为，但这类合同履行过程中发生的变更与行政行为的变更是一样的，前提要有公共利益的必要性，事中、事后要有补偿才可变更。

四、合法行政行为的撤回

合法行政行为发生变化，除了变更外，还有撤回。撤回是使行政行为自撤回之日起丧失效力。合法行政行为的撤回情形可能与上述合法行政行为变更非常接近。只不过，前者没有"收回成命"，只是改变了某一行政行为，对当事人而言，改变后的行政行为继续与其有关。而撤回是"收回成命"，某一行政行为从"有"变成"无"。例如《行政许可法》第八条规定："公民、法人或者其他组织依法取得的行政许可受法律保护，行政机关不得擅自改变已经生效的行政许可。行政许可所依据的法律、法规、规章修改或者废止，或者准予行政许可所依据的客观情况发生重大变化的，为了公共利益的需要，行政机关可以依法变更或者撤回已经生效的行政许可。由此给公民、法人或者其他组织造成财产损失的，行政机关应当依法给予补偿。"

例如在许多城市都发生过此类情况：市政府为了增加公共设施，又缺乏资金，通过 BOT（Build - Operate - Transfer）合同，引进港商或者台商投资兴建过江大桥或者修建非常必要修筑的道路，约定通过收取过路费的方式使港商或台商收回成本并获取利润。原来约定收费十五年。除了合同外，实际上还有一个收费许可是十五年的期限。一旦市政府决定并发布公告说，所有该市区域内的桥梁统统取消收费，尽管表面上也许政府并没有直接作出一个决定撤回该收费许可，但是实际上这个十五年的收费许可被撤回了。按照《行政许可法》第八条的规定，即使这是一个合法许可的撤回，也应该对相对人有合理补偿方可。因为如果没有补偿，港商或台商修建大桥成本一个多亿，桥梁最终的归属是国家或者说代表国家的地方政府，收费未到期，不要说利润，成本都没有收回呢，收费许可就撤回了，相对人对政府的合法也是合理的预期，如何保护？相对人又如何信赖政府行政机关的承诺和行为？所以，合法预期保护、信赖保护都是维护法的安定性，维护法律本质属性之一的"可预期性"所必需的，是一个国家长治久安所必需的。

五、行政行为的失效、废止

行政行为的失效，是指行政行为自一个确定的日期起效力归于消灭。行政行为是具体的，因此许多行为作出后内容一经完成，该行政行为就完成使命归于终结，如行政处罚行为、行政强制行为、税收征收行为等。但有一些行政行为是持续存在的状态，如核发许可，许可虽有期限，但也是相当长的一段时间如三年、十年、三十年等。所以行政行为的内容实现后，行政行为并没有终结。这样的行政行为就会有失效或者类似情形出现。例如上述的许可期限到期，当事人却没有申请延续或者延展其效力，该许可的效力就丧失了。工商机关进行的工商登记，需要年检，未予年检的企业，经过工商机关催促仍未年检的，工商机关对这些企业的工商登记予以注销，也是使工商登记的效力归于消灭。改革开放后，许多地方政府或者行政机关没有经验，核发的许可证是没有期限的，似乎许可永远有效。其实是不应该的，因为许可是按照许可的条件核发的，而相对人是否具备许可的条件，是有变化的，允诺永远的许可是不可能的。满足许可的条件就延续许可，不能满足许可条件，许可就不能延续，甚至只是程序性要求，如年检，获得许可的个人、企业不能按时年检，也是导致许可失效的原因。

行政行为的"废止"，也是自废止之日起该行政行为丧失效力。但是实际上"废止"往往用于抽象行政行为。只有在行政行为具有对世效力时可能会有废止的情形发生。如企业工商登记行为，某一企业假如遗失该许可登记的文书，工商机关在给该企业补发这一证书时，可能会申明，原来的登记文书被废止。所以实质上，被废止的是一个文书，而非一个行政行为的实质内容。当然可能有这种情形，一个行政行为被吊销、撤销、注销后，行政机关申明该行政行为已经被废止，这种公告废止其实质仍然是一种程序性的，是公布那些吊销、撤销、注销的后果，是一种通知行为，本身并不产生新的法律效果。

第五节　行政行为的无效

一、行政行为无效的含义

行政行为无效指行政行为自始无效，没有发生过效力。这里有一个语言的局限性，因为自始无效似乎就没有所谓行政行为存在，而在这里我们只能把那个无效的东西称为行政行为。这算是一种语言上的指代，否则我们的分析就无法进行。

如前所述，行政行为一经生效，就推定合法从而拥有其他效力，可以约束相对人，不能随意推翻，有关义务人不履行行政行为所确定的义务，可以强制执行此行政行为等。显然，行政行为自其"出生"，相对人就不能不服从。相对人不能不服从的原因在于，行政行为生效了！

而无效指行政行为根本没有发生效力。所以相对人无须服从。

二、行政行为无效的情形和范围

行政行为无效应当限于很小的范围，因为无效行为相对人无须服从，而常识告诉我们相对人无须服从的情形应当是极少数，否则，法律秩序和法的安定性无法保障。

违法行为是可撤销的行为，那么留给"无效"行为的应该是什么？从已有经历的德国行政程序法的规定看，是行政行为有明显瑕疵的时候，该行为无效。明显瑕疵表明的是一种严重缺陷，明显缺陷到什么程度？到任何正常人一望而知的程度。这样严重的缺陷是很难出现的，但是它一旦出现，制度上必须保留一个拒绝它的通道：让它无效！

如德国行政程序法第 44 条第一款规定：有特别严重错误，且理智考虑所有有关情形后错误明显的，行政行为属无效；第二款：除上款所指情形外，下列情形中行政行为亦属无效：（1）行政行为以书面方式作出但未报作出行政机关认可的；（2）依据法律规定作出行政行为时须递交有关文书但未符合这一形式的；（3）行政机关在地域管辖之外作出行政行为且未获得授权的；（4）行政行为事实上无人能够执行；（5）行政行为要求作出犯罪行为的或者属于治安罚款行为的。（6）行政行为违反善良风俗。

观察德国行政程序法第 44 条的规定，其第一款是一个概括性规定，讲的是特别明显的错误，这种特别明显的错误是经过理智逐一考虑所有相关情形后认为它是特别明显的错误。以我们自己的例子而言，结婚登记应该双方当事人到场，在结婚诸多条件中这是最具身份感、最基本的要求，如果这一条件没有满足，婚姻登记机构给予的结婚登记应该是无效的。它与婚姻登记中可能出现的其他缺陷例如一个当事人只带了身份证复印件，而没有带身份证，婚姻登记机构就予以登记的缺陷比，是最重大的缺陷，最明显的缺陷，属于特别明显的错误。

德国行政程序法第 44 条第二款的规定是列举式规定，列举了六种情形，其实均属于"特别明显的错误"。例如第一种情形，行政行为以书面方式作出但未报作出行政机关认可的，行政机关认可的标志是什么？是盖行政机关的公章，如果一个行政机关的正式决定居然没有盖行政机关的公章，这样的行政行为还不是有"特别明显错误"吗？再如第四项"行政行为事实上无人能够执行"，例如企业排放颗粒物超标，行政机关要求该企业将颗粒物吸回来，就属于事实上无人能够执行的情形。

综上，中国大陆目前还没有统一的行政程序法，"无效"尚且没有制度安排，但是从实际情况看，这种制度是需要的，无效行政行为可以少而又少，但是这种制度不可没有，以防备万一出现这种极端情形时束手无策。

三、行政行为无效的制度安排

行政行为"无效"的制度安排是为了达到抵制这种比较极端错误的行政行为的目的。怎样安排才能阻止无效行为呢？从德国的情况看，主要有两种手段。这两种手段都是基于无效自始无效的逻辑起点。第一，因为无效行政行为自始无效，故相对人可以拒绝服从，与行政违法可撤销行为不同，违法行政行为相对人还是要服从，意欲推翻也只能通过法定途径寻求法律救济。第二，如果相对人不知道这是无效行政行为服从或者履行了相应义务，在日后的任何时间点，该相对人均可通过法定途径质疑该无效行政行为，不受诉讼时效的限制。这也是因为无效行为自始无效，当事人才可以在任何时点主张其无效。

我们目前虽然没有统一行政程序法，但是"无效"的制度在单行法中已初见端倪。如 2003 年的《农业法》第六十七条规定："任何机关或者单位向农民或者农业生产经营组织收取行政、事业性费用必须依据法律、法规的规定。收费的项目、范围和标准应当公布。没有法律、法规依据的收费，农民和农业生产经营组织有权拒绝。任何机关或者单位对农民或者农业生产经营组织进行罚款处罚必须依据法律、法规、规章的规定。没有法律、法规、规章依据的罚款，农民和农业生产经营组织有权拒绝。任何机关或者单位不得以任何方式向农民或者农业生产经营组织进行摊派。除法律、法规另有规定外，任何机关或者单位以任何方式要求农民或者农业生产经营组织提供人力、财力、物力的，属于摊派。农民和农业生产经营组织有权拒绝任何方式的摊派。"这一规定出现了三个"有权拒绝"，有权拒绝就是不服从。还有《行政处罚法》第四十九条规定："行政机关及其执法人员当场收缴罚款的，必须向当事人出具省、自治区、直辖市财政部门统一制发的罚款收据；不出具财政部门统一制发的罚款收据的，当事人有权拒绝缴纳罚款。"我们从上述规定中可以看出，有权拒绝的情形是比较容易辨认，比较明显的错误，这些规定经过实践将来可以在制定统一的无效制度时予以参考。

当然，我们目前类似规定，没有涉及第二种阻止无效行为的方法，即不受时间限制的提起诉讼或者其他法定救济质疑无效行为。因为没有统一规定，且现在的行政诉讼法规定的诉讼时限主要考虑的是撤销之诉，而对这种无效行为未加考虑。因而所谓无效制度初见端倪是不完整的，我们还是需要将无效制度的两种抵制手段统一规定在行政程序法中。

思考题：

1. 行政行为的生效和成立有无区别？

2. 为什么对行政行为要先行推定合法？

3. 行政行为的确定力对于行政机关有什么意义？

4. 以一个罚款决定为例说明行政行为的拘束力是怎样的？

5. 可否举出无效制度在行政法上适用的事例？

案例一：

2006 年 10 月 14 日孙某生小孩后患精神病一直未治愈。2009 年 9 月 21 日孙某的丈夫孟某以孙某精神病经常发作，导致家庭正常生活难以维持为由，起诉至法院要求与孙某离婚。

2009 年 11 月 30 日，法院判决驳回了孟某的离婚请求。

2010 年 7 月 15 日，孙某之母发现孙某在家附近出现，并在其包中发现孟某与其办理的离婚证复印件。后得知民政局于 2010 年 7 月 5 日依据孙某、孟某的申请，为两人办理了离婚登记，并发放了 L320902 - 2010 - 000709 号离婚证。

2010 年 7 月 23 日，孙某母亲作为孙某监护人到民政局要求其纠正错误的离婚登记，被民政局拒绝。孙某母亲认为孙某患有精神病，是一个无民事行为能力或者限制民事行为能力的人，民政局为其办理离婚登记的行为，违反了《婚姻登记条例》第十二条之规定。为此，特提起行政诉讼，请求依法撤销民政局的错误离婚登记。

民政局辩称：（1）我局办理离婚登记的程序是符合法律规定的。（2）我局当场向原告和孟某发放离婚证的行为，也是符合国家法律规定的。（3）原告要求撤销离婚登记无任何事实依据和法律依据。综上，民政局认为原告要求撤销离婚登记，显然是有悖于事实和法律的，恳请人民法院依法驳回原告的诉讼请求。

第三人孟某也述称被告民政局无过错。第三人与原告的自愿离婚行为符合我国婚姻法中有关离婚的规定，请求法院驳回原告的诉讼请求。

江苏省盐城市亭湖区人民法院经公开审理查明：原告孙某因生育罹患精神病。孟某曾以家庭生活难以维持为由，向法院起诉要求离婚。法院判决驳回孟某的离婚请求后，2010年7月5日，孟某又带着孙某到被告处申请离婚，并提供了双方的身份证、户口簿、结婚证。亭湖民政局的工作人员对两人进行了询问并审查了双方签署的离婚协议、离婚登记声明书后，当场向二人发放了L320902－2010－000709号离婚证。2010年8月10日，原告起诉请求撤销亭湖民政局的离婚登记，并在庭审中提出申请要求对孙某进行司法精神病医学鉴定。2010年11月24日，盐城市第四人民医院司法鉴定所接受本院委托，对孙某进行了司法精神医学鉴定，认定孙某患有精神分裂症（衰退型），病呈持续性，在办理离婚登记时仍处于疾病过程中，受精神病性症状的影响，不能辨认自己的权利和义务，不能作出正确的意思表示，不能保护自己的合法权益，综合评定为无民事行为能力。

法院判决认为：被告亭湖区民政局是依法履行婚姻登记行政职能的婚姻登记机关，具有办理结婚登记、离婚登记的法定职权。《婚姻登记条例》第十二条规定："办理离婚登记的当事人有下列情形之一的，婚姻登记机关不予受理：（一）未达成离婚协议的；（二）属于无民事行为能力人或者限制民事行为能力人的；（三）其结婚登记不是在中国内地办理的。"因此，婚姻登记机关对无民事行为能力人或者限制民事行为能力人申请办理离婚登记的应不予受理。本案中，原告孙某经盐城市第四人民医院司法鉴定所鉴定，其离婚时患精神分裂症（衰退型），为无民事行为能力。故其向亭湖区民政局申请离婚登记时所签的《申请离婚登记声明书》《离婚协议书》《离婚登记审查处理表》等文件均应为无效文件，亭湖区民政局根据无效文件作出的准予孙某与第三人孟某离婚的登记行为，缺乏合法性基础。故亭湖区民政局对于孙某不能表达真实意思的情况下发生的离婚协议行为，按照行政程序进行受理并批准登记，违反了法定程序，依法应予撤销。

法院依照国务院《婚姻登记条例》第十二条第（二）项、《中华人民共和国行政诉讼法》第五十四条第（二）项第3目的规定，作出如下判决：

撤销被告盐城市亭湖区民政局于2010年7月5日对原告孙某、第三人孟某作出的L320902－2010－000709号离婚登记。

案件受理费50元，鉴定费2670元，合计2720元，由被告亭湖区民政局负担。

请思考：

1. 本案当事人的离婚登记是无效还是可撤销？为什么？

2. 离婚登记被撤销，当事人之间的法律关系是否恢复原状？假如第三人孟某此间已经与他人结婚，这个婚姻关系如何定性和处理？

案例二：

2005 年 6 月，卫生部就"卫生部二〇〇四年中央补助地方公共卫生专项资全降低孕产妇死亡率和消除新生儿破伤风项目"进行公开招标。北辰亚奥公司及江苏鱼跃医疗设备公司等单位参加了投标。同年 7 月，鱼跃公司中标。

对此，北辰亚奥提出质疑并于同年 8 月向负责全国政府采购的管理和监督工作的财政部提起投诉。北辰亚奥认为，鱼跃公司于二〇〇四年才取得"试"字号注册证，不可能有投标产品三年的销售业绩，不符合投标规定。

财政部受理后，责令鱼跃公司提供了投标产品三年内生产和销售业绩的有效证明材料。经调查取证，财政部认定鱼跃公司提供的证明材料有效，随后作出《关于北京北辰亚奥科技有限公司投诉事项的处理决定》。

北辰亚奥不服，向财政部申请行政复议。财政部经复议维持了该处理决定。北辰亚奥仍然不服，以该处理决定认定事实错误、程序违法为由向北京市第一中级人民法院提起行政诉讼，请求法院撤销被诉行为。

法院认为：财政部作出的处理决定仅对鱼跃公司的投标资料和证明材料是否符合招标文件中的相关规定进行了认定，而对北辰亚奥公司关于该公司投标产品是否符合投标规定的投诉事项未予评述，即认定北辰亚奥投诉无效，事实不清。对此，法院认为财政部所作处理决定应予撤销。

请思考：

1. 查阅《政府采购法》，了解政府采购适用什么法律规范？如果是政府采购的合同履行出现问题，将如何解决？

2. 为什么本案诉到法院是以行政诉讼形式进行的？而非民事诉讼？

第六章　行政处罚

　　本章内容提要：行政处罚是一种侵益行为。但是行政处罚本质特征是对于违法者的制裁，从而区别于其他侵益行为。尤其是我国已经对于行政处罚、行政强制等单独立法，因而把握行政处罚的性质、特征对于满足行政处罚适用时的实体要求和程序要求至关重要。另外这种学习对于立法尤其是低位阶规范的制定，也是非常重要的，因为行政处罚法对于行政处罚的立法权限已经作出了限定。

第一节　行政处罚的含义

　　侵益行政行为在不同的教科书或者文章中称谓不同：损益行政行为、负担行政行为、不利行政行为。但是其含义是一样的，都指给行政相对人带来不利后果的行政行为，通常表现在行政主体为行政相对人设定义务或者剥夺、限制其权益。

　　侵益行政行为包括行政处罚、行政强制、行政征收等不同形式的行为。侵益行政行为这种理论归类，首先有利于立法时统一考量不同侵益行政行为之间的平衡，不能某一种侵益行政行为受到比较严格的规范，而另一种侵益行政行为却缺乏规范，例如1996年中国大陆就有了《行政处罚法》，但是与之相比，对相对人的影响程度一点不差的行政强制却一直拖到2012年才有统一法律规范。虽然这个例子没有表明立法者认真衡量了两者的影响而作出选择，但是它表明不作这样的衡量，不考虑两者是程度相当的行为，使处罚与强制在受规范的问题上产生这么大且长时间的差别，是不应该的。

　　侵益行政行为的归类还有利于将侵益行政行为与授益行政行为区别对待。授益行政行为在撤回、撤销或变更时受"信赖保护"原则限制。即使授益行政行为违法，也受"情况判决"的限制，不一定被撤销。而侵益行政行为则没有上述限制。

　　侵益行政行为内部的行政行为又有很大区别，如行政征收与行政处罚和行政强制，无论从起因到适用对象，再到程序要求都不同，所以在侵益行政行为内部再分门别类地探讨是必要的。

行政处罚是一种国家制裁。是行政机关代表国家对相对人的违法行为施以的一种制裁。我们听惯了处罚或者制裁这样的词汇，但专业学习需要深究制裁的含义。制裁是"施以不利益"。说白了就是给违法者一个不利的处理。不利怎么解释？因为不利可以是要求违法者履行原来没有履行的义务，也可以是课以新的义务，甚至是两者的相加：既履行原来义务，还要履行新的义务。只履行原来应该履行的义务可以称之为"相对处罚"，课以新的义务甚至既要求履行原来的义务，又要求履行新的义务，可以称之为"绝对处罚"。从《行政处罚法》的规定看，我们的行政处罚种类基本上都是绝对处罚如罚款、吊销执照、拘留，只有没收违法所得是达成没有违法之前的状态，所以应当视为相对处罚。改革开放之后最初的法律往往把许多相对不利的责任形式当作行政处罚，如法律的章节称"罚则"，而其中规定只要求其履行原来应当履行的义务如责令"退还非法占用的土地"，"限期拆除"在非法占用的土地上建的房屋；"责令恢复植被"；《环境保护法》中的"限期治理"等。现在看，此类责任形式不应该属于处罚范围，而应归类于"其他行政法律责任"。这种法律责任的特征是"恢复原状"。恢复原状是民法上的责任形式，上述法律规定的类似责任形式是公法上的恢复原状。

行政处罚对违法者而言，是一种行政法律责任。所谓行政法律责任是与刑事法律责任、民事法律责任相对称的。刑事法律责任追究的是犯罪行为的责任；民事法律责任主要是侵权责任和违约责任；行政法律责任，包括行政处罚、行政处分以及其他行政法律责任。

行政法律责任是违反行政法律规范所引起的法律责任，违反行政法律规范被称为"违法行为"。台湾地区"法律"解释违法行为是指"违反行政义务"，在大陆则指"一般违法行为"，"未构成犯罪的违法行为"。就学理而言，台湾的解释更科学些，因为违反行政法律规范，实际上就是违反义务性规范的行为。如所周知，法律规范分成权利性规范和义务性规范，义务性规范又可以分为命令性规范和禁止性规范，命令性规范是要求当事人作为的规范，禁止性规范是要求当事人不作为的规范，不论违反命令作为的规范还是违反不允许作为的禁止性规范，都是违法行为。所以台湾"违反行政义务"的说法更符合我们对规范性质的分析。

但是中国大陆关于行政处罚制裁的是尚未构成犯罪的违法行为的说法，也有其合理性。因为这一说法特别指出了它与刑罚接近却又不同的特点。正像德国学者所指出的：行政处罚制裁的违法行为"可非难性"小于犯罪。当然，在德国行政处罚时要衡量违法行为是否已经符合"构成要件"，可见在德国违反秩序罚与刑罚并无不同。德国立法区分两者的界限在哪儿？按照德国学者的分析，在于违法的主观恶意是不同的。一般而言，处罚所针对的违法行为在主观上是过失，以故意为例外；而在刑罚上，以故意为一般，以过失为例外。就中国大陆而言，我们并没有这样有意识的区分。我们只有一般违法行为与犯罪行为在"轻重"上的不同，而且我们对于一般违法行为的衡量无须严格的构成要件，甚至一般也不需要主观要件，只是一种比较客观的状态要件，即行为违反了法律规范的规定。有结果是客观结果要件，其实也不是，因为只有很少情况才要求违法行为有结果才处罚，大多数情况都是有违法行为这种状态出现就可以处罚。

都是行政法律责任形式，行政处罚与行政处分的区别在于，行政处罚是针对相对人的违法行为，而行政处分针对的是公务员的违纪行为，一个对外，一个对内；一个针对违法行为，一个针对违纪行为。行政法律责任中还有刚才提及的"其他行政法律责任"，因为除了行政处罚、行政处分之外的行政法律责任，并无概括性称谓，所以我们只好称之为"其他行政法律责任"。这些法律责任可能是恢复原状，也可能是处罚法中要求的进行行政处罚时要同时纠正违法行为，这些纠正违法行为的行为，大多与恢复原状接近、类似。另外还有责令赔偿用于公产损害的情形，这就不是恢复原状。还有如《森林法》规定的，未经许可砍伐树木的，处罚之外，要求违法者补种十倍数额的树木，也不是恢复原状。

由于行政处罚与行政强制都是对当事人不利的处理，所以很容易混淆。区分的关键在于，必须强调行政处罚的作出必须建立在对相对人违法事实认定确实充分的基础上，其结果又是剥夺与损害了相对人的实体权利，故而具有实体性、最终性和结论性的特点，这恰恰与行政强制措施相区别。行政强制措施往往是对相对人权利的暂时性限制，尤其是与违法行为相关的行政强制措施，是一种保全性质的措施，没有对当事人作出最终的决定，不具有最终性。至于行政强制执行比较容易与行政处罚区分。容后再议。

应该指出的是，从理论上说行政处罚是对被处罚人权利的剥夺，行政强制措施则是对被采取措施人权利的限制，但是在针对人身自由权时，则无论是处罚还是强制，对行为人来说其结果是没有区别的，即均丧失了以时间为载体的空间移动权，且这一后果难以弥补。但我们仍然可以从理论上作出这一区分，它们在法律属性上也确实存在差异。

第二节　行政处罚的原则

原则的重要性在于，它实际上是立法时的风向标，法律制定出来后，又具有指导法律实施的意义。

一、处罚法定原则

这是仿照刑法"法无明文规定不罚"，在行政处罚法中规定下来的。立法时争论也很大，主要是因为处罚比刑罚轻，是不是需要法律规定才能处罚？最后基本上达成共识，行政处罚即使比刑罚轻，也要法定方可。这个规定也为几年后《立法法》确定法律保留原则时，将侵益行为确定为法律保留范围奠定了基础。

行政处罚法规定了处罚法定，且细致地表述为以下三层含义：

（一）法无明文规定不罚。这是元始意义上的法无明文规定不罚。就是从处罚行为的依据来说的。行政处罚法前，存在的问题之一就是行政机关认为处罚权是行政机关当然的权力，无须法律明确授权。现在侵益行为是法律保留事项，大众的法律意识可能也认为这是理所当然，但在当时这样的规定是巨大的进步。

（二）行政机关实施处罚。这层含义是行政处罚法针对当时比较混乱的情况作出的规定，为了澄清或者说正本清源作出的规定。当时处罚的混乱不仅是行政机关没有根据就罚，而且还有不少行政机关的各种社会单位，随意设定或者实施处罚。行政处罚法强调行政处罚是行政机关实施的处罚，就是为了在混乱中划出一条清晰的界限，行政机关实施的处罚才是行政处罚！这正是行政处罚最本源的含义，因为"行政处罚"四个字中的行政两字就是因为是行政机关实施的活动，方才如此称呼。当然，有原则就有例外，在主体方面，除了行政机关外，还有行政处罚法予以规范了的行政授权或者委托的组织实施。

（三）符合法定程序。处罚法定除了实体意义外，还应该有程序上的意义，就是说，处罚权限、处罚主体是法律确定规定的外，行政处罚还要遵循法律规定的程序规范。

二、公开、公正原则

公开、公正现在很常见放在一起，但是公开原则是典型的程序性原则，而公正原则基本上是实体性原则。

行政处罚法上的"公开"原则是指对违法行为进行行政处罚的过程中"根据"和过程的公开。"根据"指处罚的根据，根据何种规定予以处罚，这一规定必须公布，未经公布的，不得作为行政处罚的依据。处罚过程中要求的公开包括：实施处罚过程中出示身份证件，处罚要有编号的处罚文书，处罚决定书应当向当事人说明事实根据、法律依据，还要"告知权利"。行政处罚法中的公开，和2004年的《行政许可法》比，只有根据和过程的公开要求，缺"结果"公开的要求。当然可以讨论的是处罚结果的公开是不是确实需要受到限制，主要是要进行比较普遍细致的分析，看公开处罚结果会不会涉及个人隐私信息。

公正原则显然是针对行政处罚实施活动而言的，那么它所针对的应该是行政处罚的自由裁量权。自由裁量权有裁量的幅度和余地，行政机关可以灵活运用，才有公正行使的问题。公正是抽象概念没有具体标准，但却可以通过一些比较的办法进行判断。例如同样情况不同对待，不同的情况却不加区分一概适用同样的处罚，就属于不公正。

三、处罚与教育相结合原则

处罚与教育相结合原则不是新原则，是我们党和国家一直宣传的原则。但是还是有执法者对此重视不够。为什么处罚要与教育相结合？这是因为：

（一）处罚是一种外在强制力，处罚了谁，谁不可能抗拒。但是内心到底怎么想？是否真正认识到违法行为不可取，下次不再违法？这是因人而异的。我们见到很多情形是屡犯屡罚，屡罚屡犯。这就说明仅仅靠处罚，而当事人没有真正从内心意识到违法行为的可耻不道德，处罚是不奏效的。

（二）处罚是不能自动执行的，要实施处罚制度，就需要有组织、有经费、有办公场所，总之要有成本，需要投入。而教育，是可以在实施行政活动的时候顺带就可以做的。教育是润物细无声的，无须搞运动，无须大批人马，它要融于日常的行政工作中。虽然教育需要用心，需要很用心。但是总的来说，行政机关实施教育的成本可以忽略不计。

（三）行政处罚适用范围有限，只适用于违法者。而教育既可以适用于违法者，也可以适用于没有违法的人。所以处罚是一种事后的惩治，而教育既可以是事后的，对于没有违法的人来说，也可以是事前的。

（四）行政处罚存在着对合法权益造成侵害的可能。行政处罚是以剥夺或者限制人的某一权利而实现的。因此用得不当就可能出错，对当事人的合法权益造成侵害。尽管这种侵害可能是一种潜在的危险，并不一定会成为现实的危害。但是要认识到这种潜在危害时时刻刻存在着。与此相比，教育是没有侵权可能性的活动。教育，这种柔韧的，可以锲而不舍不断施与的活动，这种在教育别人时自己也同时精神升华的活动，确实必须与处罚结合起来，才能达到行政处罚的目的。处罚不是目的，处罚是达到制止、预防违法活动的手段。

处罚与教育相结合原则在《行政处罚法》的诸多法条中有所体现。如第五条："实施行政处罚，纠正违法行为，应当坚持处罚与教育相结合"；第二十三条："行政机关实施行政处罚时，应当责令当事人改正或者限期改正违法行为"；还有第二十五条关于行为能力的规定；以及第二十七条关于"主动消除或者减轻违法行为的危害后果""配合行政机关查处违法行为有立功表现的""从轻或者减轻行政处罚"的规定，都体现了处罚与教育相结合的原则。

四、保护当事人合法权益原则

这一原则集中体现在《行政处罚法》第六条。第六条规定了保护当事人的陈述权、申辩权、申请行政复议的权利、提起行政诉讼的权利以及要求国家赔偿的权利。这五种权利中后三种是当时已有的权利，只不过行政机关有时候不愿意当事人复议、诉讼、要求国家赔偿，出现过威胁、变相威胁，软硬兼施等手段以使得当事人放弃寻求这些救济。所以行政处罚法在此条一并强调。

陈述权、申辩权是行政处罚法第一次在单行法中明确规定。在行政处罚过程中的陈述权内容，主要是陈述自己行为的事实、不受处罚或者轻罚的理由、对即将实施的处罚的意见等。申辩权是相对人针对行政处罚机关认为的当罚行为，到底有无以及违法行为或轻或重等具体情节行使的抗辩权利。申辩权包括听证权。因为听证只是听取意见的一种形式，听取意见既涵盖了陈述也涵盖了申辩。听证是程式化行使陈述权、申辩权的方式。《行政处罚法》针对当时比较常见的情形专门规定了第三十二条："不得因为当事人申辩而加重处罚。"

这里需要强调的是，这五种权利不论是原有权利，还是新权利，它们的共同特征是程序性（权利）。这实际上也是对行政过程中行政机关几乎拥有所有命令权，而相对人一般只能服从这种不平衡的状态的一种矫正。赋予相对人更多的程序性权利，制衡行政机关拥有的实体权力，制衡的目的当然是防止权力滥用。就行政机关而言，这也表明，行政机关的实体性决定权并未削弱，不应当为此惧怕乃至想方设法阻止相对人行使这些权利。

五、监督、制约原则

监督制约可以是多角度多方位的，但是行政处罚法所强调的监督制约，更多地放在过去比较薄弱的方面。那么过去行政机关的薄弱环节在哪儿？行政处罚法前，行政机关也好，社会上的人也好，意识到行政处罚权是多种权力的不多。因此，从处罚的设定、调查、决定、执行都不加区分，统统称为处罚权。但是权力过于集中的弊端是显而易见的，自己设定什么行为予以处罚，又自己决定谁该被罚，然后直接将罚款收缴……行政处罚法的立法者意识到，行政机关内部职能分离的好处在于，有利于行政机关系统内的制约监督，所以对过去一言以蔽之的"处罚"作了职能上的切割：设定权是立法权，单独出去予以规范，规定权与执行性立法权也单独出去规范；作出决定的过程也可以分出调查与决定两种职能；决定虽然是行政首长负责制，但是重大处罚决定集体讨论决定；处罚决定和处罚决定的执行也是完全可以区分开的两种职能。在区分职能的基础上，不同职能由不同人员实施，不同人员之间又构成互相监督的态势。这种以职能分离为特点的处罚制度设计，是行政处罚法在监督制约上的新发展。

除了职能分离构成的监督制约外，行政系统内，当然还要维持上级对下级的监督制约，所以《行政处罚法》第五十四条规定："县级以上人民政府应当加强对行政处罚的监督检查。"而司法机关对行政机关的监督制约，也是不可或缺的，检察机关可以透过行政诉讼中的抗诉功能来监督行政机关；人民法院可以透过行政诉讼达到监督制约行政机关、防止行政权滥用的目的。

第三节 行政处罚的设定和规定

一、行政处罚的种类

行政处罚法为了在源头治乱，就要在实体上对设定权、规定权作出限定。与此相连的问题是处罚种类要不要规范，要不要划出某些标准处罚种类来为未来立法树立榜样。为什么要框定处罚种类呢？因为在起草制定行政处罚法的过程中曾经统计过行政处罚的种类，以法律和法规计，明确划在行政处罚范围内的种类有九十多种。这其中不乏将不是处罚的法律责任纳入了处罚范围，如责令赔偿、责令恢复原状等责任形式，以及某些强制措施置入了行政处罚范围。但是即使去除这些责任形式，行政处罚的种类也过多了，过多就不好规范。而且，在统计种类时也曾经统计过反复出现的处罚种类为何，结果是：警告、罚款、责令停产停业、吊销许可证和证照、没收以及拘留名列前茅。所以立法者最后就选取了这六种处罚作为"标准"种类确定下来，为以后设定行政处罚提供范本。

警告，是一种声誉罚，声誉罚没有触动违法者的物质利益或者其他实质利益如人身自由等，因为声誉罚让其生活圈子和工作圈子内的其他人可以知晓其违法行为，这种影响会造成压力，使得违法者纠正违法行为并防止其再犯。同样是声誉罚的还有通报批评。但是行政处罚法最后写下的是警告，这意味着不可推导含有通报批评，而只是非常具体的警告这种处罚形态。

警告这种处罚可以是口头实施，也可以是要式行为，即书面形式作出警告处罚。虽然这是一种比较轻的处罚，但是亦应当允许当事人陈述、申辩。必要的说明理由和告知权利程序亦应履行。

罚款，是财产罚，是最常见的处罚形式。罚款一般应当在两种情形下予以运用：一种是营利性的违法行为，罚款剥夺其非法利益，达到法律的公正（平衡）。另一种是在其他罚则不宜使用时运用罚款。如不宜使用没收或者拘留，也没有许可证可以吊销的情形下，设定或者适用罚款。说明罚款的用途，一是为了立法者设定罚款时明白这种罚则的本质何在；另外是为了执法者在存在多种罚则可供选择的自由裁量权的时候，执法者应当明白罚款的目的何在。

没收，也是财产罚。行政处罚法所确定的是更为具体的没收即"没收违法所得"和"没收非法财物"。如果是"没收"，没有指明没收的对象，而行政处罚法把没收的对象写明白了。值得注意的是，这两种对象区别明显。"违法所得"从财产的来源讲，就是违法得来；而非法财物从来源上可能是合法的，如35家邻里共同集资购买船，只是用于违法活动，如上例，他们购买了船后用于走私外国香烟，从而使这艘船成为非法财物。

违法所得的关键在于违法所得要不要扣除成本。因为进行违法活动是要有投入的，投入的成本融入了违法行为，确切的违法所得就是违法所得，应当扣除成本。但是实际上用于违法活动的合法财物亦因其是"非法财物"予以没收，所以，即使违法所得扣除了成本，成本可能亦应以非法财物之名予以没收。在操作上，不扣除成本直接没收就成为一种比较便捷的办法。实际上不同的部门确实在不同的文件中确定，违法所得不用扣除成本。

"非法财物"可能在确定上更具政策性质。因为用于违法活动的财物可能涉及的范围比较大，如上例所说的35家集资购船，走私外国香烟，假如第一次走私就被抓获，香烟是非法财物予以没收了，那么船是用于走私的工具，要不要没收？因为船确实是可以用于走私，也可以用于其他正当的经营生产活动，行政主管机关应当具体情况具体分析，一概没收是比较省事，但是如果35家倾家荡产，一蹶不振，是不是可以在裁量权范围内，权衡过罚相当，对于船只不予没收？

责令停产停业，是能力罚又称为资格罚。可以生产或者经营，是因为行政许可赋予企业行为能力，责令停产停业则是把这种行为能力暂行中止。要注意的是，责令停产停业是行政处罚，而停产或停业整顿则是行政强制措施。两者的区分在于，一个是基于对违法行为的认定而给予结论——行政处罚，而停产或停业整顿是以观后效，不是结论，是一种未定状态的强制措施。

暂扣或者吊销许可证、执照。这也是一种能力罚或资格罚，主要针对经营行为。吊销许可证或执照，一般人都会确定这是行政处罚。但是暂扣许可证或者执照也是处罚吗？暂扣从字面上看就具有暂时性，极易与某些行政强制措施混淆。举例来说，比较严重的交通违章可能会被暂扣驾照，这是处罚而非强制措施，区别还是在于，处罚是对违法行为的一种结论。而强制措施如海关扣押财物是为了调查此物出处，弄清该物是否为走私物品，或者违禁物品。扣押是暂时的，但是扣押不像交通违章的暂扣驾照，它不是一种结论，是为了调查取证而采取的强制措施。

拘留，是人身罚，是对人身自由的短期剥夺，是处罚种类里唯一只能针对自然人的罚则。拘留是最为严厉的处罚，因为对人身自由的剥夺显然是对人影响最大的处罚。因而拘留只适用于不拘留，该违法者可能威胁到公共安全、他人人身安全的情形，简言之，不拘留有危险的情形。可见，拘留的适用应当非常慎重，范围很小。本来，人身自由的处罚应当归属于司法裁量，我们传统上行政强大，为了保持对社会秩序的控制，拘留这种人身自由罚留给极少数行政机关，虽属必要，但是必须严格限制。目前，中国大陆的行政拘留权力主要掌握在公安机关和安全机关手中。

值得提醒的是，刑事程序中有刑事拘留，与这里所讲的行政拘留，公安机关都可以适用，容易混淆。但是两者适用的法律依据有严格区别，刑事拘留是因为有刑事诉讼法上的事由，而行政拘留是因为当事人违反行政法上的义务。

行政处罚法除了确定的这六种行政处罚种类外，亦留给未来立法一定的余地，就是下边会叙述到的法律、行政法规创设新种类的权力。

二、行政处罚的设定和规定权

行政处罚法之前，没有法律对何种主体以及何种法文件可以创设或者规定行政处罚作过规定。行政处罚法关于处罚设定权的规定，先于《立法法》对于法律保留在处罚这一问题上作出了明确的界定，为《立法法》确定法律保留积累了经验，作出了贡献。就实践上言之，行政处罚法这一规定也极大改变了过去政府文件满天飞地设定处罚的状况。从源头刹住了滥处罚之风。

行政处罚法第一次明确区分设定和规定，也是后来行政许可法、行政强制法效法的。设定是创设。创设意味着没有上位法对此事项作出规定。规定意味着有上位法，是对上位法的细化，是执行性立法。

（一）行政处罚的设定权

行政处罚法对设定权的规定，不仅是针对主体，更是针对主体的法文件。具体言之，例如国务院有两种法文件，非正式立法和正式立法——行政法规。行政处罚法规定，行政法规才可以设定除限制人身自由以外的行政处罚，这就从根源上限制了即使是国务院这一最高行政机关制定的规范性文件也没有设定行政处罚的权力。国务院的规范性文件都不可以设定处罚，其他行政机关的规范性文件就不言而喻了。

行政处罚的设定权是按照立法主体的法律地位高低确定的：法律是最高权力机关全国人大及其常委会制定的，所以可以设定任何形式的行政处罚。行政法规是中央政府国务院制定的，其设定权受一项限制即限制人身自由的行政处罚，行政法规不可设定。

法律和行政法规还可以创制六种行政处罚之外的行政处罚形式，当然行政法规创设其他的罚则仍然不能创制人身自由罚。如外国人出入境法规定的，外国人违法情节严重的，限期离境。限期离境是法律设定的六种处罚形式之外的其他处罚种类。

地方性法规的设定权受两项限制，即限制人身自由的行政处罚和吊销企业营业执照的行政处罚，地方性法规不得设定。但这里须注意，"企业营业执照"仅仅是一种许可证，因此这一规定并不意味着地方性法规不能设定吊销其他许可证、执照的行政处罚，地方性法规也不能设定。规章的设定权很有限，只能是设定一定数额的罚款和警告。之所以规定为"一定数额的罚款"，是因为立法过程中争论不已，立法者考虑到各地实际上存在的比较严重的不平衡，不宜统一标准，故规定关于一定数额的罚款，部门规章由国务院作出规定，而地方规章则由各省人大常委会确定具体数额。国务院国发［1996］13号文件确定的部门规章"一定数额罚款"的设定权为：对非营利性违法行为的罚款，企业不超过一万元人民币，个人不超过一千元人民币；对于营利性违法行为，可以违法所得倍数罚款，但最高不得超过三倍，最多不得超过三万元人民币。

地方规章的设定权由于是各省人大常委会规定，全国是不统一的。例如上海市人大常委会规定的上海市政府的规章设定权是二十万元人民币，也就是说，上海市政府的规章创设罚款的数额不能超过二十万元人民币。

（二）行政处罚的规定权

规定权是执行性立法权。实际上规定权不分主体都受三个方面的限制：处罚的行为、处罚的种类、处罚的幅度不能超出上位法。因为下位法一定比上位法多出许多规定，否则下位法就没有必要制定。正因为如此，过去关于下位法与上位法，何谓不抵触、何谓不一致，既没有法律统一规定，也没有理论上的共识，才争论不休。行政处罚法对于处罚规定权的规定，也为后来制定的法律提供了一种思路，确定两三个主要的事项，规定下位法不能突破上位法，其他方面下位法作出补充或者解释则是可以的。使得弹性、适应性与坚持原则和谐地统一了起来。

行政处罚法实施 18 年了，其对治理行政处罚的乱象功不可没。但由于立法权是高度统一的，而地方是实施法律的战场，我们国家经济、社会发展的不平衡又是非常明显的。因此造成其间的落差或紧张关系也是明显的。就处罚设定权而言，地方立法甚至是省级的地方性法规的制定，有时候都会遇上绕不过去的障碍。如地方性法规制定过程中，该法规可否就上位法未规定的违法行为设定处罚？这一问题有两解，一解是既然已经有上位法，上位法已经规定了对违法行为的行政处罚，地方性法规作为下位法就不能再创设新的处罚。另外一解是上位法是设定了对某些违法行为的处罚，但是没有设定现在地方性法规欲设定的处罚，就这种违法行为来说，地方性法规是没有上位法的，地方性法规的设定权是可以设定除人身自由处罚和吊销企业营业执照的处罚以外的所有处罚的。因此，地方性法规就此设定新的处罚是可以的。本书不厌其烦地叙述，无非是想说，再好的法律也不可能绝对周延，更何况法律也要与时俱进，适时更新才是。

第四节　行政处罚的实施

一、行政处罚的实施主体

行政处罚出台前，行政处罚的实施主体存在着很大的混乱。由于没有界定何种主体或者组织可以实施行政处罚，结果乱象环生。内设机构、临时机构、派出机构、事业单位甚至企业、个人都是实施行政处罚的主体，不但不便于监督权力的行使，也不便于相对人合法权益受到侵害时寻求救济，乃至于行政机关系统内追究责任也变得复杂、脉络不清。举一个数字说明这种乱象：行政处罚法实施后，甘肃省对全省 4972 个执法主体进行清理，取消了 828 个不符合条件的执法主体。由此可见行政处罚执法主体问题上的严重性。行政处罚法既然是为了规范行政处罚的设定和实施，必然要廓清处罚实施主体的问题。

（一）行政机关

行政处罚之"行政"二字，是因着它是行政机关实施的处罚才定冠上的。因此行政处罚的实施主体首先是行政机关。但是行政机关行使处罚权限也是受限制的，行政机关必须在法定职权范围内实施。也就是说，公安机关只能行使公安职权范围内的处罚权限，而不能行使工商行政机关的处罚权限。反之亦然。何种违法行为应当处罚、使用什么样的处罚手段等都必须在法律明确规定的范围之内。处罚权已经不是行政管理权的自然延伸，处罚权限范围和程度都取决于法律规定。

（二）法律法规授权的组织

除了行政机关实施行政处罚外，还有法律、法规授权的组织可以在法定授权范围内实施行政处罚。法律法规授权的组织主要有两种，一种是行政组织，但是不够格是行政机关。另一种连行政组织都不是。举例来说，行政机关的派出机构如税务局的派出机构税务所，工商行政管理局的派出机构工商所，公安分局的派出机构公安派出所，都是行政组织，但是不是行政机关，而是行政机关的一部分。但《税收征收管理法》第十四条这样规定："本法所称税务机关是指各级税务局、税务分局、税务所和按照国务院规定设立的并向社会公告的税务机构。"再结合其后条款看，可以说，第十四条的规定对于税务所而言是一条授权性规定。由此，税务所获得了行政处罚独立的执法主体资格。

还有一种授权的情况是授权给根本不在行政系统内的组织。如授权给事业单位。例如《住房公积金管理条例》规定较大市和设区的市成立"住房公积金管理中心"，而且规定这一中心是事业单位。该条例第三十七条规定："违反本条例的规定，单位不办理住房公积金缴存登记或者不为本单位职工办理住房公积金账户设立手续的，由住房公积金管理中心责令限期办理；逾期不办理的，处1万元以上5万元以下的罚款。"其第三十八条规定："违反本条例的规定，单位逾期不缴或者少缴住房公积金的，由住房公积金管理中心责令限期缴存；逾期仍不缴存的，可以申请人民法院强制执行。"可见，住房公积金管理中心这一事业单位是行政法规授权的组织，在一定范围内行使处罚权。

由于授权是立法的事，过去没有对此作出过限定。行政处罚法对授权作出一个限定，那就是授权的对象应当是"具有管理公共事务职能的组织"。因为如果不是具有管理公共事务职能的组织，那很可能是营利性组织，或者是封闭性的组织，无论从理论上推断，还是从实践经验角度看，这样的组织都不利于行政处罚的实施。

（三）委托的组织

实施行政处罚的除了行政机关和法律法规授权组织之外，还有一种"隐形"的实施者，它们却不能以自己的名义实施。换句话说，从法律上，这些实施者并不存在，而只是在事实上存在！这就是行政机关依照法律、法规或者规章的规定，在其法定权限内委托符合条件的组织实施行政处罚的结果。

委托在行政处罚法之前，只是行政机关自行委托，似乎是不受限制的。行政处罚法特别强调依照法律、法规或者规章的规定才可委托。就是说，法律、法规、规章明确规定某一处罚权可以委托，该行政机关才可将此项权限委托给其他组织。

再有，行政处罚法还规定了委托对象应当具备的条件：

1. 依法成立的管理公共事务的事业组织；

2. 具有熟悉有关法律、法规、规章和业务的工作人员；

3. 对违法行为需要进行技术检查或者技术鉴定的，应当有条件组织进行相应的技术检查或者技术鉴定。

委托应当采用要式文书格式，明确委托的权限范围和具体程序要求等。受委托组织在委托范围内，以委托行政机关名义实施行政处罚；不得再委托其他任何组织或者个人实施行政处罚。而行政机关对受委托的组织实施行政处罚，应当负责监督，并对该行为的后果承担法律责任。

（四）行政处罚权限集中实施的主体

行政处罚法之前，流传着"八个大壳帽管一个小草帽"的说法。说的是八个行政机关管着一个可能是戴着草帽进城的农民，形容的是不同行政机关之间重叠执法的现象。行政处罚法制定过程中，这一问题一直也是立法者试图梳理解决的问题。行政处罚法解决问题的最后方案是，第一规定了一事不再罚款，第二是规定了集中行使处罚权。《行政处罚法》第十六条规定："国务院或者经国务院授权的省、自治区、直辖市人民政府可以决定一个行政机关行使有关行政机关的行政处罚权，但限制人身自由的行政处罚权只能由公安机关行使。"

这一规定也是行政法制建设历程中具有历史意义的规定，因为这一规定开创了一种集中执法的思路，而且这一思路通过逐步授权方式得到扩展，渐渐形成了现在全国城市的综合执法模式——城管执法模式。虽然城管模式备受指责和批评，但是它需要的是继续完善而非废弃。

《行政处罚法》颁布后，国务院为了集中处罚权发布了几个重要文件。1996年国务院颁布的13号文件，即《国务院关于贯彻实施〈中华人民共和国行政处罚法〉的通知》。这个文件我们在前边叙述部门规章设定罚款的数额时提到过。该通知要求各省、自治区、直辖市人民政府要认真做好相对集中行政处罚权的试点工作，结合本地方实际提出调整行政处罚权的意见，报国务院批准后施行。同时要求国务院各部门要认真研究适应社会主义市场经济要求的行政执法体制，支持省、自治区、直辖市人民政府做好相对集中行政处罚权工作。

1999年国务院发布的23号文件，即《国务院关于全面推进依法行政的决定》，要求各地"继续积极推进相对集中行政处罚权的试点工作，并在总结试点经验的基础上，扩大试点范围。"

2000 年《国务院办公厅关于继续做好相对集中行政处罚权试点工作的通知》（国办发［2000］63 号），进一步强调相对集中处罚权的重要性，要求各地继续扩展试点范围。

自 1997 年以来，按照国务院有关文件的规定，23 个省、自治区的 79 个城市和 3 个直辖市经批准开展了相对集中行政处罚权试点工作，并取得了显著成效，对深化行政管理体制改革、加强行政执法队伍建设、改进行政执法状况、提高依法行政水平，起到了积极的作用。进一步推动相对集中处罚权的时机到了。于是迎来了国务院关于集中处罚权的最重要的文件。

2002 年《国务院关于进一步推进相对集中行政处罚权工作的决定》（国发［2002］17 号）对相对集中处罚权极为重要，因为它不仅授权省、自治区、直辖市人民政府可以决定在本行政区域内有计划、有步骤地开展相对集中行政处罚权工作。而且确定了集中权限的范围：市容环境卫生管理方面法律、法规、规章规定的行政处罚权，强制拆除不符合城市容貌标准、环境卫生标准的建筑物或者设施；城市规划管理方面法律、法规、规章规定的全部或者部分行政处罚权；城市绿化管理方面法律、法规、规章规定的行政处罚权；市政管理方面法律、法规、规章规定的行政处罚权；环境保护管理方面法律、法规、规章规定的部分行政处罚权；工商行政管理方面法律、法规、规章规定的对无照商贩的行政处罚权；公安交通管理方面法律、法规、规章规定的对侵占城市道路行为的行政处罚权；省、自治区、直辖市人民政府决定调整的城市管理领域的其他行政处罚权。自此，城管综合执法的模式成为城市管理的普遍模式。

在过去，往往是制定一部法律法规就建立一支执法队伍，一方面，行政执法机构多，行政执法权分散；另一方面，部门之间职权交叉重复，执法效率低。且造成执法扰民，也容易滋生腐败。实行相对集中行政处罚权制度，对于解决行政管理中长期存在的多头执法、职权交叉重复和行政执法机构膨胀等问题，提高行政执法水平和效率，降低行政执法成本，建立"精简、统一、效能"的行政管理体制，都有重要意义。

二、行政处罚的实施程序

行政处罚程序具有职能分离的特点。行政处罚的决定程序与执行程序是分离的；而处罚程序的一般程序又是调查程序与决定程序分离的。

行政处罚决定程序：

1. 一般程序

一般程序指的是普遍适用的程序，没有特殊情形就要适用的程序。可见是最常见的程序。行政处罚法设计的一般程序是一种调查与决定分离的程序。

调查要求行政处罚机关两个以上人员共同实施。这样既有互相监督的作用，也有互证的保护作用。调查是为了查清相对人是否有违法行为，如果有违法行为，其事实和证据应当掌握和获取，以便行政机关的进一步行动。由于决定处罚的权限在行政机关负责人手中，所以调查人员与决定的人员是行政机关不同的两部分。

调查人员进行调查时首先要向相对人出示执法者的身份证件，以便得到相对人的配合。

如果相对人有陈述或者申辩，或者有相对人作一些证言，调查人员应当制作笔录，并在完成笔录后让相对人核对、签字。

在调查过程中，如果执法者发现自己与当事人有直接利害关系的，或者相对人发现与调查人员有这种利害关系，调查人员要回避。这意味着需要马上报告行政机关首长撤换需要回避的调查人员。

调查人员获取证据有困难，《行政处罚法》第三十七条规定了"抽样取证""登记保存"（7日内作出处理决定）这两种获取证据的方法。这使那些没有查封、扣押措施权限的行政机关有手段进行必要的调查。在中国大陆行政主管机关拥有查封、扣押、冻结这些作出行政处罚决定之前的保全措施权限的并不多，主要有工商、土地、海关、国家安全、行政监察、审计、税收、公安、证券、专利、食品卫生、植物保护等领域的法律、法规规定行政主体有权实施这样的行政措施。因此，这一规定对于那些没有保全证据手段的行政机关而言，无疑非常重要。

完成了调查之后，调查人员要将资料整理汇总，书写报告。在报告中要将是否处罚的理由包括事实证据以及法律依据写清楚。

这样做是因为行政处罚"决定"不是行政机关进行查证的工作人员作出的，而是由行政机关的首长决定的；如果是重大处罚案件，要该行政机关负责人集体讨论决定。重大行政处罚案件讨论决定，是行政处罚法的新规定，是为了对某些重大案件更加慎重、严肃，也是防止个人偏见导致错案或者重罚的程序控制。

2. 简易程序

简易程序是相对于一般程序而言的，它的显著特点是把调查与决定两个程序合并了，是一种当场作出行政处罚决定的程序。简易程序适用于违法事实确凿并有法定依据，对公民五十元以下、对法人一千元以下罚款或警告的情形。

简易程序虽然简易，但是必要的程序要遵守，如亮证处罚、"填写预定格式、编有号码的行政处罚决定书，当场交给当事人"。《行政处罚法》对这一行政处罚决定书的形式要求很明确：应当载明当事人的违法行为、行政处罚依据、罚款数额、时间、地点以及行政机关名称，并由执法人员签名或者盖章。另外，这种执法人员当场作出的行政处罚决定，必须报所属行政机关备案。

3. 听证程序

听证程序实际上也是一般程序里的特殊程序。说其是一般程序是因为，它也是调查与决定分离的程序；说它是一般程序的特殊程序，是因为一般程序的陈述、申辩就在调查过程中完成了，而听证程序把陈述、申辩单拿出来放到听证会上去完成。

由于听证程序的成本肯定高于一般程序中的听取意见，所以其适用有一定的限制。听证程序主要适用于：责令停产停业、吊销许可证或执照、较大数额的罚款。看得出，这三种情形属于行政处罚中比较严重的处罚，但是为什么还有一种更为严重的行政处罚未列入听证程序范围？即行政拘留。制定行政处罚法是在二十世纪九十年代，当时的《治安管理处罚条例》（也是全国人大常委会制定的法律）规定，行政拘留可以缴纳保证金或者提供保证人，从而暂缓执行该拘留决定。据此，公安机关认为，只要暂缓执行拘留决定了，随后就可以申请行政复议，听取意见程序就在复议过程中实现了。没有必要叠床架屋再规定听证会程序。这一意见为立法者所认可，故《行政处罚法》没有将行政拘留写入听证程序适用范围。可惜的是，2006 年 3 月 1 日实施的《治安管理处罚法》，仍然是九十年代的思路，没有将行政拘留写入听证程序范围。

听证程序具体步骤、时限和要求如下：①行政机关告知当事人，其属于可以要求听证的范围。②允许当事人 3 天内决定，是否要求听证。如果当事人要求听证，行政机关就应该举行听证。③行政机关在听证前 7 天通知当事人听证的时间、地点。④听证公开举行，除非欲处罚的违法行为涉及国家秘密、商业机密、个人隐私。⑤听证主持人，与调查人员分离，即调查人员不能再担任听证主持人。⑥当事人可以委托一、二人代理参加听证。⑦听证要制作听证笔录，听证完成后，要让当事人核实笔录，签字。

听证结束后，行政机关负责人在考虑了听证情况后，作出决定。重大、复杂的处罚案件是由该机关的负责人集体讨论决定。值得注意的是，1996 年的《行政处罚法》没有规定"案卷排他"原则，所以行政机关负责人作出行政处罚决定时，可以根据听证的记录即限于听证范围内的事实作出处罚决定，也可以在考虑了听证的记录等情况后，根据其他事实作出行政处罚决定。例如环保机关尽管召开了听证会，但是事后可以根据其他专家的意见，或者并未在听证会上出现的证据材料作出行政处罚决定或者作出不予处罚的决定。这样的听证会容易走形式，走过场。所以 2004 年通过实施的《行政许可法》就更多了听证之后要按照听证记录作出是否给予许可的决定。

三、行政处罚决定的执行程序

行政处罚决定依法作出后，当事人应当在行政处罚决定的期限内，予以履行。

（一）罚款决定的执行

罚款是行政处罚中的大宗。罚款也曾经是被诟病最多的行政处罚措施。行政机关一只手递过来罚款决定，另一只手直接收取罚款，尽管当时也是更多罚款都要上交国库。但是这种处罚决定的执行方式确实太可疑了。加之社会上是知道行政处罚机关罚款上缴财政后是有返还比例的。所以，如何完善罚款决定的执行是行政处罚法立法者寻找的目标。当时在某些大城市如北京、上海已经在交通违章行政处罚领域，实行了警察开罚单，当事人到银行交罚款的罚执分离的方法。而且福建省适时地介绍了福建的罚执分离的经验。可以说是一拍即合，立法者马上把罚执分离写进了行政处罚法草案，随后在不断的修改中，立法者顶住反对的意见，终于使之在立法最终的成稿中保留了下来。

罚款不论是一般程序作出的，还是简易程序作出的，均以罚执分离为原则。即以到银行缴纳罚款为原则。如果当事人不自行执行罚款决定，超过了处罚机关规定的期限，行政机关可以按日加罚罚款数额的 3%。以此达摩克利斯之剑督促当事人自觉执行。另外，行政机关还可以根据法律规定，将查封、扣押的财物拍卖或者将冻结的款项划拨抵缴罚款。要注意的是，行政机关要将已经查封、扣押或者冻结的款项划拨抵缴罚款的话，并不能直接依据行政处罚法作出，而是要依据单行法的明确规定，否则就只能申请人民法院强制执行。

罚执分离需要行政处罚机关与银行建立有机联系，顺畅不脱节地完成。如行政机关作出了多少罚款决定，决定执行的最后期限为何，银行都应当立即知晓；而哪些当事人没有在期限内自觉履行，银行也要让行政机关立即知晓，以便行政机关按日加罚的实施。

到银行缴纳罚款的例外，是当场收缴罚款。这种情形主要适用于：（1）依法给予二十元以下的罚款的；（2）不当场收缴事后难以执行的；（3）在边远、水上、交通不便地区，行政机关无论以一般程序还是简易程序作出的罚款决定，当事人向指定的银行缴纳罚款确有困难，经当事人提出，行政机关及其执法人员可以当场收缴罚款。

（二）没收的执行

没收这种行政处罚因为是行政机关直接执行，所以没收之物已经在行政机关掌控之中。但是行政机关如何处理这些物品，在过去是很混乱的，可以说没收后什么样的处理都有。如海关没收走私汽车，可没收后却见行政机关自己开着其到处跑。不仅本机关，其他机关花点钱也可以弄到走私车，甚至是公务员的亲戚朋友也可以很便宜地搞到走私车。群众对此意见很大。

《行政处罚法》对没收的物品分门别类作出规定：（1）拍卖。没收后的物品归国家所有，但国家不是自然人可以消费这些物品。所以，凡属有价值的物品，一般要拍卖。拍卖是实现物品价值最公平的手段。（2）销毁。如淫秽音像制品或印刷品，侵犯知识产权的印刷品等，不能再传播或者流转了，所以应当销毁。（3）上交银行或者财政。如没收的是金银制品或者金银币、金条银条等，行政机关应当将其交到银行。而没收的如果是人民币，行政机关则应当直接上缴财政。

当事人对行政处罚决定不服申请行政复议或者提起行政诉讼的，行政处罚不停止执行，法律另有规定的除外。

四、行政处罚的适用规则

行政处罚实施过程中，还有几个要遵守的一般性规则。类似于原则的规则。因为这些规定是概括性的规定，具有指向性，不是很具体的操作性规定。

（一）实施行政处罚同时要纠正违法行为

对违法行为人施以处罚并不是目的，处罚的目的是制止违法行为、防止再发生违法行为。为了防止行政处罚机关本末倒置，行政处罚法规定实施行政处罚要同时纠正违法行为。举例说明，如对汽车超载进行处罚，予以罚款，如果不同时纠正违法行为，久而久之，作为经济动物的运输公司，自然就会视这种罚款为一种收费而已。显然，行政处罚这时已经变质了。《行政处罚法》在第五条即处罚与教育相结合原则规定中，把实施处罚和纠正违法行为相提并论；在第二十三条中规定："行政机关实施行政处罚时，应当责令当事人改正或者限期改正违法行为。"只有坚持处罚同时纠正违法行为，防止违法行为再发的目的才能达到。

（二）一事不再罚款

行政处罚是针对未构成犯罪的一般违法行为的制裁，当然应该"过罚相当"，要符合比例。所以，多头处罚、多重处罚就成为在立法过程中议论很多的问题。其中被提及很多的一种解决方案就是一事不再罚。但是最后写在通过的法律里的并不是这种表述，其间考量到底为何？

一事不再罚的含义争论不休。尤其是"一事"指什么，是指日常生活中老百姓所说的一事？还是法律上的一事？两者的区别以例说明。如一个进城农民在马路边上摆摊卖煎饼。在一般老百姓眼里这就是"一个事"！而在法律上，可能是几个事：按照道路交通管理规定，他占道经营是"一个事"；违反市容管理的规定，是另外"一个事"；经营食品尤其是熟食应当有卫生许可证，该农民没有许可证就经营，是第三件事；没有获得工商行政机关许可或者缴纳工商管理费用，是第四件事……如果按照老百姓关于"一事"的看法，来适用一事不再罚，就会产生一个问题，该执法处罚的行政机关置"职权法定"于何处？如果按照法律上的一事来处罚，则当时甚受批评的多头处罚或者多重处罚并未触动分毫。所以最后的方案实际上是修正了"一事"的说法，将其表述为同一违法行为。《行政处罚法》第二十四条这样规定："对当事人的同一个违法行为，不得给予两次以上罚款的行政处罚。"但这样写并没有避免上述困境。因为如果是一个违法行为，就该罚一次，何来两次以上罚款？

同一违法行为不再罚款是基于这样一种分析。因为从实际上看，各种处罚中可能重复使用的只有罚款，其他如没收、吊销证照、责令停产停业、警告都不可能重复使用。拘留只有公安和安全机关拥有权限，所以只有罚款可能反复使用，造成重复、重叠。所以立法者就把这一从刑法引进的原则改写成了同一违法行为不得罚款两次。这就意味着，如果一个机关罚款了，其他机关即使享有处罚权，也只能在裁量范围内，选择其他如没收工具等处罚手段，而不能再予罚款。当然如果这个机关只有罚款手段，因为已有行政机关罚过该违法相对人款了，所以这一禁止性规定有效，这个行政机关就不能再处罚了。所以，尽管不伦不类，但多少可以有一些减少重复处罚的作用。

（三）罚款、拘留折抵罚金、拘役或有期徒刑

与行政处罚在制裁形式上很近似的，一个是刑罚上的附加刑罚金，非常近似行政处罚中的罚款；一个是刑罚上的自由刑如拘役、有期徒刑，非常接近于行政处罚中的拘留。尽管在性质上，两种制裁区别明显，但是对于当事人而言，剥夺金钱、剥夺人身自由，只有轻重上的差别，没有质的区别。从实践上看，行政机关发现违法先于处理，进行了行政处罚，其后该违法者又被定性为犯罪予以刑罚制裁，也是常见的情形。为了避免多重制裁，《行政处罚法》规定了折抵。其第二十八条规定："违法行为构成犯罪，人民法院判处拘役或者有期徒刑时，行政机关已经给予当事人行政拘留的，应当依法折抵相应刑期。违法行为构成犯罪，人民法院判处罚金时，行政机关已经给予当事人罚款的，应当折抵相应罚金。"

（四）违法行为的追究时限

刑法有关于犯罪行为的追究时限的规定，行政法没有法典，各种单行法除了基本上与刑法衔接的《治安管理处罚条例》有此类规定外，其他单行法均无此类规定。《治安管理处罚条例》是1957年全国人大常委会制定的，分别于1986年和1994年修改过，现已失效。该条例第十八条规定："违反治安管理行为在六个月内公安机关没有发现的，不再处罚。前款期限从违反治安管理行为发生之日起计算，违反治安管理行为有连续或者继续状态的，从行为终了之日起计算。"

行政处罚法作为行政处罚的一般法，参照治安管理处罚条例的规定对违法行为的追究时限作出了统一规定。除了两年时限比该条例规定的六个月长以外，文字基本上都是一样的。2005年颁布的《治安管理处罚法》也是照抄下原来条例的规定。就这两者来说，由于《行政处罚法》是关于行政处罚的一般法，而《治安管理处罚法》是行政处罚的特别法，《治安管理处罚法》规定的六个月的追究时限，是公安机关必须遵循的。而《行政处罚法》规定的两年追究时限，是其他行政机关必须遵循的。

追究时限的规定符合"法安"原则，也有助于降低执法成本，而且使得刚性十足的法律制度增加必要的弹性。从其实施来看，如何认定"行为有连续或者持续状态"是一个关键。实践中产生了不少争执，但实际上我们循着解释法律的基本方法即文义解释方法，也很容易得出结论。《行政处罚法》第二十九条第二款讲的是"行为"，即违法行为"有连续或者继续状态"的，而非行为的结果呈现连续或者持续状态的。因为行为即使结束了，行为结果持续的情形是很多的，不能因此就认为该行为是连续或者持续的，从而将两年的追究时限延后到甚至任何时候。这是不符合法律字面意思的。

思考题：

1. 行政处罚与刑罚的区分和界限何在？

2. 行政处罚与行政强制有何区别？

3. 行政处罚与行政处分怎样分别？

4. 法律为什么对行政处罚的实施主体和程序作出这样的限制？

5. 你认为行政处罚过程中最重要的程序是什么？

案例：

2003年，广州市公安局为了发动群众力量打击车辆违章行为，在该年的7月15日发布了《关于奖励市民拍摄交通违章的通告》，让市民充当"义务监督员"，对违章车辆进行拍摄并以照片的形式向公安部门进行检举，检举者可获得一定奖励。

其后，广州市民赖某驾车压了道路白色实线，躲在暗处的"义务监督员"孔某拍下这违章一幕并将照片交给公安局。2004年3月5日赖某收到广州市公安局交通警察支队机动大队开具的《公安交通管理行政处罚决定书》，该决定书以市民孔某提供的照片为证据，认定赖某的车辆违反交通标志、标线规定，决定对其处以100元罚款。赖某不服，认为广州市公安局把群众提供的违章线索作为行政处罚依据不妥，证据收集必须由获得法定授权的行政机关来进行。后赖某以广州市公安局"奖励拍摄违章"的做法不合法为由将其告上法庭。

2003年7月20日，广州市越秀区人民法院对这一行政案件进行一审宣判，驳回赖某的诉讼请求。法院认为，广州市公安局"奖励拍摄违章"的做法是否合法不属于法院的审查范围。理由如下：该《通告》主要内容是告知市民按要求拍摄的交通违章照片经交通部门审核确认后可给予奖励，至于市民是否参与拍摄完全取决于自愿，故该《通告》属没有强制力的行政指导行为。而对不具强制力的行政指导行为提起诉讼的不属于人民法院行政诉讼的受案范围。因此，法院对《通告》的合法性无权审查，赖某的诉讼被驳回。

请思考：

本案中，通过发动群众收集而来的证据，是否能够作为公安机关进行行政处罚的证据？其依据是什么？

第七章　行政强制

本章内容提要：行政强制权具有本能的扩张性和特殊的伤害性，通常这种伤害表现出事后难以完全补救的特点，因而对于行政强制权的制约与监督则显得尤为重要。2011 年全国人大常委会通过并公布了《行政强制法》，采取这一专门立法的形式强化了对行政强制权行使的约束与规范。我们在学习本章的内容时需要着重从约束与规范行政强制权的角度出发，把握行政强制的种类、设定、实施（执行）程序这三大块内容。

行政强制包含有两种主要的法律制度，一种是行政强制措施制度，一种是行政强制执行制度。这一概念不是英美法系国家的概念，是大陆法系国家的概念。

第一节　行政强制措施

行政强制措施指行政主体依法对公民的人身自由实施暂时性限制的行为，或者对公民、法人或者其他组织的财物实施暂时性控制的行为。

一、行政强制措施的性质和特征

（一）行政强制措施具有确定性

行政强制措施无论从设定到实施机关，再到措施种类，都是法定的。行政机关不能自我赋权，自行选择，适用行政强制措施的条件也是法定的。这是因为行政强制措施是一种合法限制相对人权益的行为，稍有不慎就会造成对相对人的侵害，必须从实体的不同方面以及程序方面严格控制。

（二）行政强制措施具有行政性

行政主体运用行政权所作出的行政行为，与公安机关依照刑事诉讼法采取的刑事强制措施不同，如刑事拘留、逮捕、监视居住、取保候审、搜查和扣押等。与人民法院为了保证诉讼活动的顺利进行，根据民事诉讼法和刑事诉讼法采取的排除妨碍诉讼的强制措施也不同，如拘传、罚款、拘留。

（三）行政强制措施具有临时性

行政强制措施一般可以分为两类，一类是行政处罚前的类似诉讼保全措施的行政强制措施，目的是控制物和人，查清情况或事实，取得证据，如海关扣留走私嫌疑人（24 小时），查封、扣押、冻结等。还有一种是针对危险情形采取的控制性的行政强制措施，如封锁疫区，留验，隔离，扑杀禽类，强制给禽类打防疫针等。这两类行政强制措施都具有临时性。第二类行政强制措施应急而起，所采取的行动也是因时而异，紧急情况一过，立即停止实施。第一类往往是行政处罚的前奏，相对于行政处罚是对违法行为的结论而言，其中间、暂时性更加明显。

（四）行政强制措施具有强制性

行政强制措施归属于行政强制，是因为它是通过强制实现的，而不是通过说服教育实现的。

与行政强制措施相关且易于混淆的是行政检查。行政检查是指行政主体依据法定检查职权，对于行政相对人是否遵守和执行法律或其他行政规范性文件以及具体行政行为的情况进行了解检查的活动。行政检查是行政主体获知、发现相对人违法的重要方式，因而它往往是采取行政强制措施的前置程序。但是要注意的是，行政检查并不直接处理或改变行政相对人的法律地位，不直接对相对人行政法上实体权利义务作出处理和改变，这一活动所影响的是相对人的程序性权利，而非实体性权利。检查与处理违法行为的行政强制措施的相近之处，在于它并非对相对人作出一个法律上的正式结论。因而也易于混淆。但是行政强制措施是一个法律行为，至少暂时地限制了相对人的人身权和财产权。而检查往往是导致或引起行政强制措施或者其他行政处理的一个前期阶段。如海关在行政执法过程中可以"人身搜查"，这还属于"检查"活动范围。但是如果相对人违抗海关监管逃逸的，按照《海关法》第六条规定，海关可以"将其带回处理"。"带回处理"已属行政强制措施了。如果海关检查的结果，走私嫌疑没有排除反而更大，按照《海关法》规定，海关可以"扣留"走私嫌疑人 24 小时以便查证。扣留也是行政强制措施了，已经不是检查活动了。

二、行政强制措施的种类

行政强制措施以实施对象论，可以分为对人身自由实施暂时性限制的行政强制措施和对公民、法人或者其他组织的财物实施暂时性控制的行政强制措施。前者的实施机关有公安、海关、国家安全、医疗卫生等行政机关。对公民的人身自由依法加以限制的行政行为主要有：强制、约束、收容、劳动教养、强制遣送、妇女教养和强制戒毒、强制隔离和强制治疗，扣留、强制带离现场等。后者的实施机关很多，税务机关、海关、工商、审计、财政拥有的扣押、查封、冻结的权限，以及所有行政处罚机关都拥有的"登记保存""抽样取证"的权限。

行政强制措施以内容区分，可以分为三种：预防性措施、制止性措施、保全性措施。

预防性行政强制措施既可能是预防违法行为的发生，也可能是预防危险情况的发生、蔓延。包括：对醉酒驾驶的人约束到酒醒；对进入我国国境的艾滋病人和艾滋病感染者，国境卫生机关命令其"立即离境"；对不允许入境的外国人、无国籍人，边防检查站采取必要的措施限制其活动范围，并命令其乘坐最近一班交通工具"离境"。隔离传染病人，封锁疫区；国境上对从国外境外疫区回来的人"留验"；禽流感流行期"扑杀禽类"，对一定范围内的禽类强制打防疫针，等等。

制止性措施主要是针对违法行为，但是也有针对危险情形的。包括：妇女教养、强制戒毒、强制隔离、强制治疗，扣留物品、强制带离现场等。

保全性措施是针对违法行为的，如果认定违法，可能直接对之采取行政处罚以及相应的行政处理的物品予以暂行保持静止状态，以便事后的处理或处罚顺利进行。类似于诉讼中的对诉讼标的物的保全措施。查封、扣押、冻结是较常见的保全性行政强制措施。《行政处罚法》第三十七条规定："行政机关在收集证据时，可以采取抽样取证的方法；在证据可能灭失或者以后难以取得的情况下，经行政机关负责人批准，可以先行登记保存，并应当在七日内及时作出处理决定，在此期间，当事人或者有关人员不得销毁或者转移证据。"抽样取证、登记保存也是保全性行政强制措施。

三、行政强制措施的设定和实施

（一）行政强制措施的种类和设定权

对于行政强制措施的种类，《行政强制法》具体规定了四种，留了一个兜底性规定：（1）限制公民人身自由；（2）查封场所、设施或者财物；（3）扣押财物；（4）冻结存款、汇款；（5）其他行政强制措施。

法律可以设定任一种行政强制措施；行政法规的设定权减少二项，即除限制人身自由的行政强制措施和"其他行政强制措施"外，行政法规可以设定查封、扣押和冻结三种行政强制措施。地方性法规则只能设定查封和扣押两种行政强制措施。而且行政强制法强调的是，行政法规和地方性法规的设定权，要在两个条件同时具备时方能行使。即第一是在尚未制定法律的事项上，且属于国务院行政管理职权事项，或者属于地方性事务的，行政法规或地方性法规才能设定行政强制措施。

行政强制法在立法权上是几个行为法中最严格的一个。它彻底排除了规章的创设权。

关于行政强制措施的规定权，也就是说，有上位法覆盖一定事项范围的，凡属法律中未设定行政强制措施的，行政法规、地方性法规不得设定行政强制措施。如果法律对行政强制措施的对象、条件、种类作了规定的，行政法规、地方性法规不得作出扩大规定。

（二）行政强制措施的实施

1. 实施机关及执法人员资格

行政强制措施由法律、法规规定的行政机关在法定职权范围内实施。行政强制措施权不得委托。

依据《行政处罚法》的规定行使相对集中行政处罚权的行政机关，可以实施法律、法规规定的与行政处罚权有关的行政强制措施。

行政强制措施应当由行政机关具备资格的行政执法人员实施，其他人员不得实施。

2. 实施行政强制措施的原则

违法行为情节显著轻微或者没有明显社会危害的，可以不采取行政强制措施。这是一条基本原则，是比例原则在行政强制措施制度上的体现。由于法律用语是"可以"不采取行政强制措施，实际上对行政执法人员的素质和政策水平要求较高。

3. 行政强制措施的实施程序

行政强制措施对相对人的影响往往是巨大的，所以行政强制法对实体、程序均作出了相当严格的规定。

第一是实体要求：

①不得查封、扣押与违法行为无关的场所、设施或者财物；

②不得查封、扣押公民个人及其所扶养家属的生活必需品；

③不得重复查封；

④因查封、扣押发生的保管费用由行政机关承担；

⑤冻结——不得委托其他行政机关或者组织实施，只能是负有职责的行政机关实施；

⑥行政机关采取查封、扣押措施后，应当及时查清事实，在三十日内（情况复杂的，经行政机关负责人批准，可以延长，但是延长期限不得超过三十日）作出处理决定；对违法事实清楚，依法应当没收的非法财物予以没收；法律、行政

法规规定应当销毁的，依法销毁；应当解除查封、扣押的，作出解除查封、扣押的决定；

⑦有下列情形之一的，行政机关应当及时作出解除查封、扣押决定：

a. 当事人没有违法行为；

b. 查封、扣押的场所、设施或者财物与违法行为无关；

c. 行政机关对违法行为已经作出处理决定，不再需要查封、扣押；

d. 查封、扣押期限已经届满；

e. 其他不再需要采取查封、扣押措施的情形。

解除查封、扣押应当立即退还财物；已将鲜活物品或者其他不易保管的财物拍卖或者变卖的，退还拍卖或者变卖所得款项。变卖价格明显低于市场价格，给当事人造成损失的，应当给予补偿。

第二是程序要求：

①实施前须向行政机关负责人报告并经批准；

②由两名以上行政执法人员实施；

③出示执法身份证件；

④通知当事人到场；

⑤当场告知当事人采取行政强制措施的理由、依据以及当事人依法享有的权利、救济途径；

⑥听取当事人的陈述和申辩；

⑦制作现场笔录；

⑧现场笔录由当事人和行政执法人员签名或者盖章，当事人拒绝的，在笔录中予以注明；

⑨查封、扣押须制作并当场交付查封、扣押决定书和清单；当事人不到场的，邀请见证人到场，由见证人和行政执法人员在现场笔录上签名或者盖章；

⑩查封扣押期限 30 日，情况复杂的，经行政机关负责人批准，可以延长，但是延长期限不得超过 30 日。

法律、法规规定其他程序的，实施机关亦应遵循。

限制公民人身自由的行政强制措施，除应当履行上述程序外，还应当场告知或者实施行政强制措施后立即通知当事人家属，实施行政强制措施的行政机关、地点和期限。在紧急情况下当场实施限制人身自由的行政强制措施的，在返回行政机关后，立即向行政机关负责人报告并补办批准手续。实施限制人身自由的行政强制措施不得超过法定期限。实施行政强制措施的目的已经达到或者条件已经消失，应当立即解除。最后须遵守法律规定的其他程序。

情况紧急，需要当场实施其他行政强制措施的，行政执法人员应当在二十四小时内向行政机关负责人报告，并补办批准手续。行政机关负责人认为不应当采取行政强制措施的，应当立即解除。

第二节　行政强制执行

一、行政强制执行的概念、分类

狭义的行政强制执行指公民、法人或其他组织无正当理由不履行行政法上的义务，行政机关依法强制其履行义务或达到与履行义务同等状态的行为。广义上的理解即在执行主体中加上人民法院。所以这里的"行政强制执行"中的行政二字，是指行政决定。也就是说，行政强制执行不论执行主体是行政机关还是法院，强制执行的都是行政决定。这里的"行政"并不意味着执行主体都是行政机关。

强制措施与强制执行极易误认。两者的区别在于，强制措施功用是预防、制止、保全。而强制执行是为了使法定义务得到履行，或使其达到与履行同等状态。强制措施是一个独立的行为，而强制执行是附属性行为，不是一个新的法律行为，而是为了原有的一个具体行政行为得到实现；是一个终结性、程序性（实体上并不产生新的权利义务关系）的活动。

行政强制执行可以分为间接强制、直接强制。直接强制如《消防法》第四十五条规定，火灾现场总指挥可以使用各种水源；截断电力、可燃气体和液体的输送，限制用电用火；划定警戒区，实行局部交通管制；利用临近建筑物和有关设施；调动供水、供电、医疗救护、交通运输等单位协助灭火。

间接强制如其字面意思，是指不直接强制于义务人履行义务，而是通过其他手段达到执行的目的。间接强制包括代履行、执行罚。

代履行是有条件的，不具备代履行的条件就不能代履行。代履行的条件是第一该义务有可以执行的内容；第二该义务其他人可以代替履行。如拆除违章建筑物，退还违法占有的土地，强制搬迁。并非所有的义务都可以代执行，如履行兵役法的服兵役的义务，就无法代履行。

执行罚，在某些法律领域有其他称谓，如在税收征收领域，这种执行罚称作"滞纳金"，处罚法亦无执行罚的字样，而是说"按日加罚"。在台湾地区，同类手段称之为"罚锾"。不管如何称呼，其实性质上是一样的，就是执行罚。

二、行政强制执行的主体

行政强制执行指行政机关作为执行主体对相对人不履行行政法上的义务时，实施的强迫其履行该义务的活动，这是对行政强制执行的狭义理解，而广义上的理解在执行主体上还包括人民法院。按照行政强制法，中国大陆是广义理解。目前单行法律主要赋予了涉及外部紧急公共利益的少数行政机关享有执行权，如公安、工商、税务、审计、财政、外汇、海关等。我国的大部分行政机关没有强制执行权，因而需要通过申请人民法院强制执行其行政决定。

三、行政强制执行的要求和程序

（一）行政强制执行的要求

过去执法似乎是无所禁忌的，强调目的而不择手段，超过一般老百姓的容忍程度，使得执法不但大大降低权威而不易获得相对人的配合，甚至招致非利害关系人抱怨不满。是造成官民对立的重要原因。行政强制法在制定过程中，立法者比较清醒地认识到执法活动是为了公共利益，但手段必须是人性化的，不能过分，超过老百姓的容忍限度。因此作出多项规定：

1. 行政机关不得在夜间或者法定节假日实施行政强制执行。但是，情况紧急的除外。过去行政机关会认为夜间执法干预少，或者节假日当事人往往不能躲藏起来便于执法，故而在夜间或者节假日强制执行。但是夜间是休息时间，节假日是欢乐的日子，顾及到普通人的一般需要，行政强制法作了这样的规定。

2. 行政机关不得对居民生活采取停止供水、供电、供热、供燃气等方式迫使当事人履行相关行政决定。近些年由于各地城市争相发展，城市建设如火如荼，拆迁或者拆除违章建筑物的执法活动在受到阻碍时，为了迅速达到拆迁或者拆除违章建筑物的目的，不少地方发生了以断水、断电、停止供热、停止供燃气等手段迫使当事人离开的现象。遭到媒体和有识之士的诟病。虽然许多这样的手段可能是开发商急于开工而出手的，但是显然得到了行政主管机关的默许。所以行政强制法禁止使用这些手段，毋庸置疑，既是禁止行政机关使用也是禁止行政机关默许他人使用。

3. 对金钱给付义务的执行附加了限制。金钱给付义务的执行，由于有执行罚的手段督促当事人，往往容易得到执行。但是如果当事人没有执行金钱给予义务，被加处罚款或者滞纳金，有时候可能是不公平的。例如当事人申请复议或者提起行政诉讼，由于复议或者诉讼不停止执行原决定，加处的罚款或滞纳金的数额在这些救济程序中还在不断地增加，乃至于最后如果不能撤销该行政决定，当事人的金钱给付义务却已数倍于前。考虑到比例原则，行政强制法规定了加处罚款或滞纳金的限制，即不得超出金钱给付义务的数额。

4. 代履行不得采用暴力、胁迫以及其他非法方式。

（二）行政强制执行的程序

1. 协议程序。我国近二十年来，在强制执行程序上已经形成了基本模式：催告程序、听取意见程序、决定强制执行、送达程序等。行政强制法制定过程中，反复讨论增加了某种程序如协议程序。在不损害公共利益和他人合法权益的情况下，行政决定机关与当事人可以达成执行协议。执行协议可以约定分阶段履行；当事人采取补救措施的，可以减免加处的罚款或者滞纳金。执行协议应当履行。当事人不履行执行协议的，行政机关则须恢复强制执行。

2. 公告程序。对违法的建筑物、构筑物、设施等需要强制拆除的，应当由行政机关予以公告，限期当事人自行拆除。当事人在法定期限内不申请行政复议或者提起行政诉讼，又不拆除的，行政机关可以依法强制拆除。违章建筑物因其违章，过去拆除时忽视程序的情形比较常见。行政强制法故此规定公告程序，公告后当事人仍不执行拆除命令的，也没有申请复议或者提起行政诉讼的，行政机关才可直接拆除。对此，有的行政机关误解为，先催告当事人，当事人仍不执行，也不申请复议或者提起行政诉讼的，再公告强制拆除的时间并且执行拆除。法律之所以把公告程序放到确认是违章建筑物之后，主要是要让社会理解和了解情况，其后还允许相对人复议或者诉讼，既是慎重也是为了更充分地保护相对人的权益。所以，公告在前，执行通知在最后。

3. 催告程序。行政机关依法作出要求当事人履行排除妨碍、恢复原状等义务的行政决定，当事人逾期不履行，经催告仍不履行，其后果已经或者将危害交通安全、造成环境污染或者破坏自然资源的，行政机关可以代履行，或者委托没有利害关系的第三人代履行。第三人代履行后，向被执行人收缴代履行的费用。

4. 拍卖抵缴程序。当事人在法定期限内不申请行政复议或者提起行政诉讼，经催告仍不履行的，在实施行政管理过程中已经采取查封、扣押措施的行政机关，可以将查封、扣押的财物依法拍卖抵缴罚款。

思考题：

1. 行政强制执行措施有哪些类型？

2. 哪些主体享有行政强制措施的设定权？

3. 行政强制执行需要履行哪些程序？

4. 我国有些行政机关享有行政强制执行权？

5. 行政强制执行措施与行政强制执行有何区别？

案例：

彭某、陆某分别是深圳市南山区某小区 A 座 902 房和 901 房业主。2011 年 9 月 1 日，南山区规划土地监察大队（以下简称区监察大队）接到群众来电反映 901 房住户存在违法加建行为，经调查取证，查明陆某在 901 房的开放式阳台上有违法搭建钢结构玻璃幕墙的行为，遂于 2011 年 9 月 4 日作出《责令停止（改正）违法行为通知书》，责令其立即停止违法行为并在 2011 年 9 月 7 日 12 时前清理并自行拆除。2011 年 10 月 25 日，区监察大队又作出深南规土行罚字（2011）第 07017 号《行政处罚决定书》，认定陆某违法搭建玻璃幕墙行为违反《深圳市城市规划条例》有关规定，决定依法拆除玻璃幕墙，并书面告知其应自上述处罚决定书送达之日起十五日内自动履行该决定，逾期不履行的，将依法强制执行。该《行政处罚决定书》于当日送达陆某。2012 年 1 月 9 日，区监察大队向深圳市房地产权登记中心建议对 901 房产实施产权暂缓登记。2013 年 1 月 28 日，区监察大队作出《催告书》，要求陆某拆除阳台搭建玻璃幕墙，恢复阳台原状。针对涉案《责令停止（改正）违法行为通知书》和《行政处罚决定书》，陆某在法定期限内未提起行政诉讼，亦未申请行政复议。截至案件开庭审理之日，上述违法搭建的玻璃幕墙尚未拆除。902 房业主彭某认为区监察大队在发出《责令停止（改正）违法行为通知书》后，对后续执行情况不管不问，是一种行政不作为，故以区监察大队为被告诉至法院，请求确认被告未履行强制拆除的行为违法，责令被告立即依法作为，强制拆除违建部分。

深圳市南山区人民法院一审认为，区监察大队作为区规划土地监察机构，具有对本行政区域内违法用地和违法建筑行为进行调查取证、认定，依法实施行政处罚以及强制执行的职责。在依法作出限期拆除违法建筑的行政决定后，当事人在法定期限内不申请行政复议或者提起行政诉讼的，应当依照《行政强制法》《深圳经济特区规划土地监察条例》等法律、法规规定的强制执行程序作出处理。至于有权机关须在何期限内作出强制执行的决定并依法实施强制拆除，法律法规并无明确规定，但应在合理期限内履行其法定职责。本案中，被告作出限期依法拆除的行政决定后，在行政相对人未申请行政复议亦未提起行政诉讼、且拒不履行的情况下，至开庭审理之日止，在长达一年多的时间里，其仅作出催告而未对案件作进一步处理，且未提供证据证明有相关合法、合理的事由，其行为显然不当，已构成怠于履行法定职责，应予纠正。鉴于作出强制执行决定和实施强制拆除属于行政机关的行政职权，且实施行政强制拆除具有严格的法定程序，故不宜直接责令区监察大队强制拆除违法建筑，遂判决区监察大队于判决生效之日起三个月内对南山区某小区 A 座901 房的违法建设问题依法继续作出处理。彭某及区监察大队均不服一审判决，提起上诉。深圳市中级人民法院二审以相同理由判决驳回上诉、维持原判。（本案选自最高人民法院发布人民法院关于行政不作为十大案例）

请思考：

1. 本案中区监察大队是否享有行政强制执行权？

2. 本案中的行政机关履行强制执行的正当程序该如何进行？

第八章　行政征收

本章内容提要：行政征收通常是基于国家公益的要求，通过对公民的财产权予以特别的限制为必要，并就公民个人的特别牺牲给予补偿的行为。如税收的征收，行政收费，其中又包括了资源费的征收、建设资金征收、排污费征收等形态内容。行政征收具有鲜明的法定性、强制性、无偿性及非惩罚性的特征，因而了解并把握行政征收的基本形态及有关制度，从而实现行政征收与公民权益的保护的平衡，成为了本章关注的重点问题。

第一节　行政征收的概念、特征

行政征收指行政主体根据法律法规的规定，以强制的方式非惩罚性无偿取得相对人财产所有权的具体行政行为。其特征是：

一、行政征收的主体是行政主体

这本无异议，但是众所周知，税收征收过程中实际上有其他主体的配合，如出版社支付稿酬有代扣所得税的义务，各企业或者事业单位等发放工资的时候有代扣所得税的义务。代扣义务的组织或者单位在行政征收领域的法律地位是怎样的？代扣代缴税款作为一种税款的征收方式，扣缴义务人仍然是纳税主体，只不过是一种特殊纳税主体。即其负有两个公法义务：一方面由于法律规定，履行了从纳税义务人的某种收入中直接代扣代收了税款这一公法义务；另一方面在税款上缴国库时，履行了纳税主体的这一义务。正因为代扣代缴单位仍然是纳税义务主体，其违反税法规定的行为，是税务机关进行行政处罚的事实基础。

代征税款也是一种税款征收方式，是税务机关委托代征人以税务机关的名义征收税款，但"委托"不是"授权"，行政机关委托其他组织代征不能产生授权的效果。委托产生的法律后果仍然由委托的税务机关承担。当然代征与代扣代缴也不同，代征人不是纳税主体。

二、行政征收具有先定性、固定性

先定性、固定性其实因为都是"法律保留"原则下，如此重要的事项，一定要由法律确定，才产生的特征。税收法定是资产阶级革命后首先确立的原则，一直被视为宪法原则，因为它是说议会才能决定征税。中国大陆渐渐接受这种观念并付诸实施是改革开放之后的事。到现在，有些税收设定权限由于1984年全国人大常委会的授权，还没有全然收归全国人大及其常委会。我国现行的18种税中，只有个人所得税、企业所得税和车船税等3种税是由全国人大及其常委会制定法律开征的，剩余的15项税种则全部由国务院制定暂行条例开征，其收入占税收总收入的70%。显然这有违税收法定原则，实际上也违背了2000年7月1日实施的《立法法》关于法律保留的规定。

行政征收还包括行政收费，行政收费的法定性就更差一些。

尽管实践有差距，但是行政征收应当具有这种预定性和固定性。我们应当朝这个方向努力。就税收而言，这种固定性是尤为明显的，因为税收一般来说是拘束裁量。也就是说，就是按照法律预先确定的标准确定征收数额并实施征收。

三、行政征收具有强制性

行政征收是保证国库收入最重要的途径，是国家机器运转的保障。因此应当具有强制性。行政征收的强制性有两层含义：

第一，行政征收尤其是税收的强制性是指税收参与社会物品的分配是依据国家的政治权力，而不是财产权利，是国家利用公权力强制性地对社会财富进行再分配的一种制度。税收的强制性具体表现在税收是以国家法律的形式规定的，而税收法律作为国家法律的组成部分，对不同所有者都普遍适用。行政收费在强制性上并不亚于税收，但是其规范程度更低而已。

第二，我国宪法明确规定我国公民有依照法律纳税的义务，纳税人必须依法纳税，否则就要受到法律的制裁。税收的强制性说明，依法纳税是人们不应回避的法律义务。正因为税收具有强制性的特点，所以它是国家取得财政收入的最普遍、最可靠的一种形式。宪法虽然没有明确公民有义务缴纳行政收费项目，但是实际上行政收费同样具有强制性。本书仍要强调，行政收费并非因为规范程度低，在将来就应当全部取消。必要的行政收费是应当存在的，但是行政收费亦应由法律予以规范，对其设定权、实施程序等重要事项都应当以法律形式确定下来。

四、行政征收具有无偿性

税收的无偿性是指国家征税以后，其收入就成为国家所有，不再归还纳税人，也不支付任何报酬。

税收的无偿性是相对的。对具体的纳税人来说，纳税后并未获得任何报酬。从这个意义上说，税收不具有偿还性或返还性。但税收具有马克思所说的"从一个处于私人地位的生产者身上扣除的一切，又会直接或间接地用来为处于私人地位的生产者谋福利"的性质，即"取之于民、用之于民"。若从财政活动的整体来看问题，税收是对政府提供公共物品和服务成本的补偿，虽然就某一具体的纳税人来说，他所缴纳的税款与他从公共物品或劳务的消费中所得到的利益并不一定是对称的。但从整体看，纳税人又从政府的服务中获益，得到补偿。

同为公法活动，行政征收与行政征购是有区别的。行政征购是平等有偿的，如紧急情况下征购物资或者某种物品。

行政征收与行政或公用征用也有区别。第一，行政征收对象仅仅是金钱，而征用的对象可以是土地、房屋、人力等；第二，行政征收是无偿的，而行政征用是有偿的。例如某国出现危险状况，急需把中国公民送回中国，而临时征用航空公司的飞机。因为航空公司是经济主体，自负盈亏，独立经营，当时必须以大局为重，服从国家调配，但是国家为此应当给予航空公司补偿。

行政征收与没收财物虽然同属无偿收缴，但是没收是针对违法行为的，具有惩戒性，而行政征收并不针对违法行为，不具有惩戒性。

行政征收与收归国有也有相似之处，但是收归国有发生在第一按照民法将无主财产收归国有；第二将私有财产收归国有。都是国家强制取得财产所有权。而行政征收是国家普遍设置、普遍适用的制度，而且两者的对象也是不同的。另外国有化一般也是有偿的，尤其是第二种原因产生的收归国有。

第二节　税　收

一、税收的概念、作用和原则

（一）税收的概念和作用

税收是国家为实现其社会经济目标，依税法预定的标准，非惩罚性的强制、无偿取得财政收入的活动。

税收的作用主要有两个，第一是"敛财"，即为国家集中收入。从早期的奴隶社会起，税收就是国家取得财政收入的基本手段。如我国夏、商、周三代的"贡""助""彻"，相传罗马的土地税、古埃及向农村公社强制进行的农产品摊派等，都是当时的主要财政收入来源。在中国，素有"皇粮国税，自古有之"之说。

从财政收入的构成来看，税收在财政收入中居于主导地位。随着国家机器的不断强化、国家之间战争的发生、生产社会化所带来的国家职能扩大以及其他原因，使各国政府开支迅速增加，亟须开辟多种财源以资弥补，从而公债、专卖收入、公有财产收入、行政规费收入以及其他名目繁多的杂项收入等各种财政收入形式，也就应运而生了。但是，亘古通今，在历代各国的财政收入中，税收却一直保持着它的主导地位不变。税收来源的充沛与否，至今仍然是衡量各国财政基础是否稳固的一个重要标志。许多国家税收占财政收入的90%。而我国虽然财政收入年年增加，政府工作报告也会报告增加的数据，但是不见税收在其中所占比例。只是有些其他渠道的数据，如在网上可以发现2003年的数据说是税收已经占到财政收入的95%。无论如何，税收在为国家集中财力上的贡献和地位是至高无上的。

税收的第二个作用是再分配，即有调节功能。从财政对经济的作用来看，由于税收与社会再生产中生产、交换、分配、消费各环节息息相关，联系密切，并且直接调节着各种经济成分的收入，影响到各个经济主体的切身利益，因此，它是国家财政反作用于经济的一个重要杠杆。财政的经济杠杆作用有相当一部分是通过税收体现的。税收是对利益的再分配，对国民经济产生深刻影响。因而税收应当征之有节，分配有度，才能对国民经济起促进作用。

（二）税收原则

1. 税收法定原则

税收法定原则，是在税收和税法产生很长一段历史之后确立的，它是资产阶级同封建贵族阶级作斗争的产物。在13世纪至17世纪之间，以英国为代表的西方社会中，封建贵族阶级日趋没落，新兴资产阶级逐渐成为社会财富的主宰，但他们并未控制政府的征税权，封建贵族仍利用征税权滥征税收，侵犯资产阶级的财产利益。为了争夺政府财权并最终打击封建势力，资产阶级提出了"无代表则无税"的口号，推动了当时不断发展的市民阶级抵抗独裁君主和封建贵族阶级肆意征税的运动，形成了课税权必须经过国民议会的同意，如不以国民代表议会制定的法律为依据，则不能行使课税权的思想。

1215年英国大宪章规定："一切盾金或援助金，如不基于朕王国的一般评议会的决定，则在朕之王国内不允许课征。"这一规定是对国王的课税权加以搁置，且明确国王课税权要依评议会的赞同，这是税收法定原则的萌芽。1629年的《权利请愿书》和1689年的《权利法案》进一步明确，非经国会同意，不得强迫任何人征收和缴付任何租税或此类负担。经过这种长期的斗争，新兴资产阶级所要求的税收法定思想最终在宪法中得以确立。此后，各国纷纷将税收法定思想作为宪法和税法的原则加以固定。税收法定原则已为各国立法所普遍接受。

我国《宪法》第五十六条规定："中华人民共和国公民有依照法律纳税的义务。"公民有依照法律纳税的义务。这是税收法定原则的宪法根据。1992 年 9 月 4 日，第七届全国人大常委会第 27 次会议通过《税收征收管理法》，这部法律的第三条规定："税收的开征、停征以及减税、免税、退税、补税，依照法律的规定执行；法律授权国务院规定的，依照国务院制定的行政法规的规定执行。任何机关、单位和个人不得违反法律、行政法规的规定，擅自作出税收开征、停征以及减税、免税、退税、补税的决定。"这一规定较全面地反映了税收法定原则的要求，使税收法定原则在我国税收法制中得到了进一步的确立和完善。

2. 税收公平原则

税收公平原则又称"公平税负"原则。有这样几层含义：

第一，普遍征税。即有能力的人要普遍承担纳税义务。

第二，平等征税。即对相同的人同等课税，对不同的人不同对待。税收有调节作用，对穷弱者与富强者是不一样对待的，这与其他领域法律面前人人平等实际上是一种形式上的平等不同，税收领域的公平是一种实质意义上的公平。说杀富济贫言过其实，但税收具有抑制收入过分悬殊的再分配功能，是非常确定的。

税收的这种调节功能必须善用，否则可能产生严重的后果。如英国 1990 年 4 月 1 日要征收人头税，即除了那些被监禁的犯人、住院的病人和 19 岁以下的在校学生以外，所有成年人，包括外国人，年收入超过 278 英镑都是征收对象。要收人头税的消息一出，伦敦发生大规模示威游行。在一场骚乱中 341 人被捕。随后是各地对人头税的拒缴甚至官员也不去收缴人头税。人头税是英国首相撒切尔夫人下台的一个重要原因。而且当时约翰·梅杰参加竞选最后当选，其中一个重要因素也是他承诺一旦上台就废止人头税。梅杰上台后，1993 年英国的人头税取消。人头税是一种平均的纳税，但是人们反对它就是认为这种不分贫富一个标准纳税是不公平的。我国在 1990 年曾打算开征教育税，按每个有收入者的收入的 1% –3% 收取。终未实施，也是因为其间公平与否甚受质疑。

税收是伴随着国家产生而诞生的制度。税收这种古老的制度延续到现代，需要与时俱进地对具体税种进行调整，而这种改革的方向，各国都是一致的即统一税法，公平税负，简化税制。

中国大陆自 1949 年税收体制几经变化，大体上是集权、放权、再集权再放权、再集权这样的过程。从最初中央五个税种：农业税、关税、盐税、货物税和工商业税，地方十个税种：屠宰税、房产税、地产税、遗产税、薪给报酬所得税、存款利息所得税、企业所得税等。后来略有变动。到改革开放的 1980 – 1981 年国家通过了《中外合资经营企业征收所得税法》《个人所得税法》和《外国企业所得税法》，初步形成了涉外税收制度。1982 年以来，围绕扩大企业的自主权和确立企业的市场主体地位，除实施"利改税"外，把原来的工商税，按性质划分为产品税、增值税、营业税和盐税；开征个人收入调节税、城市维护建设税、资源税、房产税、耕地占用税等；实行支持和鼓励横向经济联合的税收政策；改革关税制度，实行关税互惠条款等。至 1993 年，我国形成了由七大类 37 个税种构成的复合税制体系。

其间税负公平的问题也渐渐凸显。如全民企业的所得税一直比中外合资企业或者合作企业的所得税高很多。直到 1992 年，全民企业的所得税税率才从 55% 降至 33%。2007 年 3 月根据全国人大通过的《企业所得税法》的规定，全民企业的所得税才降至 25%。而中外合资企业和中外合作企业除了 1 – 2 年免税和 3 – 5 年减半收税的优惠外，其所得税按照 30% 计征。而且外商投资企业还有许多减税的优惠政策如"设在经济特区的外商投资企业、在经济特区设立机构、场所从事生产、经营的外国企业和设在经济技术开发区的生产性外商投资企业，减按百分之十五的税率征收企业所得税。设在沿海经济开放区和经济特区、经济技术开发区所在城市的老市区的生产性外商投资企业，减按百分之二十四的税率征收企业所得税。设在沿海经济开放区和经济特区、经济技术开发区所在城市的老市区或者设在国务院规定的其他地区的外商投资企业，属于能源、交通、港口、码头或者国家鼓励的其他项目的，可以减按百分之十五的税率征收企业所得税，具体办法由国务院规定。"① 可见。即使后来税率有所调整，但是外商投资企业和全民企业比，在税收上仍然占有很大优势。为此，税负公平的话题一直不断。

3. 简化税制原则

如上所述，简化税制不仅是我国的税收原则也是世界上其他国家进行税制改革的原则和方向。简化税制不仅可以降低收税成本，大大提高税收效率，而且可以提高公平的程度。因为过于复杂的税收体制，在公平税负的衡量上很不容易，会影响公平税负原则的贯彻实施。

---

① 《外商投资企业和外国企业所得税法》的规定。1991 年，我国将原有的《中外合资经营企业所得税法》和《外国企业所得税法》合并而成《外商投资企业和外国企业所得税法》，现已失效。

我国目前建立的是以流转税与所得税为主体税种，其他税种为辅助税种的税种法体系。从国际惯例和我国发展趋势看，复合主体税种体系应逐步向单一的所得税为主体，流转税等其他税种为辅的税法体系过渡。实际上，我国也一直致力于简化税制。1994年税制改革，对部分产品开征消费税，统一了内资企业所得税，简化并统一个人所得税制；实行了资源税、土地增值税等其他工商税制改革，以农业特产税为重点的农业税制改革，进一步改革完善了税收征管制度。改革后，我国税种由原来的37个减少至23个，初步实现了税制简化、规范和统一，形成了以流转税和所得税为主体，其他税种相配合，多税种、多环节、多层次调节的税收制度。

简化税制的同时，还要加强和完善税收程序立法，建立高效的现代化的纳税申报制度、税务代理制度、税务征收制度、税务稽查制度、税务行政复议和税收行政诉讼制度。这样的税收制度不仅脉络清楚，而且系统、协调，成为相互承接和谐运转的有机体。

二、税收种类

我国到1993年即形成七大类37个税种的"复合税制"。通过对不同征税对象征收不同的税种、通过税种在不同环节、不同层次的分布使税种间相互配合、相互协调，从而形成有机的税制体系。这种税制有利于为政府取得稳定可靠的财政收入，也有利于发挥各种税的不同调节功能。现代各国普遍采用复合税制。

我国的七大类税，到2005年取消农业税，变为六种：

（一）流转税，或称"商品税"，是对商品销售额或服务性业务的营业额征税。包括增值税、消费税、营业税、关税、产品税等。

（二）所得税，是对所得额或收益额征税。包括企业所得税、外商投资企业和外国企业所得税、个人所得税等。

（三）资源税，我国宪法规定自然资源属于全民所有。因此要求利用自然资源者纳税亦属正当。资源税包括矿产资源税、耕地占用税、城镇土地使用税等。我国在资源领域收费的比例很大，如水资源费、土地出让金。尚未全部纳入税收范围。

（四）特定目的税，包括城市维护建设税、耕地占用税、固定资产投资方向调节税（目前暂停征收）、土地增值税。

（五）财产税，是对财产的价值额或租价额征税。世界各国的财产税主要包括一般财产税、个别财产税、遗产税、赠与税、动产税、不动产税等。我国主要的财产税有房产税、契税等。待议的是遗产税。

（六）行为税，是对特定行为征税。行为税具有较强的政策性，如我国的行为税主要有固定资产投资方向调节税、屠宰税、宴席税、车船使用税、印花税、契税、证券交易税（目前没有立法开征）等。过去曾有过宴席税，因为设计不合理，虽然正式废止是 2008 年通过清理行政法规宣布废止该行政法规实现的，但事实上从这一税种诞生起，就没有很好实施过。尤其是 1994 年国务院下放权力，让各省、自治区、直辖市自行决定是否实施这一税种后，没过多久就自然流产了。

农业税是一种在我国沿袭两千年之久的传统税收。是国家对一切从事农业生产、有农业收入的单位和个人征收的一种税，俗称"公粮"。2005 年 12 月 29 日十届全国人民代表大会常务委员会第十九次会议决定：第一届全国人民代表大会常务委员会第九十六次会议于 1958 年 6 月 3 日通过的《农业税条例》自 2006 年 1 月 1 日起废止。中国的农业税就此退出历史舞台。作为政府解决"三农"问题的重要举措，停止征收农业税不仅减轻了农民的负担，增加了农民的公民权利，体现了现代税收中的"公平"原则，同时还符合"工业反哺农业"的趋势。

除了农业税外，此类税种中还包括农业特产税。农业特产税是国家对从事农业特产生产经营并取得收入的单位和个人征收的一项税收。农业特产税是依据农业税条例的有关规定开征的，是农业税的一部分。从课税目的和税制来看，农业特产税又有其自身特点和相对独立性，与农业税有较大区别。1983 年 11 月 12 日，国务院发布了《关于对农林特产收入征收农业税的若干规定》①，规定园艺收入、林木收入、水产收入和各地省级人民政府认为应当征收农业税的其他农林特产收入均属于农业税（简称农林特产税）的征税范围。

在 1994 年税制改革中，将农林特产税与产品税、工商统一税中的农、林、牧、水产品税目合并，改为征收农业特产税。1994 年 1 月 30 日，国务院发布了《关于对农业特产收入征收农业税的规定》②，规定农业特产税的纳税人为生产和收购应税农业特产品的单位和个人；征税对象为国务院和各地省级人民政府规定的农业特产品，全国统一的税目有烟叶产品、园艺产品、水产品、林木产品、牲畜产品、食用菌、贵重食品等 7 个，税率从 8% 至 31% 不等，其他农业特产税的税率从 5% 至 20% 不等；计税依据为应该纳税的农业特产品的收入。

1994 年，全国农业特产税收入约为 64 亿元，1999 年达到近 140 亿元，农村税费改革开始以后逐年减少，2002 年已经降至 98 亿元左右。上边提到的 2005 年

---

① 该规定已失效。

② 该规定已失效。

12月全国人大常委会废止《农业税条例》的决议，取消除烟叶以外的农业特产税、全部免征牧业税，中国延续了两千多年的"皇粮国税"走进了历史博物馆。

当然，如果按照其他标准如按照税收支配权的不同，又可将税收分为中央税、地方税和中央和地方共享税。

在我国，除税务机关征收税收外，还有其他机关也有收税权力。如海关负责关税、船舶吨位税、进口调节税的征收，并代征进口货物的工商统一税、产品税、增值税、盐税；财政机关负责征收农业税、契税、耕地占用税。

三、税收制度

（一）税收程序

1. 税务登记

税务登记是纳税企业在开业、歇业前以及生产经营期间发生变动时，就其生产经营的有关情况向所在地税务机关办理书面登记的一种制度。税务登记是税收征管的首要环节，具有应税收入、应税财产或应税行为的各类纳税人，都应依法办理税务登记。

（1）开业登记。从事生产经营的纳税人，在领取营业执照之后的30天内，持相关证件和资料，向税务机关申报办理税务登记。登记的主要项目有：企业性质、经营行业、主要产品和品种、从业人数、开业日期、固定资产总额、流动资金总额等。税务机关自收到申请之日起，在30天内审核并发给税务登记证。

（2）变更登记。纳税企业税务登记内容发生变化的，如更改企业名称、改变经营业务种类、歇业、改组、合并等，也应到税务机关重新办理登记。如迁移营业地址，则到迁移地之税务机关重新办理登记。在工商行政管理机关办理变更登记后的30天内，持有关证件向税务机关申报办理变更税务登记。

（3）停业复业登记。采用定期定额征收方式①的纳税人在营业执照核准的经营期限内需要停业或复业的，向税务机关提出申请，经税务机关审核后进行停业或复业税务登记。纳税人在停业期间发生纳税义务的，应当按照税收法律、行政法规的规定申报缴纳税款。停业期满不能及时恢复生产经营的，应提前向税务机关提出延长停业登记申请，否则税务机关视为已复业并进行征税和管理。

（4）注销登记。纳税人发生解散、破产、撤销以及其他情形，需要依法终止纳税义务的，纳税人应当在向工商行政管理机关申请办理注销之前，向税务机关

---

①　定额征税适用于如车船使用税、城镇土地使用税，对像产盐、天然气的征税等，按照吨数或者立方米征税，也是定额征税。

申报办理注销登记。纳税人需要向税务机关提交相关证件和资料，结清应纳税款、多退（免）税款、滞纳金和罚款，缴销发票、税务登记证和其他税务证件，经税务机关核准后，办理注销税务登记手续。

（5）报验登记。从事生产、经营的纳税人到外县（市）临时从事生产、经营活动时，应当向营业地税务机关申请报验登记。

2. 纳税鉴定

纳税鉴定是税收征管机关对缴纳主体应缴纳款项的种类、比率、缴纳环节、征收依据、缴纳方式进行的鉴定。税务专管人员和企业财务会计人员共同制定纳税鉴定表，由税务机关审查批准，正式下达给企业，作为双方办理税务的依据。遇有国家税法变动，应由税务机关及时下达"纳税事项变动通知书"。

3. 纳税申报

纳税申报是缴纳主体履行义务的必经手续。缴纳主体按期向税收征管机关进行纳税申报——报送纳税申报表、财务会计表或税务机关要求报送的其他纳税资料。

个人所得税的申报，扣缴义务人报送或纳税义务人自行申报。

4. 税款征收

税款征收是税务机关依据国家税收法律、行政法规确定的标准和范围，通过法定程序将纳税人应纳税款组织征收入库的一系列活动。税款征收是税收征管活动的中心环节，也是纳税人履行纳税义务的体现。

税款征收的方式有：

（1）查账征收。是税务机关根据纳税人会计账簿等财务核算资料，依照税法规定计算征收税款的方式。适用于财务制度健全、核算严格规范，纳税意识较强的纳税人。

（2）核定征收。是税务机关根据纳税人从业人数、生产设备、耗用原材料、经营成本、平均利润率等因素，查定核实其应纳税所得额，据以征收税款的方式。一般适用于经营规模较小、实行简易记账或会计核算不健全的纳税人。

（3）定期定额征收。是税务机关根据纳税人自报和一定的审核评议程序，核定其一定时期应税收入和应纳税额，并按月或季度征收税款的方式。一般适用于生产经营规模小、不能准确计算营业额和所得额的小规模纳税人或个体工商户。

（4）代收、代扣代缴。是税务机关按照税法规定，对负有代收代缴、代扣代缴税款义务的单位和个人，在其向纳税人收取或支付交易款项的同时，依法从交易款项中扣收纳税人应纳税款并按规定期限和缴库办法申报解缴的税款征收方式。适用于有代收代缴、代扣代缴税款义务的单位和个人。

（5）委托代征。是税务机关依法委托有关单位和个人，代其向纳税人征收税款的方式。主要适用于零星、分散、流动性大的税款征收，如集贸市场税收、车船税等。

（6）查验征收。是税务机关对纳税人应税商品通过查验数量，按照市场同类产品平均价格，计算其收入并据以征收税款的方式。一般适用于在市场、车站、码头等场外临时经营的零星、流动性税源。

税务机关将应征款项征收足额、及时收齐，并将其解缴入国库。

5. 税务检查

根据公民举报、上级交办、有关部门转办、交叉协查、情报交换等资料确定检查对象，其中涉税举报是查处涉税违法案件重要来源之一。

税务检查机构一般应提前以书面形式通知被查对象，向被查的单位和个人下达《税务检查通知书》，告知其检查时间、需要准备的资料等情况，但有下列情况不得事先通知：公民举报有税收违法行为的；稽查机关有根据认为纳税人有违法行为的；预先通知有碍稽查的。税务人员在检查过程中，应依照法定权限和程序向被查对象、证人及利害关系人了解情况，提取和索取物证、书证，进行实物或实地检查等。

在实施检查完毕的基础上，由税务机关专门组织或人员核准案件事实，审查鉴别证据，分析认定案件性质，作出处理决定。对数额较大、情节复杂或征纳双方争议较大的重大案件，税务检查机构应及时提请所属税务机关的重大税务案件审理委员会进行集体审理，确保案件定性和处理的准确、适当。

税务检查事项完毕后，税务部门应及时将《税务处理决定书》送达纳税人，并督促被查对象将查补税款、滞纳金及罚款及时、足额缴入国库。

（二）税收工作制度

除了这些程序外，税务管理工作还有一些工作制度：

1. 登记证的管理制度

包括：（1）定期换证制度。税务机关实行税务登记证定期换证制度，一般三年一次。（2）年检制度。税务机关实行税务登记证年检制度，一般一年一次。（3）遗证补办制度。纳税人、扣缴义务人遗失税务登记证件的，应在规定期限内按程序向主管税务机关申请补办税务登记证件。

2. 发票管理制度

发票是生产、经营单位和个人在购销商品、提供和接受服务以及从事其他经营活动中，开具、收取的收付款凭证。按照发票使用范围，分为增值税专用发票和普通发票两大类。税务机关是发票主管机关，负责发票印制、领购、开具、取得、保管、缴销的管理和监督。(1) 发票印制。发票一般由税务机关统一设计式样，设专人负责印制和管理，并套印全国统一发票监制章。其中，增值税专用发票由国家税务总局确定的企业印制；普遍发票，分别由各省、自治区、直辖市国家税务局、地方税务局确定的企业印制。(2) 发票领购。依法办理税务登记的单位和个人，在领取税务登记证件后，可提交有关材料，向主管税务机关办理领购发票。(3) 发票开具。销货方应按规定填开发票；购买方应按规定索取发票；纳税人进行电子商务必须开具或取得发票；发票要全联一次填写，严禁开具"大头小尾"发票；发票不得跨省、直辖市、自治区使用，开具发票要加盖发票专用章；开具发票后，如发生销货退回需要开红字发票的，必须收回原发票并注明"作废"字样或取得对方有效证明；发生销货折让的，在收回原发票并注明"作废"后，重新开具发票。

3. 税款减免制度

税款减免是税务机关依据税收法律、行政法规和国家有关税收的规定，给予纳税人的减税或免税。按法律、法规规定或者经法定的审批机关批准减税、免税的纳税人，要持有关文件到主管税务机关办理减税、免税手续。减税、免税期满，应当自期满之日次日起恢复纳税。

享受减税、免税优惠的纳税人，如果减税、免税条件发生变化的，要自发生变化之日起15日内向税务机关报告；不再符合减税、免税条件的，要依法履行纳税义务，否则税务机关予以追缴。

4. 税款退还和追征制度

对计算错误、税率适用不当等原因造成纳税人超过应纳税额多缴的税款，税务机关应及时退还。纳税人超过应纳税额缴纳的税款，税务机关发现后立即退还；纳税人自结算缴纳税款之日起三年内发现的，可以向税务机关要求退还多缴的税款并加算银行同期存款利息，税务机关及时查实后要立即退还。同时，对因税务机关的责任，致使纳税人、扣缴义务人未缴或者少缴税款的，税务机关在三年内可以要求纳税人、扣缴义务人补缴税款，不得加收滞纳金；因纳税人、扣缴义务人计算错误等失误，未缴或者少缴税款的，税务机关在三年内可以追征税款、滞纳金，有特殊情况的，追征期可以延长到五年；对偷税、抗税、骗税的，税务机关追征其未缴或者少缴的税款、滞纳金或者所骗取的税款，不受上述规定期限的限制。

5. 税收保全和强制执行制度

税收保全措施是税务机关为了保证税款能够及时足额入库，对有逃避纳税义务的纳税人的财产的使用权和处分权予以限制的一种行政保全措施，是保证税收征管活动正常进行的一种强制手段。主要包括书面通知纳税人开户银行或者其他金融机构冻结纳税人的相当于应纳税款的存款，以及扣押、查封纳税人的价值相当于应纳税款的商品、货物或者其他财产两方面内容。

税收强制执行是税务机关依照法定的程序和权限，强迫纳税人、扣缴义务人、纳税担保人和其他当事人缴纳拖欠的税款和罚款的一种强制措施，主要包括两方面内容，即：书面通知纳税人的开户银行或者其他金融机构从其存款中扣缴税款；扣押、查封、依法拍卖或者变卖其相当于应纳税款的商品、货物或者其他财产。

税务机关采取税收保全、强制执行措施必须符合法定的条件和程序，如违法采用，将承担相应的行政赔偿责任。同时，一旦税收得到实现，相应的税收保全、强制执行措施应立即解除。

第三节　行政收费

一、行政收费的概念

行政收费是行政机关为相对人提供一定的公益服务或允许其使用、开发国家资源而收取的代价。前者如公路运输管理费、车辆购置附加费（已改为税）、公路养路费港口建设费、排污费、教育附加费；后者如矿产资源费、水资源费等。行政收费是在数量上仅次于税收对相对人课以负担义务的活动，如以北京车辆购置费为例，北京的车辆保有量是 500 万辆，其购置费收取应该在 500 亿以上。

二、行政收费的特征

（一）行政收费是以行政机关（或履行行政职能的其他组织）为标志的收费，但并不意味着所有行政机关或这些法律法规授权的组织都有权收费。收费不是依照组织法就可以享有的权能，能否收费取决于法律法规的规定。否则是"乱"收费。

但实际上，关于收费的规定一般都是级别很低的规范设定。如国务院 1998年 2 月 12 日发布、实施的《矿产资源勘查区块登记管理办法》第三十六条规定："办理勘查登记手续，应当按照规定缴纳登记费。收费标准和管理、使用办法，由国务院物价主管部门会同国务院地质矿产主管部门、财政部门规定。"也就是说按照国务院的这个行政法规，还是由规章对此项收费作出规定。但是实际上就是规章也很少直接规定收费标准。法规、规章往往是收费的原则规定。这样的规定使行政机关拥有很大的裁量权。

有些时候，即使较高级别的法规已经限制性地规定某一事项不许收费，可地方还是跃跃欲试。如 2003 年国务院颁布了《排污费征收使用管理条例》，其中明确规定排污费的收取对象是企业、个体工商户，不含个人。但其后，有的地方还是想通过规范性文件来征收机动车的排污费。

（二）行政收费的目的是为了满足个别支出，而不是整个国家的财政需要。在这一点上，行政收费与税收有着本质的区别。

例如，环保机关收取排污费，是为了满足治理相应污染的支出，证照收费是为了满足证照制作的工本支出，或核发证照的审查工作的费用开支。而各种税收如同江河入海，无区别地共同满足国家的整体需要。行政收费的这一特征，使其是否应当设立、是否设得合理有了可衡量之处。

（三）行政收费只能向与特别支出存在特定关系的人收取，如管理费只能向被管理人收取。港口建设费只能向进出港口的船舶管理人或所有人收取；矿产资源补偿费只能向采矿权人收取等等。

行政收费的这一特征是其区别于摊派和乱摊派的标准。摊派和乱摊派都是一种普遍的征收财务或征用劳役的行为，不强调被摊派人事后能否收益，也不管被摊派与该摊派所要完成的目标是否有特别关系。

（四）行政收费是一种具体行政行为。行政收费也是行政机关代表国家依照法律、法规规定的标准、范围、条件无偿地强制性地取得行政管理相对人财产所有权的一种法律行为。因此，行政收费实际上应与税收一样具有法定性（固定性）、无偿性、强制性。

正因为行政收费是一种行政行为，因行政行为引起争议后，相对一方可以申请行政复议或提起行政诉讼。而企事业单位提供劳务、服务等所收取的费用，是等价交换关系，引起争议后只能寻求民事救济如提起民事诉讼等。

（五）行政收费的内容是收取货币。行政收费一般都是收取货币，例外情况才收取实物，如1951年政务院《关于土地房产所有证收费的决定》规定，凡在土地改革以后发给土地证的，应一律收取土地证费；土地证费标准，一般分为两类，均以细粮计算。当然这是相当例外的情况，是特殊历史时期的一种选择。行政收费一般都是收取金钱。与之相比，摊派包括摊派钱、物、劳力。

由于收费的特点，尤其是特别收入用于特别支出的特点，决定了收费制度特别要注重专款专用、列收列支、收支平衡的问题。同时这样的特点也是立法者考虑是否设定收费时合理性考量的基础。因为如果不是特别支出就应该靠税收来解决其经费来源。而针对现在的问题，行政收费的设定权即立法权应当适当提高门槛，以收统一之效。由于行政收费要考虑不同地方的不同需要，本书认为行政收费不同于行政处罚、行政许可、行政强制，立法权似宜放给地方人大行使。

思考题：

1. 行政征收有哪些显著特征？

2. 税收征收与行政收费有何区别？

3. 行政征收与行政强制有何区别？

案例：我国收费公路政策变迁

1984年，广深高速上的中堂、江南两大桥收费站正式收费，成为中国最早的收费站。同年，国务院第54次常务会作出"贷款修路、收费还贷"的重要决定。该年，中国大陆首条收费高速公路——上海至嘉定高速公路开工。

1988年，交通部、财政部等联合发布《贷款修建高等级公路和大型公路桥梁、隧道收取车辆通行费规定》，这是国家第一次明确收费公路政策的目的、收费标准、收入使用管理等。

1993年，中共十四届三中全会后，收费公路融资渠道和手段进一步多元化，逐步形成国家投资、地方集资、社会融资、利用外资等公路建设投融资发展模式。

1998年，《公路法》颁布实施，对收费公路的发展和管理作出全面规定。

2003年，交通部印发《公路收费站点清理整顿指导意见》，全国各地先后撤销公路收费站点1200多个。

2004年，国务院颁布《收费公路管理条例》，规定东部地区不再允许新建二级收费公路，提出不同地区不同类型收费公路最长收费年限，并首次明确提出"统贷统还"制度。

2009年，国务院决定自2009年1月1日起实施成品油税费改革，逐步取消政府还贷二级公路收费。

2012年，沪嘉高速公路于2012年1月1日起停止收费，调整为城市快速路，并按照标准实施改造。同年7月24日《重大节假日免收小型客车通行费实施方案》出台。

2015年，交通运输部发布《收费公路管理条例》修订稿，通过交通运输部官网向社会公开征求意见。该条例中对过去的条例的部分内容进行了修正，如对高速公路收费拟不再事先规定期限，而是根据修路贷款债务偿还情况确定；高速公路收费到期后，将继续收取养护管理费；取消一般公路收费以税收补充；将公路收入纳入政府预算管理等。

请思考：

收费的高速公路上如遇拥堵是否可诉求减免通行费？

第九章　行政许可

本章内容提要：行政许可作为一种典型的授益性的行政行为，与侵益性的行政行为形成了鲜明的对比。近年来我国政府力推的行政许可审批改革、政府权力清单的清理活动等都与行政许可制度存在着密切的联系，因而更好地理解前述热点改革需要建立在理解本章内容的基础之上，需要着重把握行政许可的设定权与设定条件、行政许可的实施与程序等内容。

第一节　行政许可的概念和特征

一、行政许可的概念和实质

行政许可指行政机关依相对人申请，准许其从事某一被禁止或者被限制的活动。这一定义与《行政许可法》第二条的定义比，多了两个定冠词："被禁止""被限制"。《行政许可法》只讲"准予其从事特定活动"。为什么加这两个定冠词？是因为许可如果没有前提，人们就会问，人生而自由，为什么要有许可才可活动？许可的前提就是先有对某一种活动的禁止或者限制，而解除这种禁止或者限制就是许可。如持枪，在我国是被禁止的，经过许可获得持枪证、运枪证等，就是对申请人解除了禁止。再如排污是受限制的活动，企业只有获得排污许可证，才解除了对本企业而言的排污限制。当然解除禁止或者限制都是相对的，例如排污许可证是有标准限制的，并非有了排污许可证就可以随意排污。

传统行政法学定义行政许可，说"许可是禁止的解除"，我们加上"限制"的解除是因为现代社会，实际上政府干预社会生活或者经济生活的几率高了很多，政府干预或者实施管理的重要手段之一是行政许可。反过来说，许多经济活动或者社会活动都是受到限制的，例如过去沿江或者沿河的个人或企业用水从江河里取似乎是天经地义的，但是现代社会，对各种资源均需要在利用时保障这种资源不会枯竭，因此，如果居民生活用水可以不受限制，而企业用水，则需要取得行政许可，领得取水许可证。而取水数量许可证也会标明是有限制的。

二、行政许可的特征

（一）行政许可是行政主体的活动

"行政许可"四个字中，"行政"这两个字是定冠"许可"的。尤其在研究或讨论行政行为时，行政两个字大体上是这样意义上使用的，是一种形式意义上的使用。即从外观、形式上看，原来主要是行政机关的活动，现在是行政主体的活动。

这里有一个存在多年的问题需要简单分析一下。从十几年前，中国在争取加入世贸组织的过程中，政府意识到了简政放权的重要性，因为加入世贸组织就意味着当时这个组织中的一百四十多个国家和地区，将处于同一经济平台适用同一规则的前提下，进行国与国、地区与地区之间的经济竞争。除了这些共同的规则外，各国对自己国家的企业"捆"得松紧就成为与国家经济竞争力一样重要的关键。于是从二十一世纪最初，政府自身展开了简政放权的大规模运动，当时就是从行政审批开始的。即所谓的行政审批制度的改革。

行政审批制度的改革最后导致2004年《行政许可法》的出台，实际上是改革成果的法制化。《行政许可法》第十三条针对源头问题即许可的设定规定了基本原则：凡是公民、法人或者其他组织能够自主决定的，不设行政许可；凡是市场竞争机制能够有效调节的，不设行政许可；凡是行业组织或者中介机构能够自律管理的，不设行政许可；凡是行政机关采用事后监督等其他行政管理方式能够解决的，不设行政许可。这一原则标示了新型国家和社会关系的走向，因此在国务院依法行政实施纲要中被再一次强调。在这一原则指引下，许可事项减少很多，有一些则转移给社会组织作为其自律管理的事项。

我们要探讨的就是转移给社会组织的许可事项。社会组织尤其是行业组织对本行业的从业人员核发资格证书，其实也是要有法律法规授权的，并非从其自治权限生成核发许可的权限。因此，这些社会组织在行使核发许可的权限时也是行政主体。行政机关核发许可，我们称之为行政许可；那么社会组织核发许可，我们称之为什么？有人说还是称之为行政许可。可如此就有这样一个奇怪的现象，行政机关下放权力给社会组织，简政放权，但是社会组织核发的许可仍然叫行政许可，那我们从行政许可的数量看，到底行政许可是少了呢？还是没有少？虽然社会组织仍然是法律法规授权，行使核发许可的权限，但我建议称之为公法许可，同样可以提起行政诉讼，但是这样称呼就与行政机关核发许可区分开了。因为我们衡量国家与社会的关系时，知道社会行政多了，国家行政少了，是政府真的简政放权了。否则从统计学意义上，也是无法统计简政放权政府到底做没做。

（二）行政许可的内容是准许相对人从事特定活动

行政许可归类于授益行为，原因就是它赋予相对人从事某一特定活动的行为能力。如通过创业实现自己的劳动权，是宪法赋予的权利，但是宪法赋予的是权利能力，真正享有这种权利是许可赋予的行为能力。过去有人著文说许可是赋权行为，其实不确切，说权利来源于法律从根本上说都不确切，因为法律不过是人民意志的反映。更何况说权利是行政机关赋予的。说赋予行为能力，就准确了。当然在无须许可的活动领域，公民的权利能力与行为能力是合一的。

在现代生活中，每天我们一起床，行政许可就伴随着。如吃早餐，早餐的食物是经过食品安全卫生许可的，假如你再吞服一片维生素或者钙片，也是经过许可的才能到你手上。上班去坐公交车，公交车是经过行政许可的，公交车的车辆本身也是经过行政许可——核准使用的，你走在路上或者桥梁上，这些道路和桥梁也是经过行政许可——核准使用的。如果你去看电影，电影也是经过行政许可后上映的；去餐馆吃饭，餐馆也是经过行政许可才经营的；去出席一场大型演出，大型演出也是经过行政许可的；早市、晚市或者其他各种菜市场都是经过行政许可才合法经营的。总之，我们看不见行政许可，行政许可却时时伴随着我们。这样一个问题就浮现出来，到底什么样的活动需要行政许可才可从事？这是一个源头性问题，是立法者立法时需要考虑的问题，下边讲到设定时再议。

行政许可是核发给申请人特定活动的许可证，表面上看，似乎只与申请人发生法律关系，但是在有些情形下，行政许可不仅是"单效"的，而且是"复效"的。例如规划许可核发给申请人——开发商，开发商开始建筑商品楼的楼盘，相邻居民发现建筑中的小区一旦建好，将影响消防车进出他们的住宅区。可见，规划许可虽不是针对相邻居民核发的，但是这一许可确实会对相邻居民产生实质影响。这种影响除了相邻方外，可能还有竞争关系的当事人，如核发药店许可，发给一个要紧挨着一个已有药店的申请者，显然，两个药店紧挨着肯定会有竞争关系，那么已有药店的店主就受到这一许可的实质影响。强调行政许可有时候是复效行为，是为了明了其后相关当事人作为利害关系人可以享有诉权。

（三）行政许可是一种附款行政行为

行政许可准许申请人从事特定活动，是不是无期限的？不是。所以行政许可是附款行政行为，在许可证上会注明许可的明确期限。

（四）行政许可是一个种类的概念

行政许可是一个种类的概念，具体的行政许可有的称呼是许可证，有的不称为许可，例如驾驶员的许可证称为驾驶证，也就是说，可能称为证，但是不一定称为许可证。首先从行政许可法的规定看，该法实际上把许可分为五类加一个法律法规另有规定。这五类是：

1. 一般许可：直接涉及国家安全、公共安全、经济宏观调控、生态环境保护以及直接关系人身健康、生命财产安全等特定活动，需要按照法定条件予以批准的事项；

2. 特许：有限自然资源开发利用、公共资源配置以及直接关系公共利益的特定行业的市场准入等，需要赋予特定权利的事项；

3. 资格证书：提供公众服务并且直接关系公共利益的职业、行业，需要确定具备特殊信誉、特殊条件或者特殊技能等资格、资质的事项；

4. 核准：直接关系公共安全、人身健康、生命财产安全的重要设备、设施、产品、物品，需要按照技术标准、技术规范，通过检验、检测、检疫等方式进行审定的事项；

5. 法人登记：企业或者其他组织的设立等，需要确定主体资格的事项。

从上述行政许可法的规定可以看出，即使在许可概念之下还有这些种类，这些种类里的各种许可也未必直接使用许可证的概念。可想而知，在行政许可的名下有各种称呼。但是无论如何，叫核准也好，称资格证书也罢，都是许可就是了。称谓服从实质内容。

2004 年《行政许可法》生效实施后，实践中出现一种怪现象，将许多行政许可以非许可的核准、非许可的审批等名头推出行政许可门外。起因是这样的，《行政许可法》之前，行政许可与审批是混用的，许可就是审批，审批就是许可。所以国务院掀起的行政审批制度改革就是行政许可制度的改革。《行政许可法》制定过程中，为了区分和规范，在该法中作了一个区隔性规定，就是行政机关内部上下级之间的批准称作审批，不属于该法调整范围，于是就出现一种说法："非许可的审批"。这个区隔是对的，但是后来的发展是有的部门利用这一区隔，把本是许可的活动硬推到"非许可的审批"中，甚至出现许多混淆视听的说法，诸如非许可的核准、非许可的许可等。连文字上的逻辑都不顾。说穿了，是希望一些许可不受《行政许可法》调整，不受《行政许可法》关于行政许可的设定权和程序的限制。法治的发展是一场博弈，不是敌我斗争，而是一场各种不同利益、不同意见的人群之间的博弈。

第二节　行政许可的设定权及设定条件

一、《行政许可法》制定前的问题

《行政许可法》的制定是响应社会对行政许可予以规范的呼唤，那么当时行政许可领域到底存在哪些问题，使得社会迫切要求国家立法规范行政许可？概括说大致有如下问题亟待解决。

（一）许可设定权不明确

许可设定是讲什么样的主体、什么样的文件可以创设行政许可。但是当时第一，许可设定主体并无法律明确规定过，加上当时的许多政府、行政机关缺乏职权法定的观念，所以自行设定许可的情形非常普遍。如河南省人大及其常委会在1979 年–1997 年间，共制定地方性法规 116 件，其中涉及许可的 58 件占这一时期制定地方性法规总数的 50%，共计设定了 209 种许可；其中 29 件有法律行政法规依据，8 件参照中央有关部门的规定，省自行设定的 21 件，占同期全部地方性法规总数的 36.2%。又据计，河南省政府自 1993 年–1997 年间制定规章 70 多件，其中 38 件规定了 52 项许可。52 项许可中有 24 项没有法律法规依据。再如山东省涉及行政许可规定的地方性法规有 125 个，政府规章涉及行政许可规定的有 133 个。省级人大、省级政府都是有立法权的国家机关。还有许多没有立法权的政府或者行政机关，如地级市、县级政府、乡镇政府都在利用自己的规范文件设定许可。一些地方利用许可限制外地商品进入本地。"严格的市场准入制度"，强化地方保护。行政许可被滥用了。

（二）许可的设定事项不明

由于缺乏法律规定，到底何种事项需要设定行政许可，什么事项不应该设定许可没有标准，结果有些事项不必许可也许可，不用审批也审批。如国企自筹资金进行技术改造，举办商品展览会，裁减员工等本属企业自主经营权范围，却也要许可审批，造成经济主体步履艰难，办事效率差，影响经济发展。甚至一个国有农场翻建鸡舍竟然派专人跑手续，跑一年多盖了一百多个公章还没有办完。还有根本不需要许可的事项竟然也成立专门机构进行许可，如某市就出现过"馒头办公室"专门负责审批馒头的生产和经营。还是这个城市，因为夏天西瓜进城随地摆摊会造成西瓜皮扔一地，就决定对西瓜进城进行专门的审批。

结果导致第三个问题：许可设定过多过滥。审批制度改革前，如浙江省有近2500 项许可；青岛市（较大市）有 1300 多项行政许可；某一地级市的行政审批项目多达 1500 多项。当时深圳市有 1100 多项许可，而其中有法律依据的仅仅有 48 项，依据部门规章或者规范性文件规定的达 323 件，市政府内部处室发文设定的有 20 多项，还有 20 多项审批没有任何依据，只是政府部门自己认为应当审批。

（三）实施许可缺乏明确的条件、步骤、时限等规定

由于对行政许可缺乏立法规范，因而行政许可在实体上缺乏明确的审批内容和条件，使审批机关和人员的自由裁量权过大。有的许可只有原则性条件，既无具体内容，又无详细标准，有的连内部操作规范都没有，审批人员仅根据习惯、经验、关系或者个人获得好处的多少决定批准与否，审批机关"设租"，审批对象"寻租"，直接成为滋生腐败的温床。

在行政许可程序上：由于缺乏审批步骤、时限等程序规定，以至于审批时间长、环节多。某一地级市一个技改项目，从立项到开工需要 17 个部门办理 34 道手续，至少要盖 52 枚公章；一个建设项目从立项到开工共涉及 9 个部门和单位，59 个审批环节，至少要盖 55 枚公章；一个外商投资项目从申请到办结，时间拖了 2 年。有的甚至多级审批，如音像制品经营管理，既涉及广电、文化、新闻出版等多个部门，又涉及省、市、县三级。这样的许可太多太繁，许多又是重复的，由于相对人在许可上投入成本过高，在实践中就有一个相反现象出现，有些过繁的许可，相对人宁愿不去申请，处罚再说。因为这样可以干起来，成本投入后可以迅速回本。所以有些领域大面积无证经营。

（四）重审批、轻监管

许可制度不只是核发许可证，核发许可证后还有监管的问题，如果许可只是发一张纸，没有事后的监管，许可就只是入门的一道门槛。入门后可以随便，那么许可的作用大打折扣。具体讲，重审批、轻监管的表现有如下三种样态：

1. 重审批、轻监管，只许可，不监管。审批时条件苛刻，好像很严格，事后却不监管，许可条件申请人是否还能满足，无人过问。事先审查与事后监督脱节。

2. 没有建立行政许可监管的长效机制，遇到问题严重时，就关停并转，搞突击、运动战。例如我们多次清理所谓几小，如小化肥厂、小炼油厂、小制革厂、小煤矿厂等，其实这些"小"企业成立之初基本上都是通过了地方政府或者其主管部门许可的，但是问题一多，中央政府就下令收拾这些小企业，没有把规矩变成长期稳定的制度。

3. 权力与利益挂钩，监督就是罚款，年检就是收费。这句话是当时群众的总结，也许过于尖锐，但也是当时普遍现象的写照。行政机关以权力追求利益，运动式执法监管，不监管则罢，一监管就是下去对企业罚款。年检本是一年作为一

个间隔重新审视许可持有人是否还符合许可条件，是否还按照许可范围经营的机会，但是当时年检走形式的情况非常多。如机动车在本地年检，但是许多到外地工作办事的汽车，无须回到本地，就可以由人去获得车的年检合格证明了。这种年检的意义，除了收费外确实无他。

4. 行政许可机关及其公务员权力责任脱钩。不履行监督职责的，发生问题也不承担责任，追究责任时，缺乏明确规范。如企业有时候发生很大的事故，甚至有人员的伤亡，这可能涉及行政许可机关没有把关就核发许可，如煤矿不符合许可条件，行政许可机关的公务员就为其核发了许可准许其开工开采，结果造成事故。再如全国发生过多次垮桥塌楼等事故，这些事故中，没有行政许可机关的核准，该楼房和桥梁是不能投入使用的，而这些事故都是在拥有行政许可的情形下发生的，核发许可的执法人员及其机关领导是有责任的。但是由于权力和责任脱钩，许多责任没有得到追究，对法治破坏作用很大。

（五）利用许可乱收费

收费与许可紧密相连，有多少许可就有多少收费。由于实施许可时能够收费，在机构膨胀、财政经费不足的情况下，以设置许可解决经费问题似乎顺理成章。因此许可、审批，一时间愈演愈烈。如当时深圳的一个高科技工业项目的审批，共经过13个部门，其中5个部门要前后经过两次审批，收取30多项费用，盖50多个公章，历时至少6个月。

尽管许可设得多有客观原因，如政府对市场经济的管理调节服务，有赖于许可制度的建立，但政府、行政机关对政府职能偏重于"管"的观念，尤其是借口加强管理谋取部门利益的，是造成过多、过滥设置许可的原因，而许可过多，妨碍经济发展，在已经国际化的市场竞争中属于作茧自缚，妨碍中国经济主体赢得主动权。

1996年《行政处罚法》在通过后，全国人大即开始起草《行政许可法》。2000年11月国务院专门召开会议，讨论如何减少行政审批，朱镕基总理亲自与会讲话，督促各地行动。这次行政审批的改革，现在看主要是减少了许可数量。这对于"入世"（加入WTO）之前的中国而言，也是最重要的收获和成果。此前如2000年8月，仅广州市一个市，有1377个审批项目，改革中202个予以取消。再如改革两年后，国家质监总局确认，本部门原有128项行政审批项目，已分两批公布取消了62项，改变管理方式2项。调整后行政审批项目减少64项，减幅达50%。

国务院65个部门和单位有行政许可项目4100多项，涉及经济、社会生活的

方方面面。经过清理保留 2700 多项，取消了行政许可项目 1300 多项。2004 年
《行政许可法》出台，第一条即明确了《行政许可法》的立法目的："为了规范
行政许可的设定和实施"。至此，似乎把许可的权力放到笼子里了。

二、行政许可的设定条件

行政许可既然不能没有，也不能太多，就需要为它划一条界线，什么可以设
许可，什么不可以设？这个问题要从两个方面讲，第一个方面就行政机关而言。
行政机关不管不行，但管多了，也不行。原则上说，行政机关应当管的是"不得
不"管的事，就如同《行政许可法》第十三条规定的原则那样，公民可以自己决
定，市场可以调节，社会组织可以自律管理、行政机关事后监督可以奏效，只要
是这四种情况之一的，就可以不设定行政许可。这个标准就是"不得不"，这实
际上在欧洲已经是共识的辅助性原则的翻版。辅助性原则表明的是国家和社会的
关系，社会是第一性的，国家是辅助之的；所以社会主体可以做好的事政府就不
需要伸手。而当这些主体管不了的事项、问题出现时，政府就该出手了。

当然，《行政许可法》第十三条还讲到了行政机关如果事后监管可以奏效，
也可以不设定行政许可。这一规定是符合经济效益规律的，因为这个账是很好算
的，事后监管是谁出了问题再"管"谁，而事先许可，是不管以后出不出问题谁
都被"管"。从限制自由的范围和对象来说，从经济角度的成本、投入来说，显
然，如果事后监管奏效，使用事后监管手段比事先许可更有利于经济快速发展，
也更为相对人乐于接受。

许可设定要考虑的另一方面是对于相对人来说，什么情形属于需要设定许可
的。我们知道经济学上有一个术语叫外部性。外部性概念的定义，经济学一直没
有达成共识。但大体上，外部性是指一种外部效应（Externality）或溢出效应
（Spillover Effect）。人作为社会动物，行为是有外部性的，会对社会上其他人产生
影响，而且这种影响可以是正面的也可以是负面的。所以有所谓正外部性和负外
部性之分。法律设定许可的目的就在于将人们负外部性行为控制在合理的范围之
内，以避免对社会产生负效应。也就是说，个人行为负面影响到公共利益时，就
需要许可制度了。因为如古希腊学者吕哥弗隆所说："法律是人们互不侵害对方
权利的保证"。如果一个人行使自己的权利和自由却侵害到他人或者妨碍到他人
的自由和权利，法律就要设限了。

具体到《行政许可法》，除了第十三条的原则外，在第十一条，《行政许可
法》不厌其烦地重申："设定行政许可，应当遵循经济和社会发展规律，有利
于发挥公民、法人或者其他组织的积极性、主动性，维护公共利益和社会秩

序，促进经济、社会和生态环境协调发展。"其实这一规定是希望立法者立法时左顾右盼，关照到经济发展、关照到社会积极性，关照到环境和经济以及社会的共存共荣。

在总结了以往经验、梳理了已有许可并考虑到现实需要后，《行政许可法》第十二条对设定许可的大类，也就是可以在哪些领域设定行政许可作出了还是比较原则的规定。如《行政许可法》第十二条的规定：

"第十二条 下列事项可以设定行政许可：

（一）直接涉及国家安全、公共安全、经济宏观调控、生态环境保护以及直接关系人身健康、生命财产安全等特定活动，需要按照法定条件予以批准的事项；

（二）有限自然资源开发利用、公共资源配置以及直接关系公共利益的特定行业的市场准入等，需要赋予特定权利的事项；

（三）提供公众服务并且直接关系公共利益的职业、行业，需要确定具备特殊信誉、特殊条件或者特殊技能等资格、资质的事项；

（四）直接关系公共安全、人身健康、生命财产安全的重要设备、设施、产品、物品，需要按照技术标准、技术规范，通过检验、检测、检疫等方式进行审定的事项；

（五）企业或者其他组织的设立等，需要确定主体资格的事项；

（六）法律、行政法规规定可以设定行政许可的其他事项。"

《行政许可法》第十二条规定的前五项是具体的，最后一项是概括性地给未来立法留下余地。五项可以设定许可的具体领域包括：

（一）事涉"安全"。这一项下的事项不少，国家安全、公共安全、人身健康和生命财产安全外，生态环境保护实际上也是人的生活环境的安全，经济宏观调控则是一种宏观经济的安全。

（二）事涉资源。自然资源之外还有"公共资源"，何谓公共资源？是指自然资源之外的还属于资源性的设施，如广播、电视、卫星、无线电的频率，手机号码等，都具有排他性，甲用乙就不能用，都是资源。虽然《宪法》第九条规定的是自然资源属于国家所有也就是全民所有，没有提及公共资源，但是按照宪法规定的逻辑推导，似乎这是没有疑问的。那么，市场主体想利用国家资源，当然要申请行政许可。

资源许可类里还有直接关系公共利益的特定行业的市场准入，为什么放到资源类里，其实就是因为这些特种行业是占用公共供给资源的，如道路是一种公共供给，但道路的供给具有所谓资源的有限性，如果有企业或者个人想规模性地搞货物运输或者客运，法律很可能规定需要得到政府或者行政主管机关的许可，因为不如此，道路上的拥堵和竞争可能影响到全社会。

（三）事涉人的资格和企业的资质。资格资质是针对人的，包括自然人和法人。过去此类许可设置得有些过于宽泛，如保姆行当曾经有 26 个省份要求持有保姆资格证书。实际上，雇佣保姆的家庭不用多长时间就能够迅速甄别保姆是否称职。雇主和保姆之间除了干活顺不顺雇主心外，性格和个性上双方和还是不和，与有证没证无关，有证，并不一定能使雇主决定雇佣该保姆。这样的事项就属于公民可以自主决定的事项。为了防止滥设许可，行政许可法作了一定的限定，即需要资格证书或者资质证书的，应该是为公众提供服务并且直接关系公共利益的职业、行业。例如公证员、医生、护士、药剂师、会计、工程师等，有的是需要具备特殊信誉，有的是需要特殊条件或特殊技能，因此这类职业和行业才需要通过考试获得资格、资质证书。资格证书一般都是通过考试取得，是比较客观的，因而实际上容易放权给社会组织去做。

（四）事涉物的投入使用的核准。上一项是关于人的资格的许可，此项则是关于物的许可。什么样的物需要许可才能投入使用？一般的物品不需要许可才能投入使用，只有直接关系公共安全、人身健康、生命财产安全的重要设备、设施、产品、物品，才需要核准后投入使用。如道路、桥梁、楼宇、建筑物、构筑物、电梯、锅炉、血液制品、核设施、药品等。核准也是按照非常客观的标准核发许可的。首先是标准客观，技术标准、技术规范是预设的、客观的，其次是手段客观，通过检验、检测、检疫等方式进行审定。

（五）企业、事业单位、社会组织的主体资格登记。我们国家目前除了：①已有党组织包括中共党组织、民主党派党组织；②工、青、妇等人民团体；③国家机关依法成立、不用履行登记手续外，企业、事业单位或者其他社会组织的设立，均需要经过主体资格的登记手续。但是按照行政许可法的规定来分析，这类许可的程序应当相对简单，大致上可以归于可以当场作出行政许可的情形。

三、行政许可的设定权

行政许可这种对相对人影响很大的行政权限在过去没有统一法律约束。行政许可法继承了行政处罚法的基本立法思路，从实体和程序两方面作出规定约束行政权，实体方面就是通过规定设定权实现的。设定权讲的是立法权的问题，为什么在行政许可法中讲这个问题？因为过去许可太多太滥，源头问题就是没有对什么规格的文件可以设定许可作出规定。如果要刹住车，必须从源头把好关。

行政许可法在设定权上收得比较高。部门规章没有设定权，地方规章中较大市的政府规章也没有设定权，只有省级政府的规章可以设定一年期的临时许可。"许可法定"，法律可以设定许可之外，尚未制定法律的，行政法规可以设定行政许可；尚未制定法律、行政法规的，地方性法规可以设定行政许可。地方性法规和省级人民政府的规章，不得设定应当由国家统一确定的公民、法人或者其他组织的资格、资质的行政许可；不得设定企业或者其他组织的设立登记及其前置性行政许可，而且其所设定的行政许可，不得限制其他地区的个人或者企业到本地区从事生产经营和提供服务，不得限制其他地区的商品进入本地区市场。

设定权是创制许可的权力，还有一种并不创制新的许可而是将已有已经设定了许可的上位法予以细化的、执行性的权力称作"规定权"。规定权因为只是执行性权力，故原则上说，所有行政机关的规范文件均可以享有。也因为是执行性权力，"规定"不能走样，不能游离于上位法的规定，所以规定权在两个方面不能突破上位法，即不得增设行政许可，不得增设许可条件。这两个方面不突破，其他方面，下位法可以细化甚至补充。何谓不得增设行政许可，是指上位法规定了某一类活动需要一种行政许可证，下位法不能对此类活动增设另一种许可证，免得叠床架屋造成经济活动的不便和不经济。不能增设许可条件是指，上位法已经对某一许可证规定了获取的条件，下位法不能以条件不够为由，或者需要进一步调整为名，再次增设许可条件。

前边提到原则上所有行政机关都可以就执行作出规定，但是实际上，如果上位法已经规定得比较细了，具有可操作性了，下位法就不必浪费资源再次规定，因为再次规定不小心可能在文字上引起歧义，而完全照抄上位法既没有必要又影响规范的位阶。

第三节　行政许可的实施和程序

一、行政许可的实施主体

（一）行政许可的实施主体

行政许可首先是行政机关实施的许可，但并非任何行政机关都可以实施许可，行政许可由具有行政许可权的行政机关在其法定职权范围内实施。

法律、法规授权的具有管理公共事务职能的组织，在法定授权范围内，以自己的名义实施行政许可。

在实施行政许可的领域，行政机关委托其他组织行使许可权是受到极大限制的。因为按照行政许可法的规定，第一，行政机关的委托要有法律、法规、规章依据；第二，只能委托其他行政机关实施行政许可；第三，委托机关应当将受委托行政机关和受委托实施行政许可的内容予以公告。

委托与授权不同，因而行政机关对受委托行政机关实施行政许可的行为应当负责监督，并对该行为的后果承担法律责任。受委托行政机关在委托范围内，以委托行政机关名义实施行政许可，不得再行转委托。

（二）行政许可的集中实施

经国务院批准，省、自治区、直辖市人民政府根据精简、统一、效能的原则，可以决定一个行政机关行使有关行政机关的行政许可权，这种情形现在最常见的是城管机关（名称、设置各地有不同）。城管是依法成立的行政机关，而经过国务院批准，省级人民政府可以决定将某些规划、市容卫生、道路交通、工商等机关的部分权限交由城管机关行使。当然城管行使的权限以处罚、强制为主，许可比较少。这种集中权限下的城管，到底是授权还是委托？目前从实际情况看，基本上是以城管名义实施行政权，其实既不是授权也不是委托，而是成立一个行政机关，在相应级别政府调整部门职能的组织法权力前提下，独立地作为行政机关行使权力。

行政许可的集中实施还包括这样一种情形。相对人办理许可申请，走进一个行政机关之后，却不是一下子完成申请，而是在该行政机关内的不同机构之间穿梭，办理不同的手续。为了便利许可申请人，《行政许可法》规定，行政许可需要行政机关内设的多个机构办理的，该行政机关应当确定一个机构统一受理行政许可申请，统一送达行政许可决定。

行政许可依法由地方人民政府两个以上部门分别实施的，本级人民政府可以确定一个部门受理行政许可申请并转告有关部门分别提出意见后统一办理，或者组织有关部门联合办理、集中办理。

二、行政许可的程序

（一）一般程序

1. 行政许可的申请

行政许可申请可以通过信函、电报、电传、传真、电子数据交换和电子邮件等方式提出。多种申请方式大大方便了相对人，贯彻了程序法的便民原则。

申请人可以委托代理人提出行政许可申请。但是，依法应当由申请人到行政机关办公场所提出行政许可申请的除外。

许可申请书采用格式文本，也很方便申请人。因为格式文本把应该给予行政许可机关的信息可以不多不少地报交行政机关。格式文本应由行政许可机关提供。防止行政机关索要信息过多，行政许可法要求申请书格式文本中不得包含与申请行政许可事项没有直接关系的内容。

行政机关不得要求申请人提交与其申请的行政许可事项无关的技术资料和其他材料。依法应当先经下级行政机关审查后报上级行政机关决定的行政许可，下级行政机关应当在法定期限内将初步审查意见和全部申请材料直接报送上级行政机关。上级行政机关不得要求申请人重复提供申请材料。

2. 行政许可条件的公开

行政机关应当将法律、法规、规章规定的有关行政许可的事项、依据、条件、数量、程序、期限以及需要提交的全部材料的目录和申请书示范文本等在办公场所公示。如果申请人认为这些公示的事项不清楚，可以要求行政机关对公示内容予以说明、解释的，行政机关应当说明、解释，提供准确、可靠的信息。

3. 行政许可机关对许可申请的初步处理

行政机关对申请人提出的行政许可申请，应当根据下列情况分别作出处理：

（1）申请事项依法不需要取得行政许可的，应当即时告知申请人不受理；

（2）申请事项依法不属于本行政机关职权范围的，应当即时作出不予受理的决定，并告知申请人向有关行政机关申请；

（3）申请材料存在可以当场更正的错误的，应当允许申请人当场更正；

（4）申请材料不齐全或者不符合法定形式的，应当当场或者在五日内一次告知申请人需要补正的全部内容，逾期不告知的，自收到申请材料之日起即为受理；

（5）申请事项属于本行政机关职权范围，申请材料齐全、符合法定形式，或者申请人按照本行政机关的要求提交全部补正申请材料的，应当受理行政许可申请。

行政机关受理或者不予受理行政许可申请，应当出具加盖本行政机关专用印章和注明日期的书面凭证。

上述规定多针对已有实践问题。如受理或者不受理都应当出具加盖行政机关专用印章和注明日期的书面凭证，就是针对过去没有此类规定，行政机关收了申请材料不出具任何收据，申请人回去等待日久再来追问，行政机关却以没有凭据为由拒不承认收过许可申请材料，逃避"不作为"责任。

4. 许可申请的审查和期限

行政机关应当自受理行政许可申请之日起二十日内作出行政许可决定。二十日内不能作出决定的，经本行政机关负责人批准，可以延长十日，并应当将延长期限的理由告知申请人。应先经下级行政机关审查后报上级行政机关决定的行政许可，下级行政机关应当自其受理行政许可申请之日起二十日内审查完毕。

行政许可采取统一办理或者联合办理、集中办理的，办理的时间不得超过四十五日；四十五日内不能办结的，经本级人民政府负责人批准，可以延长十五日，并应当将延长期限的理由告知申请人。

行政机关作出准予行政许可的决定，应当自作出决定之日起十日内向申请人颁发、送达行政许可证件，或者加贴标签、加盖检验、检测、检疫印章。

行政机关作出行政许可决定，依法需要听证、招标、拍卖、检验、检测、检疫、鉴定和专家评审的，所需时间不计算在本节规定的期限内。行政机关应当将所需时间书面告知申请人。

5. 听证

（1）听证事项

法律、法规、规章规定实施行政许可应当听证的事项，或者行政机关认为需要听证的其他涉及公共利益的重大行政许可事项，行政机关应当向社会公告，并举行听证。

行政许可直接涉及申请人与他人之间重大利益关系的，行政机关在作出行政许可决定前，应当告知申请人、利害关系人享有要求听证的权利；申请人、利害关系人在被告知听证权利之日起五日内提出听证申请的，行政机关应当在二十日内组织听证。

（2）听证程序

行政机关应当在举行听证的七日前将举行听证的时间、地点通知申请人、利害关系人，必要时予以公告。

听证应当公开举行。

行政机关应当指定审查该行政许可申请的工作人员以外的人员为听证主持人，申请人、利害关系人认为主持人与该行政许可事项有直接利害关系的，有权申请回避。

举行听证时，审查该行政许可申请的工作人员应当提供审查意见的证据、理由，申请人、利害关系人可以提出证据，并进行申辩和质证。

听证应当制作笔录，听证笔录应当交听证参加人确认无误后签字或者盖章。

行政机关应当根据听证笔录，作出行政许可决定——也包含不予许可的决定。

听证程序中最引人注目也是最重要的是"根据听证笔录，作出行政许可决定"。如所周知，1996 年《行政处罚法》第一次在法律层面将听证会引入中国的行政程序，这在当时是很轰动的一件事。但是行政处罚法的听证会有一个致命弱点，就是听证会和最后行政机关作出的行政处罚（包含不予处罚决定）没有明确的关系。由于没有规定根据听证会笔录作出行政处罚决定，听证会是听证会，处罚决定是处罚决定。行政许可法接受这个教训，杜绝听证会走形式、走过场，所以规定了最后的许可决定要根据听证笔录作出。也就是说以听证笔录所查证过的事实作为作出许可决定的事实依据，排除了笔录外的事实作为作出许可决定的依据。

与行政处罚法一样的是，许可申请人及其利害关系人不承担行政机关组织听证的费用。

（二）特别程序

上述程序是行政许可的一般程序。如前所述的是，行政许可按照类别，程序是不一样的。所谓特别程序，即指不同类别的程序。

1. 特许程序

特许指自然资源利用、公共资源配置的许可，或者直接关系公共利益的特定行业的市场准入，需要赋予特定权利的许可。这种特许以招标、拍卖为手段，在招标、拍卖基础上作出行政许可决定。这是特许程序的特别之处。行政机关按照招标、拍卖程序确定中标人、买受人后，应当作出准予行政许可的决定，并依法向中标人、买受人颁发行政许可证件。

2. 资格证程序

资格证书这类许可又可以分为两类：一类针对公民，一类针对企业。赋予公民特定资格的，依法应当举行国家考试的，行政机关根据考试成绩和其他法定条件作出行政许可决定。公民特定资格的考试依法由行政机关或者行业组织实施，公开举行。行政机关或者行业组织应当事先公布资格考试的报名条件、报考办法、考试科目以及考试大纲。但是，不得组织强制性的资格考试的考前培训，不得指定教材或者其他助考材料。

赋予法人或其他组织特定的资格、资质的，行政机关根据申请人的专业人员构成、技术条件、经营业绩和管理水平等的考核结果作出行政许可决定。但是，法律、行政法规另有规定的，依照其规定。

这类许可中针对公民的资格证书其程序更加客观，完全是以客观的考试成绩作为衡量是否核发许可——资格证的标准。针对企业的，由于条件复杂，不能像针对公民那样完全取决于考试，但是相对而言，也是比较客观的，是根据对企业的人员构成、技术条件、经营业绩和管理水平等进行考核的结果，来决定是否核发许可。

3. 核准程序

直接关系公共安全、人身健康、生命财产安全的重要设备、设施、产品、物品，需要按照技术标准、技术规范，通过检验、检测、检疫等方式进行审定。这一许可程序的特点是行政机关根据检验、检测、检疫的结果作出行政许可决定。

行政机关实施检验、检测、检疫，应当自受理申请之日起五日内指派两名以上工作人员按照技术标准、技术规范进行检验、检测、检疫。不需要对检验、检测、检疫结果作进一步技术分析即可认定设备、设施、产品、物品是否符合技术标准、技术规范的，行政机关应当当场作出行政许可决定。

行政机关根据检验、检测、检疫结果，作出不予行政许可决定的，应当书面说明不予行政许可所依据的技术标准、技术规范。

4. 企业、事业单位或者其他组织登记程序

申请人提交的申请材料齐全、符合法定形式的，行政机关应当当场予以登记。需要对申请材料的实质内容进行核实的，根据法定条件和程序，需要对申请材料的实质内容进行核实的，行政机关应当指派两名以上工作人员进行核查。

需要颁发行政许可证件的，应当向申请人颁发加盖本行政机关印章的行政许可证书。在许可中针对设施、物品的核准，是通过客观手段进行检验、检测、检疫，合格即予许可的。如果是行政许可机关自己直接进行检验、检测、检疫，对合格的设备、设施、产品、物品，即在这些核准对象上加贴标签或者加盖检验、检测、检疫印章。所以请注意，有些许可如核准，不一定是一张许可证书，已经许可的证明就贴在这些设施、物品上，或者加盖印章于其上。

（三）公用程序

1. 告知程序

上述各种许可不论是一般许可还是适用特别程序的许可，行政许可机关作出不予行政许可的书面决定，应当说明理由，并告知申请人享有依法申请行政复议或者提起行政诉讼的权利。

2. 监督程序

行政许可法要求行政机关建立健全监督制度，通过核查反映被许可人从事行政许可事项活动情况的有关材料，履行监督责任。行政机关实施监督检查，不得妨碍被许可人正常的生产经营活动，不得索取或者收受被许可人的财物，不得谋取其他利益。

行政机关可以对被许可人生产经营的产品依法进行抽样检查、检验、检测，对其生产经营场所依法进行实地检查。检查时，行政机关可以依法查阅或者要求被许可人报送有关材料；被许可人应当如实提供有关情况和材料。

行政机关根据法律、行政法规的规定，对直接关系公共安全、人身健康、生

命财产安全的重要设备、设施进行定期检验。对检验合格的，行政机关应当发给相应的证明文件。

行政机关依法对被许可人从事行政许可事项的活动进行监督检查时，应当将监督检查的情况和处理结果予以记录，由监督检查人员签字后归档。行政机关应当创造条件与其他有关行政机关的计算机档案系统互联，核查被许可人从事行政许可事项活动情况。

对直接关系公共安全、人身健康、生命财产安全的重要设备、设施，行政机关应当督促设计、建造、安装和使用单位建立相应的自检制度。

行政机关在监督检查时，发现直接关系公共安全、人身健康、生命财产安全的重要设备、设施存在安全隐患的，应当责令停止建造、安装和使用。发现行政许可是违法核发的，可以依法撤销。发现下列情形的，可以注销许可：①行政许可有效期届满未延续的；②赋予公民特定资格的行政许可，该公民死亡或者丧失行为能力的；③法人或者其他组织依法终止的；④行政许可依法被撤销、撤回，或者行政许可证件依法被吊销的；⑤因不可抗力导致行政许可事项无法实施的；⑥法律、法规规定的应当注销行政许可的其他情形。

思考题：

1. 设定行政许可的范围有哪些？
2. 哪些主体享有行政主体的设定权？
3. 行政许可需要遵循哪些一般程序？
4. 如何理解行政许可需要遵循信赖保护原则？
5. 在哪些情形下需要撤销行政许可？

案例：念泗三村 28 幢楼居民 35 人诉扬州市规划局行政许可行为侵权案

2003 年 7 月 7 日，被告江苏省扬州市规划局依照《城市规划法》第三十二条的规定，向第三人扬州市东方天宇置业有限公司（以下简称东方天宇公司）核发了扬规建字 2003076 号《建设工程规划许可证》，许可该公司在扬州市百合园小区内建设"九层（局部十层）、住宅 10022.2 平方米、阁楼 753 平方米、高度 26.5 米"的中心组团 11-6 号住宅楼。原告 28 幢楼曹某等 35 名居民（以下简称 28 幢楼居民）认为该规划许可行为侵犯了他们的合法权益，遂向江苏省扬州市中级人民法院提起行政诉讼。

原告认为，被告批准第三人在原告居住的楼前建设的 11-6 号高层住宅楼，与被告核发的扬规建字 2003077 号《建设工程规划许可证》许可第三人建设的 11

－4 号、11－5 号楼房形成一道屏障，破坏了瘦西湖景区的景观，不符合扬州市的城市规划，严重影响了原告的居住环境，侵犯了原告的合法权益，请求撤销被告颁发的 2003076 号《建设工程规划许可证》。

被告则认为：2003 年 5 月 6 日，东方天宇公司持建设项目批准文件、建设用地证件等，申请核发东方百合园第十一组团二期工程的建设工程规划许可证。被告在履行提供规划设计条件、审查设计方案、审查施工图等程序后，于 2003 年 7 月 7 日分别核发了扬规建字 2003076 号、2003077 号《建设工程规划许可证》，许可东方天宇公司建设三幢小高层住宅楼，该许可行为的主要证据和程序完全符合城市规划法和江苏省人大常委会颁布的《江苏省实施〈城市规划法〉办法》（以下简称江苏城市规划办法）。并认为其批准东方天宇公司建筑工程规划的具体行政行为，主要证据充分，符合法定程序，没有侵犯原告的相邻权。核发许可第三人建设的三幢小高层住宅楼与原告楼房的建筑间距，完全符合国家《城市居住区规划设计规范》以及《江苏省城市规划管理技术规定》的要求。

扬州市中级人民法院就被诉具体行政行为是否侵犯原告的相邻权、被诉具体行政行为是否合法问题等进行了审理与确认，一审法院判决驳回原告 28 幢楼居民要求撤销被告扬州市规划局 2003 年 7 月 7 日核发的扬规建字 2003076 号《建设工程规划许可证》的诉讼请求。

宣判后，28 幢楼居民不服，向江苏省高级人民法院提起上诉，上诉法院对原审法院根据行政诉讼法的规定，对扬州市规划局核发的 2003076 号《建设工程规划许可证》的程序是否合法、所依据的《念泗二村地段详细规划》是否经过合法批准，以及是否违反《蜀岗—瘦西湖风景名胜区总体规划》，是否符合法律规定进行审查，查明东方天宇公司已按有关法律规定向扬州市规划局提交了建设申请、建设项目批准文件、建设用地证件、设计方案、施工图等材料，扬州市规划局在依法对上述材料进行审查的基础上，核发了 2003076 号《建设工程规划许可证》。由此认定扬州市规划局核发的 2003076 号《建设工程规划许可证》，符合有关法律规定，并未侵犯 28 幢楼居民的合法权益，并无不妥。江苏省高级人民法院作出了驳回上诉，维持原判。

请思考：

城市规划主管机关对建设工程进行规划许可批准等，其他当事人认为行政机关的具体行政行为侵犯了其采光权等相邻权，可否质疑行政行为的合法性？

第十章　行政服务活动

本章内容提要：现代社会的国家管理经历了一个从过去秩序行政向福利行政、服务行政的过渡与发展的过程，我国的发展也不例外。行政管理的方式摒弃了过去高权行政下的管理模式，越来越多地转向适用柔性行政的方式来管理与服务人民。本章讨论的重点问题即为行政服务活动，其内容囊括了行政确认、行政给付、行政奖励等行政行为形态，需要着重把握的问题在于前述几种行政行为形态间的区别与联系。

第一节　行政确认

一、行政确认的概念和特征

行政确认是指行政机关和法定授权的组织，依照法定权限和程序并按照一定技术规范要求，对有关法律事实进行甄别，通过确定、证明事实等方式明确管理相对人法律地位的行政行为。例如道路交通事故责任认定，医疗事故责任认定，伤残等级的确定以及产品质量的确认。

行政确认有稳定法律关系，减少各种纠纷，保障社会安定秩序，保护公民、法人或其他组织合法权益的重要作用，因而适用于广泛的范围，行政确认的主要形式有：确定、认可、证明、登记、批准、鉴证、行政鉴定，有的时候制定法就直接使用确认的概念。

行政确认是我们前面章节讲过的，在分类上，尤其在法理上，属于表明行为，是一种准法律行为。表明行为的特点是，没有在实体上创设新的法律关系，而是对已有事实、已有法律关系的一种认证、确认、证明。与法律行为创设新的法律关系不同，它所附加给已有法律关系、法律事实的是一种证明力，或者称作公信力的效力。确认与许可最相类似，但许可是法律行为，创设新的权利义务法律关系，而确认是在已有事实上"嗅"来"嗅"去，然后给这一事实做个定性，或者做个对世而言的证明。确认在法律规定为必须时，更容易与许可混淆，但是即使确认是法定的,与许可还是不一样。如婚姻登记,本书认为是确认而非许可。因为即使婚姻登记是目前我国合法婚姻的唯一凭证,但是如果当事人没有婚姻登记并不招致行政处罚或者其他处罚。这场所谓的婚姻不是我国法律承认的合法婚姻,当事人不能就此主张财产权利或者其他基于婚姻家庭的权利。这场"婚姻"是无效的,注意不是违法的!违法要承担制裁的后果,而不去婚姻登记,当事人只是不受婚姻产生的权利保护而已。

两者的主要区别表现在以下七个方面:

(一)行为对象不同。行政确认是指对行政相对人既有法律地位、权利义务的确定和认可,主要是指对身份、能力和事实的确认;行政许可的行为对象是许可行政相对人获得为某种行为的权利或资格。一般来说,前者是业已存在,而后者是许可之前不得为之。

(二)行为的法律效果不同。行政确认中未被认可的行为或地位将发生无效的结果而不适用法律制裁;而在行政许可中,未经许可而从事的行为将发生违法后果,当事人将因此受到法律制裁。即前者的法律效果具有前溯性,对今后仅是一种预决作用;而后者的法律效果具有后及性,不具有前溯性。

(三)所为的意思不同。行政确认行为表明行政主体的态度是对某种状态、事件、物或行为予以法律上的承认、确定或否定;而行政许可行为则是行政主体在对申请人的申请进行审查和判断的前提下,对申请是否予以准许或同意的行为。

(四)行为性质不同。行政确认属于确认性或宣示性行政行为,它仅表明现有的状态,而不以法律关系的产生、变更或消灭为目的。行政许可,从其正常状态(即批准)而言是建立、改变或者消灭具体的法律关系,是一种形成性行政行为。

(五)内容不同。行政确认行为的内容具有"中立性",它并不直接为当事人设定权利或义务,对当事人是有利还是不利,取决于确认时原已存在的法律状态或事实状态;而行政许可行为则是一种授益性行政行为,它直接为申请人授益。

(六)方式不同。行政确认既有依申请的确认也有依职权的确认;而行政许可则只能是依申请才能发生的行政行为。

(七)表现形式不同。行政确认一般只能以证书形式出现;而行政许可的表现形式尽管以书面的形式为主,但也存在口头、默示等许可方式,甚至可能出现生肉的皮肤上盖章,即为许可(核准上市)的情形。

二、行政确认的种类

(一)依申请的行政确认和依职权的行政确认

许多当事人希望附加公信力的事实,往往是依申请的确认。如公证是一种确认，公证就是附加给要公证的事实一种公信力，如未婚证明、遗嘱、房屋赠与、合同等的公证，都是依申请的确认。而对交通事故的责任认定，对受治安行政拘留的人员、劳教和受审人员的精神病司法鉴定等则很可能是当事人并没有申请，行政主体依职权的主动确认。

（二）独立的行政确认与附属性的行政确认

独立的行政确认是指不依赖他种行政行为而独立存在的行政确认行为。即这种行为不是他种行政行为成立的必要前提。附属性的行政确认，是指确认依赖于他种行政行为的补充，或者确切地说，确认是作出这种行政行为的前提。我们这里专门一节讨论的是前一种确认，即独立的确认，如公证、鉴定、证明、确认伤残等级等。而附属性确认，不是我们这里讨论的对象。因为任何行政法律行为，都要经过确认事实，适用法律的过程，确认是作出法律行为过程中的一个环节。如行政处罚行为，最先要确认相对人是否有违法行为的事实存在，如果有，是怎样的一个违法事实？行政许可机关接到相对人的申请，首先要确认申请人是否符合许可条件这一事实。行政复议机关解决纠纷，也是先对事实有一个确认，才能对争执作出一个裁断。

（三）对身份、能力或资格、事实、法律关系的确认和对权利归属的行政确认

这种分类的着眼点是确认对象的不同。对身份、能力、资格以及其他事实的确认，是对已有事实的确认，是一种证明，附加给已有事实公信力。而权利归属的行政确认是将未明权利归属状况予以明确。前者主要有各种公证、各种鉴定、婚姻登记等等。而后者主要有不动产所有权或不动产使用权的登记，工业产权如商标权、专利权的注册或登记。

（四）行政管理过程中的确认

公安管理过程中的确认。公安管理主要包括治安管理和交通的动态管理即道路上的交通秩序执法。公安确认主要包括：对交通事故的车辆、物品、尸体、路况以及当事人的生理、精神状态的检验和鉴定；对交通事故等级的确认；对当事人交通责任的认定；对行政案件的原告中自然受治安行政拘留的人员、劳教和受审人员的精神病司法鉴定等。

司法行政过程中的确认。主要有对合同、委托、遗嘱、继承权、财产权、收养关系、亲属关系等民事法律关系的公证；对身份、学历、经历、出生、死亡、婚姻状况等事实的证明；对有关文件的真伪、法律效力的公证等等。

民政活动中的确认。民政活动中的确认主要有对现役军人死亡性质、伤残性的确认；对烈士纪念建筑物的等级确认；对革命烈士的确认；对结婚、离婚条件的确认等。

劳动管理中的确认。劳动管理中的确认主要有对人员伤亡事故原因、责任的确认；对锅炉压力容器事故原因和责任的确认；对特别重大事故的技术鉴定等。

卫生管理中的确认。卫生管理中的确认主要有食品卫生的确认；对新药品及进口药品的鉴定；对国境卫生的鉴定；对医疗事故等级的鉴定。

经济管理中的确认。经济管理中的确认主要有对产品标准的行政认证和计量器具检定，产品质量认证；对商标和专利权的审定；对著作权属的确认；对动植物检疫的确认；对养殖水面区域的确认；对自然资源的所有权和使用权的确认；对无效经济合同的确认等。

三、行政确认的原则

（一）依法确认原则

行政确认的目的在于维护公共利益，维护社会秩序的安定和妥适，保护公民、法人和其他组织的合法权益。因此，行政确认必须严格按照法律、法规和规章的规定进行，遵循法定程序，确保法律所保护的公益和行政相对人权益得以实现。

（二）客观、公正原则

行政确认，是对法律事实和法律关系的证明或者明确，因而必须始终贯彻客观、公正的原则，不允许有任何偏私。为此，需要建立一系列监督、制约机制，还须完善程序公开、权利告知等有关公正程序。如《公证法》第三条规定："公证机构办理公证，应当遵守法律，坚持客观、公正的原则。"《公证法》专设第四章为"公证程序"。其第二十七条第二款规定："公证机构受理公证申请后，应当告知当事人申请公证事项的法律意义和可能产生的法律后果，并将告知内容记录存档。"遗憾的是2005年的《公证法》及相关司法解释，都没有像更早的《公证暂行条例》那样专章规定公证程序，更没有原来暂行条例第二十五条那样明确规定："公证处对不真实、不合法的事实与文书应拒绝公证。公证处拒绝当事人申请办理公证时，应当向当事人用口头或者书面说明拒绝的理由，并且说明对拒绝不服的申诉程序。"

（三）保守秘密的原则

行政确认往往较多地涉及商业秘密和个人隐私，尽管其确认程序要求公开、公正，但同时必须坚决贯彻保守秘密的原则，并且，行政确认的结果不得随意用于行政管理行为以外的信息提供。

第二节　行政给付

一、行政给付的概念和特征

行政给付是指政府通过给予公民法人利益和便利等方式实现行政目的的活动。也称行政物质帮助，是指行政机关依法对特定的相对人提供物质利益或与物质利益有关的权益的行为。这里的"物质权益"主要表现为给付相对人一定数量的金钱或实物；"与物质有关的权益"的表现形式很多，如让相对人免费入学接受教育，给予相对人享受公费医疗待遇等。

物质和资金帮助有两个方面：一是向公民提供生活物质保障和防范风险保障，比如城市居民最低生活保障金、农村的五保户救济金等；二是为促进社会和经济发展向个人或者企业提供特定物质支持，如对企业科技开发的财政支持费用、对大学生自主创业的财政支持费用等。

有人认为行政给付分为物质和资金帮助与公用机构两个方面。也就是说，把国家成立医院、博物馆、图书馆等公用设施以及建立相应的公用机构也作为行政给付的另一部分，而本书并不把这部分放入行政给付是因为，这是经济学意义上的行政给付，而我们行政法学，在此是探讨行政行为行政活动的，所以只就行政主体提供行政给付的行为进行讨论。

行政给付的特征如下：

（一）行政给付以行政相对人的申请为条件

行政相对人要获得相关的物质帮助，必须事先向有权实施一定给付行为的行政机关提出申请。即使是在自然灾害等特殊条件之下的行政给付行为，一般也需要行政相对人在领取救济物资时办理一定的手续，这些手续可以视为一种补办的行政给付申请。

（二）行政给付是一种行政行为

行政给付的主体一般是行政机关，但是也包括法律、法规授权的社会组织。在其他国家和地区，行政给付的方式逐步趋向多样化。在许多领域内，行政给付并不是由行政机关直接实施，而是由行政机关拨出专门的款项，支持某些社会福利组织或社会公益事业单位来实施。只要这种给付行为有特定的法律依据，它就仍然属于一种公法行为，在我国就视为行政行为。

（三）行政给付的内容是赋予行政相对人以一定的物质帮助权益

我国行政法学界通说认为，行政给付的内容是行政机关给予行政相对人一定的物质利益，这种物质利益表现为一定的金钱、物品等实物。说它是行政授益行为即在于它是为相对人提供一定物质利益或者其他生活利益的行政行为。

（四）行政给付的对象是处于某种特殊状态之下的行政相对人

究竟何种特殊状态之下的行政相对人可以成为行政给付行为的对象，必须由规范性法律文件作出明确的规定。因为行政给付的基础是国家的财税收入，国家机关的一切财政收支必须依法进行，而不得随意支配。一般而言，行政给付的对象是因为某种原因而生活陷入困境的公民与对国家、社会曾经作出过特殊贡献的公民，如灾民、残疾人、孤独的老人与儿童，革命军人及其家属、革命烈士家属等。

二、行政给付的基本原则

行政给付基本原则是指普遍适用于给付行政各领域即行政供给、社会保障、行政资助领域的，对行政给付立法、执法等具有根本指导意义的基本准则。

（一）给付法定原则

行政给付既然是一种行政活动，使用的公共财政资金，自然受制于依法行政原则，给付的范围、对象、给付的实施主体、给付的程序要求都应该依据法律进行。由于行政给付领域广泛，有的领域处于改革阶段尚未取得成熟稳定的经验可以上升为法律，如社会保障问题；有的过于细碎且地方化，也没有达到整齐划一统一制定法律的程度如各种济贫、帮助鳏寡孤独问题。所以虽说行政给付法定，但是目前的法治化水平有限。其实，新中国成立六十多年了，总不能永远说经验不足无法立法。法治化是解决行政给付公平、公开，置于公众监督之下的唯一途径。

（二）公开、公平、平等原则

行政给付是用公共财政资金资助需要帮助的人，为了防止公共财政资金的不当流失和需要帮助的人群可以平等地得到帮助，贯彻公开、公平、平等保护原则非常重要。法律面前人人平等，是说一样条件下的人，在法律面前都是平等的，行政给付不能偏私、不能歧视，也不能私相授受。它不是一种私人恩惠，是动用公共财政资金帮助需要帮助的人，对公民而言是一种权利，对国家而言是一种义务，即国家有最低生活保障的义务，要提供维持一个人有尊严生活的起码保障。一种公法活动或行为，不可能是藏着掖着的，必须大大方方地公开透明，必须公平对待每个人，必须贯彻平等原则。

（三）专款专用和效率原则

行政给付是一种有目的地把钱花在某一事项上的活动，"有目的"即指抽象的公共利益目的，也指救助贫困、帮助孤寡、提掖弱小等具体目的。既然是有目的的活动，专款专用是必需的。应当指出的是，即使以其他公共利益需要为由，也不能挪用行政给付的资金。因为任何需要国家支出的公共利益，从财政预算的角度而言，都是专款专用的。不能再给挪用开口子、留余地。

效率是任何行政机关活动都追求的目标，由于行政给付使用财政资金，实际上也是使用全民的钱完成善业，有钱花在刀刃上，必须以效率为原则。因此，行政给付的范围、给付标准、用途均应精心设计，并以立法形式予以公布，便于实施，便于监督。应该留下检讨和纠正不合理使用的机会和渠道，使行政给付既能够严格依法进行，又有一定的弹性使其趋向合理。

（四）国家保障与社会扶助相结合、鼓励劳动自救原则

国家保障最低生活水准，并不意味着社会、个人就无所作为。借用西谚的一句话说：上帝救助自救者。意思是，一个对自己摆脱困境无所作为的人，上帝是无法救助他的。也有一个诠释这个意思的小故事：一个在洪水中困在某处高地的人请求上帝救助他，上帝应允。不一会儿来了一条船，船上人喊他游过去，他想，我不用游过去，上帝已经答应救我了，我等上帝来救我。结果一直到这个高地也被大水淹没，此人期盼的上帝也没来。是上帝爽约了？不是，上帝派船来救他，他却不愿意"自救"，所以别人没法救他，上帝也不能。这个简单的故事说明了一个深刻的道理，人一定要有自救的意识，相助才有意义。当然，有一些特殊情况不在其内，如完全丧失了生活能力的老人、残疾人、完全靠抚育的儿童等，是不适用此标准的。行政给付，首先是国家伸出了援助的手，其次，国家鼓励社会如非政府的社会组织，或者民间专门的慈善机构尽其可能帮助那些有困难需要给付的人们；再次，受给付的个人不应该"躺着等"，除了老弱病残，都应该自力救助，自己努力克服困难。为此，行政给付机关亦应在援手时，尽量为当事人自助或者日后的发展积累能力、储备资源，以图发展。

（五）信赖保护原则

信赖保护是行政法的基本原则。由于信赖保护适用于授益行政行为，行政给付是授益行政行为的一种，当然要奉信赖保护原则为圭臬。信赖保护原则已如前边的章节所述，这里不赘述。强调两点，一是信赖保护有前提，前提是相对人善意地信赖行政行为，如果相对人明知此行政行为作出势必违法，故意引诱、甚至行贿让行政机关的公务员作出这一行为，相对人的主观状态就不是善意，就不能享受信赖保护。二是信赖保护对相对人起保护作用的栅栏有两个，一个是公共利益，非公共利益不得撤回已经发生的给付，第二个是即使确有公共利益需要撤回已经发生的给付，势必充分考量必要的补偿。就行政给付而言，假设某一给付就是金钱给付，撤回这一给付，补偿什么？还是给钱，和没

有收回给付有什么区别？其实这时候就是考量撤回决定的执行问题，例如让其退回部分给付的金钱，也是一种办法，收回补助，帮助其找到一个有收入的工作也是一种办法。

三、行政给付的种类

行政给付传统上主要集中在民政部门，现在已经有所扩展，如国家科技部门对全国的科研工作以各种形式予以资助：课题方式、承包研究项目方式、对已取得的科研成果予以购买等。再如改革开放后，政府对经济的调控，不能是过去那种直接命令、指挥了，在宏观经济出问题时，政府有关部门如前几年发改委调动四万亿[①]要搞活经济，这种活动既不是传统意义上的管理，也不是传统意义上的济贫扶助孤寡，而是服务行政的一种，本书认为是可以归之于行政给付的一种活动。除了上述新出现的行政给付外，其实上至国务院各部门，下至地方政府或其部门，都有不同形式的行政给付，较为常见的是他们都设计各种科研课题，通过招投标择优选择课题承担人。这种活动表面上看是分配科研课题，但是实质上也是使用财政资金为社会提供科研成果，也是一种行政给付。但是本书以下叙述还是以民政部门的行政给付为对象予以种类描述，希望其他行政给付给梳理研究提供更多的素材资料，再将其纳入这一主题下展开探讨。

（一）抚恤金

抚恤金的发放对象主要是烈士和因公殉职、负伤、病故、残疾的军人、警察或者其家属。其主要形式又包括革命军人牺牲病故抚恤金、革命残疾军人抚恤金、护理费、治疗费等。

（二）生活补助费

生活补助费的发放对象主要是烈军属、复员退伍军人以及因工伤事故致残的公民，其主要形式包括复员退伍军人与烈军属定期定量生活补助费、临时补助费，因公伤残补助费等。

（三）转业、退伍安置

转业退伍安置的形式主要有，发放安置费与提供一定的住所等。安置费的发放对象主要是复员、转业、退伍军人，如复员军人建房补助费。

（四）救济

救济这个词，在法科学生中一定有另一种理解，就是英语中救济的词义，指

---

① 据说没有那么多投入，况且不是中央拿出这么多资金，而是中央地方一起"凑"。

法律赋予当事人寻求权利补救的途径，英美国家所谓"没有救济就没有权利"的著名说法，讲的就是权利被侵害无法寻求法律保护尤其是法院的保护，这种权利就形同虚设。而此处讲的救济是中文词义本身的含义，就是对贫穷或者危难中的人发放救济金或者发放救济物资等。其对象主要是因为某种情况而陷入生活困境的公民，如农村的五保户、贫困户，城镇的贫困户，发生自然灾害地区的灾民等。自然灾害情形下的救济具有临时性、救急的性质；而五保户、贫困户等济贫行为，往往具有相当的时间长度，甚至在相对时间里具有一定的稳定性。

救济这种形式的行政给付，目前存在的问题是政府层层克扣救济的数额。所以即使是中央拨付的金额，往往到了具体人头，数额缩水许多，以至于不足以保障被救济对象的最低生活水准。这种情况还是因为信息不对称，如果行政程序能够要求所有层次在这部分资金分配上的公开、透明乃至于说明理由，也许目前的救济缩水的问题可望解决。

（五）优待

优待的对象是生活上处于某种困境的公民或者法律、法规规定应该予以优待的特定社会成员，如贫困学生、独生子女等。对于上述优待对象，行政主体可以根据相关的法律、法规减免其学费，或者提供其他的优待措施。其实，为社会作出贡献的人，日后限于困境，亦应列入优待对象，对其示以关怀、体贴，生活上给予帮助。

（六）国家兴办社会福利事业

社会福利事业一般由政府采取资金扶助及政策优惠的方式扶植某些社会福利机构的发展，如社会福利院、儿童福利院、敬老院以及安置机构、社会残疾人团体、福利生产单位与科研机构（如假肢科研机构与生产企业）等。除了兴办或者鼓励、资助社会举办社会福利事业外，还包括民政部门对个人发放补助、补贴性质的社会福利金。

（七）社会保障

现代国家承担的社会性事务越来越多，一百多年前，没有人认为失业了应该找政府领取失业救济金，但是现在这已经是许多国家的一般做法了。社会保障是自二战以后的福利国家口号下渐行渐强的事务。我们不讲福利国家，但是以最低社会保障为原则，同样要发展社会保障事业。因而行政给付还包括政府资助发展社会保障事业，并直接在这些社会保障的"水池"中注入一定的资金。如失业救济金、保险金、养老保险金和社会一般成员的医疗保险、安全保险、财产保险等。这些行政给付往往采取社会化、企业化的方式经营运作，也要辅之以法律规定的强制命令形式使得企业或事业单位、个人都对未来的保障有一定的付出。社会保障必须各方努力的特点，使得如何衡量不同利益以保障公正、公平成为社会保障制度设计的关键。况且各国具体国情不同，不能像交通管理，照搬国外制度即可。

第三节　行政奖励

一、行政奖励的概念和特征

行政奖励是指行政主体为了表彰先进、激励后进，充分调动和激发人们的积极性和创造性，依照法定条件和程序，对为国家、人民和社会作出突出贡献或者模范地遵纪守法的行政相对人，给予物质的或精神的奖励的具体行政行为。

行政奖励的主要特征为：

1. 行政奖励的主体是行政主体。如果是企业、事业单位奖励自身职工或雇员，就不是行政奖励。

2. 行政奖励的目的在于表彰先进，调动和激发广大人民群众的创造性和积极性。这与其他行政行为相比具有鲜明的特点。其他行政法律行为多是强制性的，而行政奖励不具有强制力，公民可以做行政奖励鼓励做的事情，也可以不做，不做并不被制裁。行政奖励只是鼓励公民多做贡献，多做好事、善事，以激励其他人向被激励对象学习，促进社会奋发向上的良好风气形成。

3. 行政奖励的对象是贡献突出或者模范遵纪守法的组织或者个人。

4. 奖励的形式包括物质奖励和精神奖励，二者大多合并采用。

5. 行政奖励是一种法定的行政行为。行政奖励使用公共财政资金实施，当然应该依法进行，所以行政奖励虽然是没有强制力、对相对人有利的，亦应由法律明确规定方可。

二、行政奖励的内容形式和奖励客体

（一）行政奖励的内容形式

行政奖励的内容是指行政主体通过行政奖励行为赋予受奖励者的权益。根据我国有关行政奖励的法律规定，行政奖励的内容包括：1. 物质方面的权益；2. 精神方面的权益；3. 职务方面的权益。

根据不同的法律、法规和规章的规定，行政奖励的形式主要有：1. 发给奖金或奖品；2. 通报表扬；3. 通令嘉奖；4. 记功；5. 授予荣誉称号；6. 晋级；7. 晋职。另外，行政奖励分为个人奖励和集体奖励。

行政奖励的内容和形式结合起来体现为如下三个方面：

1. 精神方面的权益，即给予受奖人某种荣誉。首先是荣誉称号这种精神奖励形式。个人荣誉称号有"劳动模范""先进工作者""人民满意的公务员"。"劳动模范"荣誉称号授予生产建设中的劳动者。"先进工作者"荣誉称号授予机关和事业单位工作者；"人民满意的公务员"荣誉称号授予国家公务员。集体荣誉称号为"先进集体""人民满意的公务员集体"。

除了荣誉称号外，精神奖励还有：通令嘉奖、记功。个人奖励分为嘉奖、记三等功、记二等功、记一等功。集体奖励分为嘉奖、记集体三等功、记集体二等功、记集体一等功。此外，精神奖励还有通报表扬，发给奖状、荣誉证书、奖章等。有时候这些形式是重叠的，如奖励荣誉称号一定伴随着发给奖状或者奖章或者荣誉证书。当然通报表扬可以单独使用，也可以与其他奖励手段同时使用。

2. 物质方面的权益，即发给奖金或者各种奖品。有的奖项是既有精神奖励的性质又有物质奖励的性质，如科技方面的"国家自然科学奖""国家技术发明奖"、"国家科学技术进步奖"，都既是一种荣誉，也有金额较大的奖金。

3. 职务方面的权益，即予以晋级或者晋职。当然，这种奖励的对象具有更进一步的限定性，并且，由于牵涉职务、职级，往往要求有组织法上的根据。

这三种奖励形式，既可单独进行，又可合并实施。由于这三种奖励在激励、调动积极性方面各有特色，因而，实践中往往三者并行：既有精神奖励，又有物质奖励，亦重视职务方面的权益赋予。

（二）行政奖励的客体

行政奖励的客体指行政奖励所针对的是何种行为。客体与对象的区别，对于行政奖励而言在于，行政奖励的对象是人，而行政奖励的客体是指奖励针对的行为。如前所述，行政奖励不具强制力，只是倡导鼓励人们效法，那么这种被奖励的行为不是公民、组织的法定义务，而只是国家倡导的行为。这种非义务行为大致分为如下几种：

1. 出色完成科研成果或者技术创造成果的行为。我国《宪法》第二十条规定："国家发展自然科学和社会科学事业，普及科学和技术知识，奖励科学研究成果和技术发明创造。"2003年国务院颁布了《国家科学技术奖励条例》，其第一条规定："为了奖励在科学技术进步活动中做出突出贡献的公民、组织，调动科学技术工作者的积极性和创造性，加速科学技术事业的发展，提高综合国力，制定本条例。"可见，在科研活动中做出突出贡献是予以行政奖励的客体。

2. 做出突出贡献和显著成绩的行为。如《森林法》第十二条规定："在植树造林、保护森林、森林管理以及林业科学研究等方面成绩显著的单位或者个人，由各级人民政府给予奖励。"再如《义务教育法》第十条规定："对在义务教育实施工作中做出突出贡献的社会组织和个人，各级人民政府及其有关部门按照有关规定给予表彰、奖励。"

3. 检举揭发违法犯罪行为有功的行为。国家食品药品监督管理局、财政部联合制定的《举报制售假劣药品有功人员奖励办法》第三条第二款规定："举报有功人员（以下简称举报人）是指以书面材料、电话或其它形式向食品药品监督管理部门举报生产、销售假劣药品违法犯罪行为并经查证举报情况属实的人员。"

4. 恪尽职守、出色完成工作任务的行为。"劳动模范""先进工作者""人民满意的公务员"等荣誉称号即属此类奖励客体。再如"通令嘉奖""记功"等也可以用于此处。

三、行政奖励的功用和原则

行政奖励作为一种行政管理手段，历来受到人们的重视。尤其是关于人们行为的研究表明，激励有时候比惩罚更具效率。激励性政策和惩戒政策相辅相成，共同成为影响相对人行为的有效手段。在现代国家中，行政奖励行为和行政处罚行为、行政强制行为等相并列，成为备受重视的行政手段之一，其目的在于表彰先进，鞭策后进，充分调动和激发人们的创造性与积极性，最终实现国家和社会治理的目标。因此，行政奖励手段的合理运用，无疑能够激励人们更多地做出有益于社会、有益于国家、有益于人民的事情。不过，为确保行政奖励发挥其应有的作用，就必须保证其合法性、合理性、公正性，因而需要建立一系列必要的原则和制约机制，使行政奖励实现制度化、法律化、科学化。

行政奖励的原则主要有：1. 物质奖励与精神奖励相结合的原则；2. 公正、合理、民主、平等的原则；3. 奖励与受奖行为相当的原则；4. 依法奖励、实事求是的原则；5. 及时性、时效性和稳定性的原则。

其实这些原则需要有具体法律规定才能更好落实，另外依法奖励也须有法可依，所以应当制定统一的行政奖励法，对行政奖励需要统一规定的实体问题和程序问题作出一般规定，诸如不同的奖励种类分别应当由什么样级别的行政机关授予，行政机关确定奖励对象时应当遵循什么程序才能保障公正、公平，都是需要统一规定的问题，而具体奖励条件则可以由不同的单行法规定，这样才能统而不死，富有弹性却又不乱。

思考题：

1. 行政确认与行政许可有何区别？

2. 行政给付与行政奖励有何区别？

3. 行政确认的种类有哪些？

4. 行政给付的种类有哪些？

5. 授益行政行为与损益行政行为有何区别？

案例：飞龙公司诉国家药监局行政确认案

美国辉瑞公司研制出一种男性用药，英文名为 viagra。自 1998 年上市以来，成为世界上最畅销的药品之一。此药在中国被译为"伟哥"，但辉瑞公司最初注册的名字为"威尔刚"。沈阳飞龙公司抢先向国家工商总局申请注册了被中国民众熟知的"伟哥"，申请被受理。其产品随即遍布全国。

辉瑞公司向中国药监局求助。1999 年 3 月 22 日，药监局发出"72 号文件"，通知各省级卫生行政部门，认定"伟哥"为美国辉瑞公司的产品，查封国内生产的假药"伟哥"并进行处罚。飞龙公司以商标管理局受理申请为由提出反驳。后该年 4 月 13 日药监局发出国药管市（1999）93 号《关于查处劣药"伟哥开泰胶囊"的通知》（其后简称 93 号文件），改认定飞龙公司的"伟哥"为劣药，查处并处罚。飞龙集团方面认为查处劣药"伟哥开泰胶囊"的通知下达后，造成飞龙集团上亿元的损失，严重侵犯了公司的财产权、经营权和名誉权。

1999 年 4 月 26 日，飞龙公司在北京市第一中级人民法院提起诉讼，请求撤销药监局 72 号和 93 号文件，并赔偿损失，消除影响，恢复名誉。8 月 19 日，北京市第一中级人民法院公开审理此案，并于 12 月作出一审判决，飞龙败诉。飞龙公司不服提起上诉，经北京市高级人民法院二审，作出终审判决，对北京市第一中级人民法院在一审作出的"维持被告国家药品监督管理局 1999 年 4 月 13 日作出的国药管市（1999）93 号《关于查处劣药"伟哥开泰胶囊"的通知》"作出变更，同时北京市高院认为：认定伟哥开泰胶囊为"劣药"不当。

请思考：

本案中的"93 号文件"具有什么样的法律属性？

第十一章　抽象行政行为

本章内容提要：抽象行政行为与具体行政行为是我国行政行为重要的分类之一。抽象的行政行为往往由于其针对不特定的对象而制定、发出，且具有反复适用的效力，会广泛影响当事人，因而对其的约束与规范则显得更为重要。本章需要着重把握行政立法的权限、程序与监督的内容。

第一节　抽象行政行为概述

一、抽象行政行为的概念和特征

抽象行政行为并不是直接出现在法律中的概念，它是作为与具体行政行为相对应的概念从法律中推导出来的。具体行政行为是法律概念，出自1989年4月4日全国人大通过的《行政诉讼法》。具体行政行为是人民法院受理行政案件范围的标志性栏杆。而在行政诉讼法中又划出一个人民法院不予受理案件的范围，其中四项之一是"行政机关发布的具有普遍约束力的决定、命令"。于是，人们最简明扼要的说法就是：具体行政行为是人民法院受理行政案件的最重要条件之一，而不受理的行政案件中有和具体行政行为相对应的"抽象行政行为"。

因为抽象行政行为是"行政机关发布的具有普遍约束力的决定、命令"的概括说法，议论、叙述时使用起来更方便简洁。所以很快就和具体行政行为一起被普遍使用了。可具体行政行为渐渐地都是要式行为了，即都是以书面形式承载决定的内容，其与也是书面文件的抽象行政行为如何区分？1991年《最高人民法院关于贯彻执行〈中华人民共和国行政诉讼法〉若干问题的意见》（业内俗称"115条"），开宗明义第一条先解释何为具体行政行为，但是这一描述性定义方式，不是与抽象行政行为比较而言的，所以一旦放到比较的角度，不周延的问题就出来了。所以1999年《最高人民法院关于执行〈中华人民共和国行政诉讼法〉若干问题的解释》（业内俗称"98条"），放弃对具体行政行为定义的办法，而改为对抽象行政行为作出解释，其言下之意是：凡属不是抽象行政行为的，就属于人民法院受理行政案件的范围。该司法解释第三条规定："行政诉讼法第十二条第（二）项规定的'具有普遍约束力的决定、命令'，是指行政机关针对不特定对象发布的能反复适用的行政规范性文件。"据此抽象行政行为的特点是：

1. 针对不特定对象发布的文件。也就是说具体行政行为是针对特定对象发布的，例如行政处罚决定、许可决定都很显然是针对特定对象发布的文件，人们比较容易识别。抽象行政行为大多数情况也是属于比较容易辨认的。但是少数情况下，一个文件到底是具体行政行为还是抽象行政行为可能发生很大歧义，甚至产生很大的争论。例如2001年河北三河的律师乔某告铁道部调价通知一案，一审开庭时，原告被告双方就该调价通知是否为具体行政行为展开了激烈的争论。原告认为调价通知具有对象特定的特点，理由是该文件抬头已经写明白了，各铁路局、铁路分局，所以对象是明确特定的。被告方诉讼代理人认为对象特定指的是该通知的适用对象，而不是发文对象，发文对象实际上是执行该通知的主体。适用对象是谁呢？是购买火车票的消费者，他们才是该通知适用的对象。继而，原告称买火车票的消费者也是特定，因为春运后的统计是，这七条调整价格的线路共计有三千多万人此间坐了这些线路的火车。这里的"此间"指2001年35天的春运期间。被告方诉讼代理人认为，第一，全国的铁路局和铁路分局都执行这个通知，有的上调价格，有的价格未动，不管价格在春运期间"动"或者没有"动"，都是执行该通知的结果，所以不能以上调了的线路计算人数。如果说多少人在春运期间坐了火车，是两亿人！对象特定吗？第二，所谓特定或者不特定，指的都是作出决定（通知）时是否对象已经确定，也就是说关于对象的数字不管多大应该是封闭的，如果作出决定时根本不知道究竟会有多少人在此间购买火车票，也就是说关于对象的数据是开放的，这就是对象"不特定"的表现。

2. 是否有反复适用的效力。这是司法解释确定的抽象行政行为的第二个特征。举例来说，一个行政处罚文件，针对一个人或者三个人，在适用后，该行政处罚文件就告完成。如果欲处罚其他人，就要作出新的处罚决定。这说明具体行政行为不可以反复适用。抽象行政行为如一个关于处罚的规定，就是反复适用的。这个标准一般而言已经可以解决区分两者的问题，但是在一些特别情形下，区分可能还是有困难的，如刚提及的乔某告铁道部一案。原被告双方在一审开庭时，就此有过一番争论。原告称，铁道部2001年春运调整价格通知，标题已经表明是2001年一次性适用，不是年年适用。被告方代理人则认为，2001年春运有 35 天，35 天中的每天，全国的铁路局铁路分局都在执行这个通知，在售票时适用这个通知，明明这个通知是反复适用的！

总之，最高人民法院的司法解释指出的程序行政行为的两个特征，一般情况是足够用的。但是特殊情形有点困难。我们举形象的例子来说，如果说当兵有一个条件，符合这个条件的站到左边，不符合条件就统统站到右边去，这个区分就是最彻底的。如果是两个条件，站队时就会出现有的人符合第一个条件，有的人符合另一个条件，这些人到底站到符合条件的队伍里，还是站到不符合条件的队伍里？

本书为此建议在上述两个特征都发生争执的时候，就看这个文件中适用条件的事实，是否已经发生还是有待发生。如果是已经发生的事实，这个文件就是具体行政行为，如果是未来发生的事实，这个文件就是抽象行政行为。

二、抽象行政行为的种类

抽象行政行为一般可以区分为两大类：一是行政立法，一是行政机关规范文件。这个分类都是以行为结果指代行为。因为行政立法在实际生活中，既可以称呼行政立法活动的结果，即行政立法文件，也可以就是指行政立法这一活动过程。规范文件是一个结果，但是它也是制定规范文件这一过程产生出的结果。不论指称活动，还是指称结果，大体上为方便起见，都是一而二，二而一，混用的。

（一）行政立法

行政立法是经过相当长的时间争论，最后渐渐为人们所接受的概念。仍然未见诸正式的法律文件。所以是日常用语，一个方便讨论和叙述的工具。

行政立法是指代行政机关制定行政法规和规章的统一称呼。行政法规只有一个制定主体即国务院。规章分为部门规章和地方规章，制定主体有一百个以上。详见行政法渊源章节。由于 2000 年的《立法法》，规范的是立法活动，所以其第二条规定："法律、行政法规、地方性法规、自治条例和单行条例的制定、修改和废止，适用本法。国务院部门规章和地方政府规章的制定、修改和废止，依照本法的有关规定执行。"虽然《立法法》用这种办法规避了关于规章算不算法的争论，但是实际上自此关于规章是不是"法"的争论止息了。因此，行政立法的概念似乎也不用争了，行政立法就是行政机关进行立法活动的含义。

（二）其他抽象行政行为

抽象行政行为是更大的概念，所以含行政立法，"其他"抽象行政行为是指不够行政立法之"格"的那些抽象行为。例如我国有近三千个县（市）一级的行政区域，这些县（市）的人大及其常委会没有地方性法规的制定权限，政府也没有制定地方规章的权限。他们所发布的规范文件就称为规范性文件。规范性文件中含有地方人大的规范文件，所以为了区别起见，我们对政府颁布的规范文件加上一个定冠词："行政"，即行政规范文件。行政规范性文件即我们这里所说的其他抽象行政行为。它区别于没有立法权的地方人大制定的规范文件，也区别于执政党的规范文件。而俗称之红头文件，既可能包括没有立法权的人大的规范文件，也可能包括执政党各级组织颁布的规范文件，还可能包括我们行政法上称之为内部文件的行政文件。

第二节　行政立法的权限和程序

一、行政立法的权限

（一）行政立法的原则

行政立法的权限首先体现在国家立法原则的要求之中。因为原则是不能超越的，行政立法的原则表明行政立法的权限最远可以走到哪儿要停下来，所以立法原则实际上构成对行政立法权力的一种限制。

1. 法制统一原则

这个原则源于《宪法》第五条的规定："国家维护社会主义法制的统一和尊严"。我们国家的国体是单一制，不是联邦制。在立法上要求法制统一是国体的体现。由于我们的立法主体是多层次的，防止立法主体自行其是，防止地方、部门利益立法，必须有一个最基本的要求，那就是法制统一。法制统一原则要求立法各层级之间没有矛盾，是协调统一的。法制统一原则在1982年的《宪法》诞生时就有了，但是随后的发展，对法制统一原则有了更加具体的解说。这种具体的解说明确在《立法法》之中。这些更为明确的解说借鉴自德国。

第一，法律优先原则。这一原则我们在前边讲过。这里对于行政立法而言，意味着，有法律时，行政立法不能超越法律作出规定。何谓不能超越法律，我们的单行法如行政处罚法、行政许可法、行政强制法都对行政立法的规定权作出了限定。这样的限定表明，法律优先并不是下位法什么都不可以作出扩充性规定，而是在法律规定的几个方面，行政立法不能突破法律的规定。例如行政处罚法要求，行政立法细化上位法时，在处罚的条件、处罚的幅度和处罚的种类三个方面不能突破上位法。这样的安排就很好地缓解了法制统一原则和我国框架性立法之间的紧张关系。

另外，1982 年的《宪法》和1979 年的《地方各级人民代表大会和地方各级人民政府组织法》以及 1982 年《国务院组织法》对于行政立法的原则规定，是"根据"原则，即不论是行政法规还是规章都应该根据法律来制定。"根据"原则的含义争论多年，2000 年 7 月 1 日实施的《立法法》结束了这一争论。可以这样说，法律优先原则是"根据"原则的进化、发展。

第二，法律保留原则。这一原则在行政法基本原则章中业已讲过。这里我们要强调的是，如果说法律优先原则是对行政立法的规定权的限制，法律保留原则则是对行政立法创设权的限制。因为行政立法就其立法权限范围而言，一个是规定权，一个是设定权。规定权要遵守法律优先原则，而创设权要遵循法律保留原则。也就是说，在法律空白情形下，行政立法不能贸然涉入，而要看有关事项是否为法律保留的事项。如果不是，行政立法可以创设，如果是法律保留事项，则不论什么理由都不能涉入。这就在法律与行政法规之间画上了一条界线，什么事项行政立法可以涉入，什么事项行政立法不可以涉入，由此变得界限清晰。

2. 平衡原则

公平正义是法的本质，但公平正义不是自然而然实现的。平衡原则就是要求行政立法在制定之时，对行政机关和相对人之间的权利义务和各方自身的权利义务相互统一，得到平衡，也就实现了法律的公平正义。即行政立法要切实保障公民、法人和其他组织的合法权益，在规定其应当履行的义务的同时，应当规定其相应的权利和保障权利实现的途径；同时要保证行政机关的职权与责任相统一，在赋予有关行政机关必要的职权的同时，应当规定其行使职权的条件、程序和应承担的责任。

3. 行政合理和效率原则

行政立法多出自自身行政管理或者服务的需要而制定。为了防止行政机关仅顾及自身便利或者自身其他利益而忽视行政机关的根本，对行政立法必须提出这样的原则要求，即行政立法要体现改革精神，科学规范行政行为，促进政府职能向经济调节、社会管理、公共服务转变；符合精简、统一、效能的原则，相同或者相近的职能规定由一个行政机关承担，简化行政管理手续。

后两个原则是 2001 年的《行政法规制定程序条例》和《规章制定程序条例》，对行政立法提出的原则要求。

（二）行政立法的权限

行政立法包括行政法规和规章。我们分别叙述一下两种行政立法的权限。

1. 行政法规的立法权限

《立法法》第六十五条规定了行政法规的立法权限是：第一，为执行法律规定，需要制定行政法规的事项；第二，《宪法》第八十九条规定国务院行政管理职权的事项。这两个事项中实际上包括设定权和规定权两个方面的权限。

为执行法律规定需要制定行政法规的事项中，包括执行性立法，也包括专门的授权立法。执行性立法，本身是无须法律授权的，只要行政法规遵守了法律优先原则即可自行制定。但是目前许多法律在附则里规定，本法由国务院制定实施细则（或者实施条例），不少人因此认为这是授权国务院制定实施细则。其实这不是授权，只是提示。因为即使没有这一规定，国务院仍然可以在不违背法律优先原则的前提下制定实施细则。而真正的授权立法是指，法律把法律保留的事项授权给国务院制定行政法规。例如《物权法》关于不动产登记的制度，只作出了一个概括规定，所有细节都没有涉及，并要求国务院对此作出具体规定，就属于授权立法。两者的差别在于，前者法律对主要事项都已经作出了规定，执行性立法只是就个别细节不细化无法操作的情形作出实施性规定，而后者是法律把一个框架确定下来后就授权国务院立法。

就授权而言，过去似乎只要是全国人大及其常委会授权了，就没有什么不对。但是由于《立法法》不但规定了法律保留，而且规定了法律绝对保留，所以只有相对保留事项，全国人大常委会才能授权国务院立法。

《立法法》关于国务院行政法规的权限范围另一项规定是：《宪法》第八十九条规定国务院行政管理职权的事项是国务院行政法规的立法权限范围。《宪法》第八十九条规定了国务院18项行政职权。过去对此的争论就集中在行政权限与行政立法权限是否全部重合这个问题上。现在看《立法法》的规定，表面上看是全部行政职权都是行政立法的权限范围。但是由于《立法法》规定了法律保留原则及其保留的具体事项，所以它实际上已经回答了过去的争论，终止了争论。也就是说，18项行政管理事项，国务院确实可以创设性立法，但是不能违背法律保留原则。所以这18项事项遇到是法律保留的项目，国务院就不能继续前进了，须等待全国人大及其常委会的立法，而不能行政立法先行。

2. 规章的权限范围

规章要分别讲，因为地方规章和部门规章层级虽然是一样的，但是其权限范围是有区别的。

部门规章，按照《立法法》第七十一条："国务院各部、委员会、中国人民银行、审计署和具有行政管理职能的直属机构，可以根据法律和国务院的行政法规、决定、命令，在本部门的权限范围内，制定规章。"部门规章规定的事项应当属于执行法律或者国务院的行政法规、决定、命令的事项。部门规章按照《立法法》的规定，只能制定执行性规章，除非国务院将自己的行政立法权限授权某一部门制定规章。

地方规章按照立法法第七十三条："省、自治区、直辖市和较大的市的人民政府，可以根据法律、行政法规和本省、自治区、直辖市的地方性法规，制定规章。"

该条还规定，地方政府规章可以就下列事项作出规定：（一）为执行法律、行政法规、地方性法规的规定需要制定规章的事项；（二）属于本行政区域的具体行政管理事项。显然，地方规章比部门规章多了一项权限，即属于本行政区域的具体行政管理事项，这项权限有可能是创设性立法权。但只要是创设性立法权限就不能违背"法律保留"。

二、行政立法程序

制定行政法规与规章的权限不同，但是程序很类似。虽然两者的程序规定是见于不同的法律文件中的。如《立法法》关于行政法规制定程序的规定从第五十七条始至第六十二条止，有6条规定，但并不完整，如没有关于立法规划这样的程序规定，会议讨论程序也没有见诸文字，而是隐含在第六十九条关于"行政法规的决定程序依照中华人民共和国国务院组织法的有关规定办理"的规定中。随后国务院于2001年11月16日颁布《行政法规制定程序条例》（2002年1月1日实施）。行政法规的程序规定就更加周全了。

对于规章的程序，《立法法》没有作出直接规定，只是说两种规章的制定程序由国务院参照《立法法》关于国务院制定行政法规的程序予以规定。2001年11月16日国务院颁布了《规章制定程序条例》。由于规章制定程序是参照行政法规的制定程序作出的，所以两种行政立法，其制定程序很相似。

（一）行政立法规划

行政立法不可能现抓现干，要有一定的规划，以便按部就班推进。

规划实际上也是行政立法的立项。什么样的行政立法可以起草制定了，列入规划，立法程序就开始了。目前行政立法规划，当然是政府行政主管机关主导，但是立项可否用申请立项方式达到不同主体甚至是个人启动行政立法程序的目的？其实企业、事业单位等也可以申请"立项"，并不会产生任何危害或者混乱，因为没有成稿，没有具体条文，只是建议应该制定某一行政立法，就算是提醒，也是有好处没有坏处的事。

但是行政立法的规划并不是一经确定就不可变更了，这是因为第一，行政立法的制定是一个相对比较长的时间，不像具体行政行为，很快就确定内容并且作出相应的决定，在这样相对较长的时间内，情况是可能不断变化的，有些事情可能变得更加紧急，有的可能重要性退次，这就需要对规划适时调整。第二，行政立法尤其是规章，具有附属立法和应急立法的性质，一旦需要可能要较快出台才能满足主法和应急的迫切需要。

每年年初国务院编制本年度的立法工作计划。国务院有关部门认为需要制定行政法规的，应当于每年年初编制国务院年度立法工作计划前，向国务院报请立项。国务院有关部门报送的行政法规立项申请，应当说明立法项目所要解决的主要问题、依据的方针政策和拟确立的主要制度。国务院法制办公室对部门报送的行政法规立项申请汇总研究，根据国家总体工作部署，突出重点，统筹兼顾，拟订国务院年度立法工作计划，报国务院审批。

规章的立项。国务院部门内设机构或者其他机构认为需要制定部门规章的，应当向该部门报请立项。

省、自治区、直辖市和较大的市的人民政府所属工作部门或者下级人民政府认为需要制定地方政府规章的，应当向该省、自治区、直辖市或者较大的市的人民政府报请立项。

报送制定规章的立项申请，应当对制定规章的必要性、所要解决的主要问题、拟确立的主要制度等作出说明。

国务院部门法制机构，省、自治区、直辖市和较大的市的人民政府法制机构（以下简称法制机构），应当对制定规章的立项申请进行汇总研究，拟订本部门、本级人民政府年度规章制定工作计划，报本部门、本级人民政府批准后执行。

年度规章制定工作计划应当明确规章的名称、起草单位、完成时间等。

年度规章制定工作计划在执行中，可以根据实际情况予以调整，对拟增加的规章项目应当进行补充论证。

（二）行政立法的起草

1. 起草主体

行政法规由国务院组织起草。国务院年度立法工作计划确定行政法规由国务院的一个部门或者几个部门具体负责起草工作，也可以确定由国务院法制机构起草或者国务院法制机构组织起草。

部门规章由国务院部门组织起草，地方政府规章由省、自治区、直辖市和较大的市的人民政府组织起草。

国务院部门可以确定规章由其一个或者几个内设机构或者其他机构具体负责起草工作，也可以确定由该部门的法制机构起草，或者确定该部门的法制机构组织起草。

省、自治区、直辖市和较大的市的人民政府可以确定规章由其一个部门或者几个部门具体负责起草工作，也可以确定由政府法制机构起草或者政府法制机构组织起草。

起草规章可以邀请有关专家、组织参加，也可以委托有关专家起草或者组织专家起草。

2. 听取意见

行政立法在起草过程中，应当广泛听取有关机关、组织和公民的意见。听取意见可以采取座谈会、论证会、听证会等多种形式。

起草部门应当就涉及其他部门的职责或者与其他部门关系紧密的规定，与有关部门协商一致；经过充分协商不能取得一致意见的，应当在上报草案送审稿时说明情况和理由。

3. 报送草案

由于目前大多数的行政立法实际上起草与制定是不同层次的活动，如起草行政法规可能是国务院的部门，起草地方规章可能是地方政府的部门，所以起草后大多有报送制定机关这一环节。

报送的行政立法的送审稿，应当由起草部门主要负责人签署。几个部门共同起草的行政立法送审稿，应当由该几个部门主要负责人共同签署。

起草单位报送行政立法的送审稿时要同时报送草案说明、对送审稿主要问题的不同意见和其他有关材料，如汇总的意见、听证会笔录、调研报告、国内外有关立法资料等。

4. 制定机关审查草案

报送国务院的行政法规送审稿，由国务院法制机构负责审查。部门规章送审稿由部门法制机构负责统一审查。地方规章的送审稿由地方政府法制机构负责统一审查。

法制机构主要从以下方面对行政立法送审稿进行审查：

（1）是否符合宪法、法律的规定和国家的方针政策；

（2）是否符合前文提及的平衡原则和合理效率原则；

（3）是否与有关上位法协调、衔接；

（4）是否正确处理有关机关、组织和公民对送审稿主要问题的意见；

（5）其他需要审查的内容。

行政立法送审稿有下列情形之一的，法制机构可以缓办或者退回起草部门：

（1）行政立法的基本条件尚不成熟的；

（2）有关部门对送审稿规定的主要制度存在较大争议，起草部门未与有关部门协商的；

（3）上报送审稿没有经过起草部门领导签署，或者没有附具适当的起草资料的，如草案经过听证却没有附具听证笔录的；

（4）制定机关法制机构听取意见。

如果送审稿没有被退回或者缓办，法制机构应当将行政立法送审稿或者其涉及的主要问题发送国务院有关部门、地方人民政府、有关组织和专家征求意见。国务院有关部门、地方人民政府反馈的书面意见，应当加盖本单位或者本单位办公厅（室）印章。

法制机构应当就规章送审稿涉及的主要问题，深入基层进行实地调查研究，听取基层有关机关、组织和公民的意见。重要的行政立法送审稿，经报制定机关同意，向社会公布，征求意见。送审稿涉及重大问题的，法制机构应当召开由有关单位、专家参加的座谈会、论证会，听取意见，研究论证。

（5）制定机关法制机构修改草案

法制机构应当认真研究各方面的意见，与起草部门协商后，对行政立法送审稿进行修改，形成行政立法草案和对草案的说明。说明应当包括行政立法拟解决的主要问题、确立的主要措施以及与有关部门的协调情况等。

修改后的草案和草案说明由法制机构主要负责人签署，提请制定机关审议。

（6）制定机关会议议决行政立法

行政法规草案一般要由国务院常务会议审议，少数情形是由国务院审批，即由不同的负责人审批自己主管的领域所需要的行政法规。本来《立法法》没有相关具体程序的规定，但是要求国务院按照《国务院组织法》的规定执行，《国务院组织法》第四条的规定是："国务院工作中的重大问题，必须经国务院常务会议或者国务院全体会议讨论决定。"本书作者一直认为行政法规的制定，不论是否只是某一方面的具体规定，都属于国务院工作中的重大问题，都应当经过常务会议或者全体会议讨论决定。但是据说之所以还是保留了审批行政法规的程序，是考虑到行政法规修改有时候可能只是修改一、两条，似乎没有必要等待这种会议的举行。从现行规定看，这种意见被接受了。

国务院常务会议审议行政法规草案时，由国务院法制机构或者起草部门到场作说明。

对于规章的会议议决程序，《立法法》已经作出了规定，即第八十四条规定："部门规章应当经部务会议或者委员会会议决定。地方政府规章应当经政府常务会议或者全体会议决定。"审议规章草案时，由法制机构到场作说明，也可以由起草单位到场作说明。

（7）签署、公布

行政法规是由总理签署，以国务院令形式予以公布。

部门规章由部门首长签署命令予以公布。地方政府规章由省长、自治区主席或者市长签署命令予以公布。

行政法规、部门规章登载于《国务院公报》和全国范围发行的报纸上；国务院公报是标准文本。

地方规章在本级政府公报和本行政区域范围内发行的报纸上刊登，以地方政府公报刊登的文本为标准文本。

（8）报送备案审查

国务院的行政法规原来没有备案审查程序，2000 年颁布并实施的《立法法》要求行政法规也要在公布后的 30 日内报全国人民代表大会常务委员会备案。

部门规章、地方规章都是同样在公布后 30 天内，报国务院备案。但是地方规章由于体制原因，其报送备案审查的主体更多。省级政府规章在公布后 30 天内，报国务院、同级人大常委会备案；较大的市政府规章公布后 30 天内，报国务院、同级人大常委会备案，还要报省级人大和省级政府备案。

备案程序早已有之，如规章在 1987 年就有国务院的行政法规要求其报送国务院备案了。但是备案是单纯的备案，只具有信息功能，还是备案审查，具有审查功能，在一段时间里一直有争论，立法法明确是备案审查，这个问题就明确了。

从 1982 年《宪法》起，从宪法组织法角度看，对行政立法是有监督制度的，如全国人大常委会有权撤销同宪法、法律相抵触的行政法规；国务院有权改变或撤销不适当的部门规章和地方规章；省、自治区、直辖市人大常委会有权撤销本级人民政府制定的不适当的规章；省、自治区、直辖市有权改变或撤销下级人民政府制定的不适当的规章。但是由于缺乏"由头"，这些规定变成了"睡美人"条款，或者"冬眠"条款。而备案审查就为动用这些规定添加了"由头"，使得"机制"可以真的动起来。

第三节　对行政立法的监督审查

一、备案审查

如前所述的备案审查既是行政立法程序的最后一环，也是对行政立法的监督制度。备案审查是在法律文件公布 30 天内报送备案审查。由于报送的法律文件大多数还没有生效，只有少数可能因为情况紧急而生效了，所以这个程序应该也算是事后监督程序。

备案审查机关对备案法律文件的审查，主要是一种合法性审查，而不是对立法技术、文字表述等都进行审查的全面审查。其标准如下：

（一）是否超越权限；

（二）下位法是否违反上位法规定；

（三）同一位阶的法律文件对同一事项的规定是否一致；

（四）是否违背行政立法的法定程序。

以上四项都是合法性标准。但是如果是规章备案的，备案审查机关可以审查规章是否不适当，以至于应当予以改变或者撤销。

二、违宪审查或者违法审查

除了备案审查外，立法法增加了一条审查行政法规的渠道。这条渠道有人称之为违宪审查。实际上这条渠道可能是违宪审查，也可能是违法审查。按照《立法法》第九十条①的规定，国务院、中央军事委员会、最高人民法院、最高人民检察院和各省、自治区、直辖市的人民代表大会常务委员会认为行政法规、地方性法规、自治条例和单行条例同宪法或者法律相抵触的，可以向全国人民代表大会常务委员会书面提出进行审查的要求，由常务委员会工作机构分送有关的专门委员会进行审查、提出意见。

前款规定以外的其他国家机关和社会团体、企业事业组织以及公民认为行政法规、地方性法规、自治条例和单行条例同宪法或者法律相抵触的，可以向全国人民代表大会常务委员会书面提出进行审查的建议，由常务委员会工作机构进行研究，必要时，送有关的专门委员会进行审查、提出意见。

《立法法》第九十条是上下两款规定，第一款与第二款所规定的向全国人大

---

① 《立法法》2015 年修改后，为第九十九条，规定内容未变。

常委会要求审查的主体是有区别的，所以程序上也略有区别。第一款所规定的"大"国家机关要求进行审查，全国人大法工委①没有裁量权，只能根据法律文件的内容确定送交全国人大有关专门委员会审查。而第二款规定的主体比较多而杂，有除上述机关之外国家机关——层次比其低，也有企业事业单位，甚至公民个人。所以，法工委收到审查申请后，有裁量权即认为该审查申请必要时送有关专门委员会审查。

违宪或违法审查的标准是违宪违法，所以是彻底的合法性审查。其审查标准是：1. 是否超越权限；2. 下位法是否违反上位法规定；3. 是否违背法定程序。

具体程序是：收到审查申请的法工委将待审法律文件——这里我们只讲行政法规，送专门委员会审查，专门委员会审查认为行政法规与法律相抵触的，向国务院提出书面审查意见促其修改；该专门委员会也可以与法律委员会召开联合会议，要求国务院派员到场说明情况，然后提出书面审查意见督促国务院修改。如果国务院2个月内未予修改，专门委员会将审查意见和撤销该行政法规的议案，提交委员长会议，以便决定是否上人大常委会。如果委员长会议决定上会，议决结果是撤销该行政法规，全国人大常委会就应以决议形式撤销该行政法规。也就是说，国务院自己是可以修改该行政法规，使其合宪或合法。而国务院自己不改，则全国人大常委会不能修改该行政法规，只能整个地撤销该行政法规。

立法法规定的违宪审查或违法审查，就行政立法而言仅涉及行政法规。但是其后国务院仿照立法法，为规章也设计了类似审查程序：国家机关、社会团体、企业事业组织、公民认为规章同法律、行政法规相抵触的，可以向国务院书面提出审查的建议，由国务院法制机构研究处理。如果是认为较大市的规章同法律、行政法规相抵触或者违反其他上位法的规定的，也可以向本省、自治区人民政府书面提出审查的建议，由省、自治区人民政府法制机构研究处理。这就是2001年11月国务院颁布的《规章制定程序条例》第三十五条的规定。按照这一规定，任何公民认为规章违法的，不需要资格限制，不需要具体案件与之相关，就可以针对这一规章要求国务院进行合法审查。

三、行政复议、行政诉讼中的审查

对行政立法的制度性监督还有行政复议、行政诉讼。这两种对行政立法的监

---

① 全国人大法工委是全国人大的工作机构，在全国人大闭会期间是全国人大常委会的工作机构。实际上也为全国人大的几个委员会服务，尤其是法律委员会。

督不是很引人注目，但实际上如果相对人勇于尝试，相应国家机关认真作为，也会颇具功效。

《行政复议法》第二十七条要求行政复议机关，在行政复议过程中，关注具体行政行为所依据的行政立法的合法性，如果认为其依据不合法，该复议机关有权处理的，应当在30日内依法处理；无权处理的，应当在7日内按照法定程序转送有权处理的国家机关依法处理。因为行政复议法规定的复议范围，可以在申请复议具体行政行为时一并要求审查抽象行政行为。而可以一并要求审查的抽象行政行为是规章以下的行政规范文件，所以《行政复议法》第二十六条对一并审查作出了规定。因而可以断定，该法第二十七条规定的主动审查，既包括当事人没有一并申请审查的规章以下行政规范文件，也包括当事人无法一并要求审查的规章以及规章以上的行政法规以及国务院的规范文件。所以，行政复议亦可以在某种程度上审查监督行政立法。

行政诉讼是对具体行政行为的司法审查。但是由于《立法法》第九十条的规定，事实上赋予法院间接审查行政立法的权限。也就是说，不管当初的行政诉讼法关于行政法规是行政审判的依据，规章是行政审判的参照，好像是拒绝了人民法院对行政法规的审查，但是在《立法法》之后，就不论是规章还是行政法规，都会在行政审判过程中，被人民法院作为具体行政行为的根据予以审查。合法的，依照判案，不合法的，如果是行政法规就要按照《立法法》第九十条的规定，请全国人大常委会审查该行政法规的合宪或合法性；如果是规章，则区别不同情况，即规章违反上位法，法院可以直接适用上位法；如果是规章之间相互矛盾，则送请国务院裁决。甚至可以利用前文提到的《规章制定程序条例》第三十五条的规定，要求国务院法制办进行审查。

对于其他抽象行为，俗称之红头文件中除了人大或党各级机关发布的规范文件外，均属行政抽象行为，社会上经常传说没有监督途径，其实是一种无知或误解。因为就行政机关而言，抽象行为也好红头文件也罢，在行政复议或者行政诉讼中自不待言是受到监督的。另外在《规章制定程序条例》的附则中，亦规定，不具有规章制定权的县级以上地方人民政府制定、发布具有普遍约束力的决定、命令，参照本条例规定的程序执行。本书认为，参照本条例规定的程序执行，自然包括参照对规章的监督程序执行，因而是可以向国务院或者省级人民政府法制办申请对之进行合法性审查的。遗憾的是，到目前没有公民尝试这一途径，没有消费怎知不能使用？

2015年《行政诉讼法》修改后，红头文件的审查有了很大进展。《行政诉讼法》第五十三条规定："公民、法人或者其他组织认为行政行为所依据的国务院部门和地方人民政府及其部门制定的规范性文件不合法，在对行政行为提起诉讼时，可以一并请求对该规范性文件进行审查。前款规定的规范性文件不含规章。"可见，目前规范文件或称"红头文件"已经可以经由人民法院在具体行政案件的审理中对之进行附带的审查了。

思考题：

1. 抽象行政行为的种类有哪些？

2. 行政立法有哪些权限？

3. 对行政立法的监督审查机制有哪些？

4. 修订后的《立法法》对行政立法带来了哪些影响？

案例：乔某诉铁道部 2001 年春运价格上浮案

国家计委依据铁道部报送的《关于报批部分旅客列车政府指导价实施方案的函》（铁财函〔2000〕253 号），于 2000 年 11 月下发了《关于部分旅客列车票价实行政府指导价有关问题的批复》（计价格〔2000〕1960 号）（以下简称批复），批准对铁路部分旅客列车运价实行政府指导价，允许客流较大线路和春运、暑运、"五一"、"十一"等主要节假日期间，客运繁忙线路的铁路旅客列车票价适当上浮；允许部分与高速公路平行、竞争激烈及其他客流较少线路列车票价常年下浮，对团体购票旅客、提前购票旅客等实行下浮，同时规定了浮动幅度、审批权限等。并在 2000 年 12 月同意由铁道部颁发铁路旅客票价表，作为旅客列车实行浮动票价的中准价（计办价格〔2000〕931 号）。

铁道部依据国家计委批复，发出《关于 2001 年春运期间部分旅客列车实行票价上浮的通知》（以下简称铁道部通知），规定，节前（1 月 13 日至 22 日）自广州（集团）公司、北京、上海铁路局始发、节后（1 月 26 日至 2 月 17 日）为成都、郑州、南昌、上海铁路局始发的部分直通客车票价上浮，其中新型空调列车上浮 20%，其他列车上浮 30%。除夕、正月初一、初二不上浮。儿童、学生、现役军人、革命伤残军人票价不上浮。

乔某购买了 2001 年 1 月 17 日 2069 次从石家庄到磁县的车票，2001 年 1 月 22 日 2069 次从石家庄到邯郸的车票。第一张车票比涨价前多支出了 5 元票价，第二张车票比涨价前多支出了 4 元票价。据此，乔某认为铁道部关于涨价的通知侵害了其合法权益，于 2001 年 1 月 18 日就不服铁道部通知向铁道部申请行政复议。尔后，在铁道部作出维持的复议决定后，其向北京市第一中级人民法院提起行政诉讼，提出要求判决撤销被告作出的铁复议〔2000〕1 号行政复议决定书，并责令被告依法履行《行政复议法》第二十六条规定的审查及转送的法定职责；判决撤销被告作出的《关于 2001 年春运期间部分旅客列车实行票价上浮的通知》的诉讼请求。

请思考：

《关于 2001 年春运期间部分旅客列车实行票价上浮的通知》是否属于抽象的行政行为？其理由分别是什么？

第十二章　行政规划

本章内容提要：在行政法学体系内部，与行政许可、行政处罚、行政强制等行政行为相比，对于行政规划的关注相对较少。行政规划也具有有别于其他行政行为的功能与作用，如行政规划能够帮助有效地利用资源，实现总体目标，协调相关当事人的活动并指导行政相对人的行为走向等等。行政规划的多重功能提示我们应当重视对行政规划的理解与运用。本章的内容以城乡规划为对象探讨行政规划，需要着重把握城乡规划的种类、制定程序等内容。

第一节　行政规划的含义和历史沿革

行政规划是指行政主体为了实现特定的行政目标，而作出的对行政主体具有约束力、必须采取具体措施在未来一定期限内予以实现的、关于某一地区或某一行业之事务的部署。规划是一个范围非常宽泛的概念，如行业规划、产业规划。如果按照规划字面意思来理解，还包括计划，如经济计划、人口发展计划等。但是，不论是计划还是规划，其中最重要也是影响最全面的是城市规划。城市规划产生得比其他规划要早，而且至今还是最重要的行政规划。所以本书即以城乡规划为对象来探讨行政规划。

历史上除了少部分城市外，大部分城市的发展是一种自然的发展，缺乏规划，因而城市也是杂乱无章地发展。到了十九世纪，人类社会已经拥有理性设计城市，解决城市问题的能力和手段。十九世纪六十年代之后，城市设计模型理论如雨后春笋般地出现，进一步拓展了城市发展的论域，如经济发展计划、社群社会计划以及环境计划等。到了二十世纪，部分城市计划的课题演变为城市再生，或是透过城市计划的方法使某些历史悠久的城市获得再生，即重新获得生气，重新变得朝气蓬勃，充满生机。我国早在民国时期，即1927年中华民国定都南京起，即聘请专家尤其熟悉国外先进制度经验的外国专家来制定南京的城市规划。

1929 年 12 月，《首都计划》正式由国民政府公布。《首都计划》是南京在民国时期编制的最完整的一部城市规划。但是民国时期一直战乱不断，所以一直到国民党撤退到台湾，大陆地区也没有全国性的城市规划或者城乡规划，更没有相应的立法。只有相应的组织法，如建设委员会的组织法和单一领域的有规划内容的单行法如土地法、土地征收法等。规划大多是地域性规划。这些规划利用了西方国家的先进经验和理论，是城市规划的有益尝试。但是由于政权更迭，导致延续性的割裂，一切重新摸索，实际上是一种损失和不经济。

新中国建立后，一些地方有城市建设规划，但缺乏法律制度的统一建立。直到1984 年国家层面才第一次出现城市规划条例；1989 年全国人大常委会通过《城市规划法》取代了国务院的条例；2007 年 12 月全国人大常委会通过《城乡规划法》再一次取代了《城市规划法》。表明我们国家要破除城乡二元结构，将乡镇纳入规划调整范围。这样做符合更先进的规划理念，符合世界规划发展的趋势和潮流。

城乡规划是各级政府统筹安排城乡发展建设空间布局，保护生态和自然环境，合理利用自然资源，维护社会公正与公平的重要依据，具有重要公共政策的属性。根据《城乡规划法》，城乡规划是以促进城乡经济社会全面协调可持续发展为根本任务、促进土地科学使用为基础、促进人居环境根本改善为目的，涵盖城乡居民点的空间布局规划。

第二节　城乡规划的特征

一、城乡规划的主体是行政主体

立法机关以立法的形式所通过的关于某一领域事务的"计划"或"规划"不是行政规划。众所周知，我们各级人大都有决议通过各种人口和经济发展的长期计划。这些计划或规划不是行政规划。

值得注意的是，行政规划中含两种性质的行政行为，一类是具体行政行为，另一类是抽象行政行为。按照德国以及我国台湾地区的制度和学理说法，规划是抽象行政行为，而变更规划的行为是具体行政行为。抽象行政行为的规划应该比较好理解，因为具体行政行为是根据规划核发的，如建筑规划许可，是根据已有城市规划而核发的。可见，城市规划具有抽象行为间接对相对人发生效力的特征。

二、城乡规划的目的是为了实现特定的行政目标

具体而言，城市规划是为了加快城市的公共实施建设，促进当地经济的发展，使城市的布局更加合理等。

三、城乡规划对行政主体具有约束力

任何行政规划一经确定，就对行政主体具有约束力，非因法定理由、非经法定程序，不得违反和变更。城乡规划大多是抽象行为即需要行政机关执行，才会对相对人产生影响或者作用。所以与其说规划约束相对人，不如说首先约束行政机关更合适。

四、城乡规划具有指引性，也具有强制性

城乡规划是基于对未来的科学预测对城乡格局作出的计划，因而具有一种指引性。说到指引性，人们容易想到行政指导，但是行政指导不具有强制力，是软性的，相对人是否采用或者听从，取决于相对人自己的意愿。而行政规划是强制力保障的，不论行政机关或者相对人是否愿意，都必须实施或者执行。所以城乡规划必须采取具体措施在未来一定期限内予以实现，即具有执行力。因此，城乡规划应当具有科学性和可行性。怎样才能具有科学性和可行性？后边讲到城乡规划程序会再次涉及。

第三节　城乡规划的分类

一、城乡规划的范围

《城乡规划法》中所称的城乡规划，包括城镇体系规划、城市规划、镇规划、乡规划和村庄规划。城市规划、镇规划分为总体规划和详细规划。详细规划分为控制性详细规划和修建性详细规划。这样的分类基本上是按照规划内容作出的。这种分类的好处是按照工作内容分类，对于执法者而言方便。但是就分析而言，要注意这些规划的性质是不一样的。有的是抽象行政行为如总体规划、分区规划、城市发展战略规划，有的是具体行政行为如控制性详细规划、修建性详细规划等。

按行政层级分为国家级规划、省（区、市）级规划、市县级规划；按对象和功能类别分为总体规划、专项规划、区域规划。按所覆盖时间的长短分为长期规划和短期规划。

总体规划是国民经济和社会发展的战略性、纲领性、综合性规划，是编制本级和下级专项规划、区域规划以及制定有关政策和年度计划的依据，其他规划要符合总体规划的要求。因而总体规划是抽象行政行为。要注意的是，总体规划是各级政府均有的综合规划。所以总体规划定性上是抽象行政行为，其间又有不同层次。

专项规划是以国民经济和社会发展特定领域为对象编制的规划，是总体规划在特定领域的细化，也是政府指导该领域发展以及审批、核准重大项目，安排政府投资和财政支出预算，制定特定领域相关政策的依据。专项规划虽然是总体规划在某一领域的具体化，但它仍然是抽象行政行为。因为它并不直接对相对人产生效力。而需要行政主管机关具体执法才能使其与相对人连接起来。

区域规划是以跨行政区的特定区域国民经济和社会发展为对象编制的规划，是总体规划在特定区域的细化和落实。跨省（区、市）的区域规划是编制区域内省（区、市）级总体规划、专项规划的依据。区域规划也是抽象行政行为。

二、城镇体系规划

城镇体系规划指一定地域范围内，以区域生产力合理布局和城镇职能分工为依据，确定不同人口规模等级和职能分工的城镇的分布和发展规划。城镇体系规划又分为四个层次：全国城镇体系规划、省域（或自治区域）城镇体系规划、市域（包括直辖市、市和有中心城市依托的地区、自治州、盟域）城镇体系规划、县域（包括县、自治县、旗、自治旗域）城镇体系规划。城镇体系规划区域范围一般按行政区划定。规划期限一般为20年。

城镇体系规划如某省的城镇体系规划，就是要在该省范围内，通过合理组织各城镇之间、城镇与该省之间以及该省与其外部环境之间的各种经济、社会等方面的相互联系，运用现代系统理论与方法探究整个体系的整体效益。实际上是一定区域内合理布局的体系规划。

三、城市规划

城市规划又分为城市总体规划和城市详细规划。城市之下还有分区规划。这些规划皆属于抽象行政行为。

（一）城市总体规划

城市总体规划是指城市人民政府依据国民经济和社会发展规划以及当地的自然环境、资源条件、历史情况、现状特点，统筹兼顾、综合部署，为确定城市的规模和发展方向，实现城市的经济和社会发展目标，合理利用城市土地，协调城市空间布局等所作的一定期限内的综合部署和具体安排。城市总体规划是城市规划编制工作的第一阶段，也是城市建设和管理的依据，一定年限内对城市市区、郊区及与城市发展有关的地区各项发展建设的综合部署。最终使城市工业、居住、交通和游憩四大功能活动相互协调发展。总体规划期限一般为20年。其间有阶段性规划，如近期建设规划，是完成总体规划的具体步骤。

目前我国有《城市规划编制办法》，是建设部的规章，经过四次修订，最后一次修订是 2005 年。城市规划的具体编制应当按照这一规章的指引实施。

总体规划的主要内容大体如下：

1. 确定城市性质和发展方向，估算城市人口发展规模，确定有关城市总体规划的各项技术经济指标。

2. 选定城市用地，确定规划范围，划分城市用地功能分区，综合安排工业、交通运输、仓库、生活居住、大专院校、科研单位及绿化等用地。

3. 布置城市道路、交通运输系统以及车站、港口、机场等主要交通运输枢纽的位置。

4. 大型公共建筑的规划与布点。

5. 确定城市主要广场位置、交叉口形式、主次干道断面、主要控制点的坐标及标高。

6. 提出给水、排水、防洪、电力、电讯、煤气、供热、公共交通等各项工程管线规划，制定城市园林绿化规划。

7. 综合协调人防、抗震和环境保护等方面的规划。

8. 旧城区的改造规划。

9. 综合布置郊区居民点，蔬菜、副食品生产基地，郊区绿化和风景区，以及大中城市有关卫星城镇的发展规划等。城市总体规划既要立足于现实，又要有预见性，它要具有相当的稳定性。但是随着社会经济和科学技术的发展，城市总体规划也须进行稳妥的修改和补充，因而又是一项长期性和经常性的工作。

（二）城市详细规划

城市详细规划是以城市总体规划或分区规划为依据，对一定时期内城市局部地区的土地利用、空间环境和各项建设用地所作的具体安排，是按城市总体规划要求，对城市局部地区近期需要建设的房屋建筑、市政工程、公用事业设施、园林绿化、城市人防工程和其他公共设施作出具体布置的规划。城市详细规划又具体分为控制性详细规划和修建性详细规划。

（三）分区规划

分区规划是指在城市总体规划的基础上，对局部地区的土地利用、人口分布、公共设施、城市基础设施的配置等方面所作的进一步安排。编制分区规划的主要任务是在总体规划的基础上，对城市土地利用、人口分布和公共设施、城市基础设施的配置作出进一步的安排，以便与详细规划更好地衔接。

四、镇规划

镇规划与城市规划在体系上非常相似。也是分为总体规划和详细规划。内容大体如上，这里不重复叙述了。

五、乡规划和村庄规划

1993 年 6 月国务院发布了《村庄和集镇规划建设管理条例》。但是多年的发展变化也挑战了我国乡村规划工作。由于城乡二元化的规划管理体制不能适应城镇化快速发展的需要，而且由两个部门分别负责城市规划和乡村规划的编制管理，客观上使得城市和乡村规划之间缺乏统筹考虑和协调。这种就城市论城市、就乡村论乡村的规划制度与实施模式，已不能适应城镇化快速发展的需要。另一方面是乡村规划制定和实施的管理相对滞后，农村建设量大面广，加上乡村规划管理力量薄弱，管理手段不足，难以应对日益增加的农民住宅、乡镇企业建设等要求，乡村中无序建设和浪费土地的现象严重。一些乡村虽然制定了规划，但由于没有体现农村特点，难以满足农民生产和生活的需要。

为了落实城乡统筹发展的要求，《城乡规划法》对乡规划和村庄规划的制定和实施也作出了相应的规定，如明确乡规划和村庄规划的编制主体、编制程序、内容及实施等内容。

就目前状况而言，乡和村庄的情况则与城市和镇有较大不同是客观事实。而且我国大量的乡和村庄还没有制定规划，截至 2005 年底，仅有 51% 的村庄编制了村庄建设规划。《城乡规划法》第三条对城镇和乡村规划的编制作出了区别规定："城市和镇应当依照本法制定城市规划和镇规划。城市、镇规划区内的建设活动应当符合规划要求。县级以上地方人民政府根据本地农村经济社会发展水平，按照因地制宜、切实可行的原则，确定应当制定乡规划、村庄规划的区域。在确定区域内的乡、村庄，应当依照本法制定规划，规划区内的乡、村庄建设应当符合规划要求。县级以上地方人民政府鼓励、指导前款规定以外的区域的乡、村庄制定和实施乡规划、村庄规划。"这些规定体现了因地制宜、分类指导的思想，也要求各地要尽快根据法律规定，按照本地的实际情况，明确乡村规划制定的具体要求。

一般建制镇、集镇、乡政府所在地的镇及村的规划均按《村镇规划编制办法》编制。因而镇、乡和村庄规划的任务、内容及成果要求基本一致，村庄规划的内容略简于镇规划。关于乡规划和村庄规划的内容在《城乡规划法》第十八条有简要叙述。

第四节 城乡规划的制定程序

规划领域里常见"编制"规划，而且规划方面的法律规定编制规划可以委托事业单位进行。可见在法律上，"编制"与"组织编制"是两回事。编制规划尤其是专门领域的规划具有较强的技术性，所以行政主管机关可以委托事业单位进行编制。但是组织编制的权限是在行政主管机关手中。这样就出现一个问题，我们说规划大多是抽象行政行为，一个区域性抽象行政行为竟然是商业单位编制的，这如何说得通？其实就像行政立法那样，有时候甚至可以委托学者进行起草，但是后续的制定仍然是行政机关的事，并不妨碍其成为行政立法。规划的编制也是这样。编制之后实际上应当有后续的行政程序控制，因而并不影响其为抽象行政行为，作为具体规划许可、建设许可的依据。

由于规划是分类的，我们无法一一叙述不同规划的程序，因此我们就以城市总体规划作为样板来叙述其程序，其他规划的制定程序应该说是大同小异。

一、规划的前期研究和提出规划编制报告

前期研究包括对现状的摸底，对先进的规划理念的消化吸收，对周边区域的了解，在此基础上，提出编制工作报告。其中，组织编制直辖市、省会城市、国务院指定市的城市总体规划的，应当向国务院建设主管部门提出报告；组织编制其他市的城市总体规划的，应当向省、自治区建设主管部门提出报告。经同意后方可组织编制该城市规划。

二、组织编制城市总体规划纲要

批准机关批准编制报告后，该城市政府组织编制总体规划。完成后按规定提请审查。其中，组织编制直辖市、省会城市、国务院指定市的城市总体规划的，应当报请国务院建设主管部门组织审查；组织编制其他市的城市总体规划的，应当报请省、自治区建设主管部门组织审查。

三、编制城市总体规划

有关市依据国务院建设主管部门或者省、自治区建设主管部门提出的审查意见，组织编制城市总体规划。

在城市总体规划的编制中，对于涉及资源与环境保护、区域统筹与城乡统筹、城市发展目标与空间布局、城市历史文化遗产保护等重大专题，应当在城市人民政府组织下，由相关领域的专家领衔进行研究。

在城市总体规划的编制中，应当在城市人民政府组织下，充分吸取政府有关部门和军事机关的意见。

对于政府有关部门和军事机关提出意见的采纳结果，应当作为城市总体规划报送审批材料的专题组成部分。

在城市总体规划报送审批前，城市人民政府应当依法采取有效措施，充分征求社会公众的意见。

四、按法定程序报请审查和批准

依据我国《城乡规划法》的规定，我国城市总体规划采取分级审批制度。即直辖市、省会城市、国务院确定的城市的总体规划，由国务院审批。其他所有城市的城市总体规划都由省、自治区人民政府审批。只不过省会城市以及国务院确定的城市的总体规划报国务院审批之前必须经省、自治区人民政府审查同意。在这种分级审批制度下，总体规划的报请审查和批准要经过以下程序：

（1）报请本级人民代表大会常务委员会审议。城市总体规划在报送上一级政府审批前，须经本级人民代表大会常务委员会审议，审议意见和根据审议意见修改城市总体规划的情况应随上报审查的规划一并报送。赋予同级人大对同级政府制定的城市总体规划进行"审议"的权力，有利于加强对同级政府城市总体规划制定活动的监督。同级人大的这种"审议"的监督形式是程序性的，只是作为向上级政府报请审批总体规划前的必经程序，最终实体决定权力在于上级人民政府。

（2）征求专家和公众意见。城乡规划报送审批前，组织编制机关应当依法将城乡规划草案予以公告，并采取论证会、听证会或者其他方式征求专家和公众的意见。公告的时间不得少于三十日。组织编制机关应当充分考虑专家和公众的意见，并在报送审批的材料中附具意见采纳情况及理由。通过将专家以及公众意见纳入到城市总体规划当中，从而保证规划的民主性与科学性。

（3）城市总体规划的批准。规划上报审批机关后，由审批机关授权有关城乡规划主管部门负责组织相关部门和专家进行审查。在审批机关审批规划时，有关部门及专家组的审查意见将作为重要的参考依据。上级政府对城市总体规划进行审批之后，则会将同意或不同意该规划方案的审批结果以及具体的审批意见批复给城市人民政府。经过上级政府审查、批准了的城市总体规划应当及时公布。

五、城市总体规划的调整

城市总体规划的调整应当按规定向规划审批机关提出调整报告，经认定后依照法律规定组织调整。

由于其他规划如城市详细规划，可能更容易涉及具体事项，所以城乡规划法特别规定，城市详细规划的编制应当充分听取政府有关部门的意见，保证有关专业规划的空间落实；在城市详细规划的编制中，应当采取公示、征询等方式，充分听取规划涉及的单位、公众的意见。对有关意见采纳结果应当公布。

而对城市详细规划调整，除了应当取得规划批准机关的同意外，规划调整方案应当向社会公开，听取有关单位和公众的意见，并将有关意见的采纳结果公示。

村庄、集镇总体规划和集镇建设规划，须经乡级人民代表大会审查同意，由乡级人民政府报县级人民政府批准。村庄建设规划，须经村民会议讨论同意，由乡级人民政府报县级人民政府批准。可见，比较基层的规划，有两个程序控制机制，一个是同级人大的审查同意，一个是上一级政府的批准。

对规划的法律救济，实际上建立在区分两种不同性质的行政行为前提上。如果是针对抽象行政行为，如前所述，目前有不同的各种途径可资利用。如果是针对变更规划这样的具体行政行为，尤其经常出现的变更规划许可这样的具体行政行为，则按照行政复议或者行政诉讼的救济途径寻求补救。

从理论研究角度言之，目前行政规划在行政法学研究中的地位和影响，远逊于其实践中的地位和影响。很长时间里，行政法学教材难觅行政规划踪影。我国大陆出版的有关行政法的教材，一般都没有行政规划的专章专节，直到近两年情形才有所改变。由于德国和日本在这方面走在前面，故我国关于行政规划的理论研究，很多内容是从德国和日本引进的。从我国具体情况看，我们还缺乏案例积累，而如何从实体上控制规划领域实际存在的巨大裁量权，以及对规划进行司法审查的可能性和程度都是有待研究的课题。

思考题：

1. 行政规划与行政立法有什么区别？
2. 对行政规划存有异议该如何寻求救济？

案例一：贵州省电子联合康乐公司不服贵阳市城市规划局拆除违法建筑行政处理决定案

1992 年 8 月初，原告贵州省电子联合康乐公司欲在贵阳市主干道瑞金北路南端西侧修建一幢儿童乐园大楼，向贵阳市城市管理委员会和云岩区城市管理委员会提出申请。市、区城管会分别签署了"原则同意，请规划局给予支持，审定方案，办理手续"的意见。原告将修建计划报送被告贵阳市城市规划局审批。原告在被告尚未审批，没有取得建设工程规划许可证的情况下，于 8 月 23 日擅自动工修建儿童乐园大楼。同年12月9日，被告和市、区城管会的有关负责人到施工现场，责令原告立即停工，并写出书面检查。原告于当日向被告作出书面检查，表示愿意停止施工，接受处理。但是原告并未停止施工。1993年2月20日，被告根据《城市规划法》①第三十二条、第四十条，《贵州省关于〈中华人民共和国城市规划法实施办法〉》第二十三条、第二十四条的规定，作出违法建筑拆除决定书，限令原告在1993年3月7日前自行拆除未完工的违法修建的儿童乐园大楼。原告不服，向贵州省城乡建设环境保护厅申请复议。贵州省城乡建设环境保护厅于1993年4月7日作出维持贵阳市城市规划局的违法建筑拆除决定。在复议期间，原告仍继续施工，致使建筑面积为1730平方米的六层大楼主体工程基本完工。

原告在一审中提出被告贵阳市城市规划局作出的令原告限期拆除违法建筑的决定所依据的事实不清，适用法律、法规错误。原告新建的儿童乐园大楼曾经贵阳市城市管理委员会同意，且报送给被告审批。该工程虽然修建手续不全，但不属于严重违法城市规划。请求法院撤销被告的限期拆除房屋决定。庭审中，原告又提出变更被告的拆除决定为罚款，保留房屋的诉讼请求。

贵阳市中级人民法院经审理后认为：原告新建儿童乐园大楼虽经城管部门原则同意，并向被告申请办理有关建设规划手续，但在尚未取得建设工程规划许可证的情况下即动工修建，违反了《城市规划法》第三十二条"建设单位或者个人在取得建设工程规划许可证件和其他有关批准文件后，方可申请办理开工手续"的规定，属违法建筑。贵阳市城市规划局据此作出限期拆除违法建筑的处罚决定并无不当。鉴于该违法建筑位于贵阳市区主干道一侧，属城市规划区的重要地区，未经规划部门批准即擅自动工修建永久性建筑物，其行为本身就严重影响了该区域的整体规划，且原告在被告制止及作出处罚决定后仍继续施工，依照《贵州省关于〈中华人民共和国城市规划法〉实施办法》和《贵阳市城市建设规划管理办法》的规定，属从重处罚情节，故原告以该建筑物不属严重影响城市规划的情节为由，请求变更被告的拆除大楼的决定为罚款保留房屋的意见不予支持。

案例二：沈某等182人诉北京市规划委员会颁发建设工程规划许可证纠纷案

北京市规划委员会（以下简称规划委员会）根据《城市规划法》②第三十二

---

① 该法已失效。
② 该法已失效。

条之规定，于 2001 年 12 月 10 日向第三人原卫生部卫生监督检验所（已与其他单位合并为中国疾病预防控制中心营养与食品安全所，以下简称食品安全所）、第三人原中国预防医学科学院环境卫生监测所（已与其他单位合并为中国疾病预防控制中心环境与健康相关产品安全所，以下简称健康安全所）颁发了 2001 规建字 1769 号《建设工程规划许可证》，许可第三人在朝阳区潘家园南里 7 号建设二级动物实验室。原告不服该《建设工程规划许可证》，向北京市西城区人民法院提起行政诉讼。

北京市西城区人民法院经审理查明：2001 年 12 月 10 日，被告规划委员会向第三人食品安全所和健康安全所颁发了编号为 2001 规建字 1769 号《建设工程规划许可证》，该许可证标明的建设项目为二级动物实验室，建设位置为朝阳区潘家园南里 7 号，建设规模为 2949.18 平方米。许可证的附件中标明该二级动物实验室层数为地上 3 层，地下 1 层，结构类型为框架。原告住宅楼均位于该二级动物实验室的北侧，其中 6 号楼与该规划建筑的间距为 19.06 米。西城区法院认为：第一，根据城市规划法的规定，被告作为城市规划行政主管部门，有权根据建设单位的申请，对符合城市规划设计要求的建设项目，核发《建设工程规划许可证》；第二，根据环保法的规定，被告规划委员会在审批该项目的《建设工程规划许可证》时，应当审查第三人是否已取得了环境影响报告书，并根据卫生部颁布施行的《卫生系统实验动物管理暂行条例》规定，审查申报建设的实验动物室建筑是否保留至少有 20 米的卫生隔离区。但是，本案中规划委员会核准的动物实验室工程设计方案，实验室与原告的住宅楼之间的距离为 19.06 米，未达到规定的距离要求。规划委员会在诉讼中向法院提交的有关证据，不足以证明其审批行为认定事实清楚，程序正当、合法。据此西城区法院撤销被告北京市规划委员会于 2001 年 12 月 10 日向第三人颁发的 2001 规建字 1769 号《建设工程规划许可证》。

请思考：

比较案例一与案例二，城乡规划如何进入行政诉讼的轨道中来？

第十三章　柔性行政行为

本章内容提要：柔性行政行为表现为行政主体依照法律法规，不以行政强制为表现形式，采取灵活性、非强制性手段，尊重和考虑相对人的利益来实施的行政行为。柔性行政行为的表现形式多样，本章重点选取了行政指导与行政合同这两个在我国行政实践中运用最为广泛的行为类型进行介绍，需要着重把握行政指导的行为效力、行政合同的行政优益权及行政合同纠纷争议解决的问题。

第一节　行政指导

一、行政指导的概念和特征

传统上，行政管理上以"管"为特征，单方面的决定是主要方式。第二次世界大战后，法国、英国、奥地利尤其是日本的行政指导，获得了巨大的成功。日本经济起飞的原因被归结为，一是勤勉，二是科学的行政指导与法律手段相互配合。

行政指导是指国家行政机关在其所管辖事务的范围内，对于特定的相对人运用非强制手段，获得相对人的同意或协助，指导行政相对人采取或不采取某种行为，以实现一定行政目的的活动。其特征如下：

第一，行政指导是非强制性的。相对人是否服从行政指导是任意、可选择的。当然，助成性的行政指导是否服从是任意的，而规制性的行政指导和调整性的行政指导尽管原则上是由相对人选择，但是实际上往往由不得当事人选择。

第二，行政指导具有准行政性。即，行政指导是一种事实行为。指导、劝说、建议以及前提不具有强制力的收到对相对人施加的是一种精神影响。行政机关与相对人之间不产生任何法律意义上的权利义务关系。接受这种指导，也不发生法律关系。

第三，行政指导具有能动性。行政指导是否起作用取决于相对人的意志，行政指导对于相对人的意志有积极的能动作用。尽量听取意见，尽可能取得相对人的同意或协助。可以依当事人申请，也可以基于形势，由行政机关主动实施。

第四，行政指导中，行政主体具有优越性。指导依赖于信息、知识、觉悟，而在这些方面，行政机关占有优越地位。

二、行政指导的方式和种类

行政指导通常采取说服、教育、示范、劝告、建议、协商、政策指导、提供经费帮助、提供知识、提供技术帮助等非强制手段和方法。从作用来看，行政指导可以分为助成性行政指导、规制性行政指导和调整性行政指导。

助成性行政指导，即出主意的行政指导。只要相对人提出要求，行政机关不能拒绝。

规制性行政指导，即行政主体为了维持和增进公共利益，对违反公共利益的行为加以规范和制约的行政指导。一种是独立进行的——在权力规制缺乏法律依据时，利用规制性行政指导达到目的。另一种是在权力性规制的同时，附带地进行的行政指导，即先进行行政指导（劝告）不奏效，即采取权力性规制行为。如对许可申请人说服其撤回申请，其不听，则行政机关有权拒绝该申请。

调整性行政指导，即调整双方当事人之间的利害关系为目的的行政指导，类似我们的调解。

三、行政指导的依据和条件

（一）法律依据

一说全部有依据；一说规制性行政指导要有依据。但行政指导的优势在于法律不完备时，机动灵活地应对行政需要，完成行政任务。若要求行政指导全有法律根据，就抹杀了行政指导的优越性。因此，只要行政指导没有使用不正当的强制手段，就应该承认行政指导。

1982年《宪法》第八条第三款："国家保护城乡集体经济组织的合法权利和利益，鼓励、指导和帮助集体经济的发展。"

第十一条："国家保护个体经济、私营经济的合法权利和利益。国家通过行政管理，指导、帮助和监督个体经济。"

第十九条第四款："国家鼓励集体经济组织、国家企业事业组织和其他社会力量依照法律规定举办各种教育事业。"

上述宪法规定表明，国家需要行政指导在这些方面的存在。

（二）实施行政指导的条件

1. 行政指导必须是属于该行政机关权限范围内的事项；

2. 行政指导也要服从法律优先原则，不能与法律的明文规定相抵触；

3. 相对人可以放弃（原来服从的）行政指导。

四、行政指导的法律救济

行政指导一般不纳入复议、诉讼、国家赔偿的范围，因为：

1. 行政指导不是具体行政行为；

2. 行政指导对相对人的权利义务不具有直接的处分性，因而它与相对人权利损害之间不发生因果关系；

3. 行政指导不具有强制性，相对人没有服从的义务，因而不具有可诉性。

第二节　行政合同

一、行政合同的概念及特征

行政合同又称行政契约或公法上的契约，在有的国家如英国、美国，也称为政府合同或政府契约。

行政合同，在有的国家是法律概念，如德国、葡萄牙的行政程序法对行政合同作了专章规定。有些国家则可能是不成文法（判例法）上的概念或学理上的概念。

德国行政程序法规定："公法上之法律关系，得以契约设定、变更或废弃之（公法契约），但法规另有相反之规定者，不在此限。官署尤得与欲对之为行政处分之相对人订立公法契约，以代替行政处分。"

葡萄牙的行政程序法："行政合同为一合意，基此合意而设定、变更或消灭一行政法律关系。"

在公私法不分的国家，制定法上没有行政契约的概念，如英美等国家。有的国家实际上是区分公私法的，但可能出于某种原因并未由制定法对行政合同的问题作出具体规定，如法国是区分公私法的，但作为典型的制定法国家，在行政法领域却恰恰适用判例制。因此，法国"没有一个法律规定行政合同的意义"。

在司法实践中，法国行政法院的判例是这样识别行政合同的：1. 合同当事人中须有一方是行政主体；2. 合同以执行公务为目的；3. 合同超越了私法规则。正是在这一点上，使本来分属于两大法系的法国与英美十分相似：制定法没有规定行政合同，但判例即法官造的法却对行政合同作出解释并规定不同于私法所适用的合同规则。

当然，区分公私法的国家还有其他情况，如我国既没有制定出相关法律，也不实行判例法，所以行政合同一直未成为我国法律上的概念，是学理上对某些合同进行分析、概括的结果。但是 2015 年 5 月 1 日修订后的《行政诉讼法》生效实施，其间关于某些行政协议可诉的规定，事实上使得一直没有出现在法律上的行政合同概念以某种方式得以出现。因为，行政诉讼法称之为"行政协议"，但分析可以得知这种行政协议就是指行政合同。

解说到此，本书所指行政合同，是行政机关以实施行政管理为目的，与被管理方的公民、法人或其他组织（以下简称行政相对人）意思表示一致而签订的协议。由此概念，行政合同有如下特征：

1. 行政合同的一方当事人必是行政主体；

2. 行政机关签订合同是为了实施行政管理，也即法国人所说为了履行公务而签订的合同；

3. 行政合同的双方意思表示一致；行政行为是不以相对人意志为转移的，是单方意思表示。正因为如此，从这一活动的法律结果所包含的意志是单方还是双方的区别上，德国人把行政行为与行政合同区分开来。行政行为是单方意思表示，而行政合同不属于行政行为，因为它是双方意思表示的结果。行政合同的这一特点符合当代社会发展淡化行政管理的"行政"色彩，软化行政的强制性，降低行政管制的趋势。

4. 行政主体享有行政优益权

行政优益权又可称为行政特权。在行政合同中，行政机关是享有行政优益权的。在有的国家，双方当事人通过协商，将这种优益权规定到合同中去，如英国。也就是说，行政机关是否享有行政优益权是要在合同中明示的；但在法国，行政机关签订行政合同，无须合同条文规定，就当然享有行政优益权。这就意味着，只要相对一方明白签订的是行政合同，就默认了当然的行政优益权条款。先看看行政优益权是什么。

（1）行政主体享有履行合同的监督权；

（2）行政主体享有因公共利益单方面变更合同的权力。享有合同变权的条件，即必须是为了公共利益：第一，只能在公共利益的需要范围内行使这项权力，公共利益需要到什么程度，合同的变更就只能到什么程度，不能借口公共利益需要而随意变更合同内容；第二，不能变更与公共利益无关的条款；第三，行政主体为公共利益变更合同后，应对另一方当事人因此而加重的负担部分，给以补偿。

（3）行政主体享有为公共利益解除合同的权力。行政主体为公共利益变更合同是有一定限度的，如果变更超过一定限度或几近建立一个全新的关系时，行政主体可以解除合同。当然，对方当事人也可以要求重新签订一个新的合同。解除合同与变更合同一样，行政主体应就另一方当事人因此而增加的负担给予补偿。

（4）行政主体享有制裁权。根据我国《城镇国有土地使用权出让和转让暂行条例》第十七条的规定："土地使用者应当按照土地使用权出让合同的规定和城市规范的要求，开发、利用、经营土地。未按合同规定的期限和条件开发、利用土地的，市、县人民政府土地管理部门应当予以纠正，并根据情节可以给予警告、罚款直至无偿收回土地使用权的处罚。"在这里，无偿收回土地就是制裁。这与前述的解除合同是不同的。前述解除合同，是因为情势变更，双方均无过错，所以解除合同后，行政主体这方将对另一方当事人因此加重的负担予以补偿；而作为制裁的解除合同则无补偿。

党的十一届三中全会，作出了把工作重点转移到社会主义现代化建设上来的战略决策，经济体制改革自此全面展开。在这次会议上，制定的关于加快农业发展的决定，提出了农业联产承包责任制，从而废除了已实施了十几年的"队为基础、三级所有"的农村经济核算体系。农业联产承包责任制，恰恰是以行政合同代替行政命令或指令性计划的开端。农民通过行政合同获得了土地的使用权，在承包期内可以有一定的经营自主权，从而使农民的收益直接与其自身劳动成果挂钩，极大地调动了农民的生产积极性。因此，在不长的时间里，农村经济发生了举世瞩目的变化。农村经济改革的成功，也为城市经济体制改革提供了可资借鉴的经验，后来在城市中出现的承包制、租赁制等就是很好的说明。

国家对土地使用的管理开始从"三无"即无期限、无偿、无流动的行政划拨，部分地转变为有期限、有偿、有流动的行政合同管理方式。具体来说，主要原因如下：

（1）社会经济发展导致国家职能扩张，相应地，简单的行政命令手段不够用了，行政合同作为一种管理方式应运而生。

（2）行政合同的出现迎合了民主、国家观念变化的社会思潮、民主观念。

（3）政府运用行政合同而不是一般的合同达到行政目的，是由行政合同的特性所决定的。

（4）行政合同与行政命令相比，更有利于相对人。

二、行政合同的种类

（一）国有土地出让合同

1988年1月3日，广东省率先在深圳特区实行国有土地的有偿出让。广东省人大常委会公布了《深圳经济特区土地管理条例》条例，其第二条规定："特区国有土地实行有偿使用和有偿转让制度。"第十条规定："受让人必须与市国土局签订土地使用合同，明确双方当事人的权利义务关系"。同年 3 月 22 日，上海市首次采用国际招标方式转让土地的使用权。1988 年 4 月 2 日，第七届全国人大第一次会议通过的宪法修正案，增加了"土地的使用权可以依照法律的规定转让"的规定。自此国有土地，以有偿的方式进行转让，有了宪法依据。

1990 年 5 月 19 日，国务院发布《城镇国有土地使用权出让和转让暂行条例》，决定"实行城镇国有土地使用权出让、转让制度"，并规定"土地使用权出让应当签订合同"。这样，国有土地使用权以合同形式出让，在法律上得以确立。1994 年 7 月 5 日通过，自 1995 年 1 月 1 日开始实施的《城市房地产管理法》，以法律的形式重申了国有土地实行有偿有期限使用制度，并对涉及土地出让合同的有关问题作了规定。

1995 年实施的《城市房地产管理法》第二十五条规定，在签订土地出让合同后，作为出让方的政府仍然有权监督对方当事人按照合同使用土地；并在同意对方当事人变更土地使用用途后，有权调整土地出让金。该条规定体现了土地出让合同这一行政合同合理开发利用土地资源的行政目标。为了保障这一目标的实现，受让人对该土地只有使用权，而且不得擅自改变土地用途。第二十五条还规定了行政主体的制裁权：如果对方超出合同约定的动工开发日期满一年而未动工开发的，有关市、县政府土地管理部门，可以征收相当于土地使用权转让金百分之二十以下的土地闲置费；满两年未开发动工的，可以无偿收回土地使用权。① 《城镇国有土地使用权出让和转让暂行条例》第六条则规定了对已出让的土地的转让、出租、抵押等活动的监督检查权。

出让土地可以采取协议、招标、拍卖方式。1995 年 7 月国家土地管理局颁布了《协议出让国有土地使用权最低价确定办法》，使得协议出让土地至少有了一个规范可以依据。该办法为了保障国有土地资产的收入，防止低价协议出让国有土地使用权，而规定了出让金最低控制标准。国有土地出让合同依 1992 年国家土地管理局、国家工商局制定的（土地使用合同示范文本中）国有土地使用权出让合同的示范文本制定。

（二）全民所有制工业企业承包合同

全民所有制工业企业承包合同是由人民政府指定的有关部门作为发包方，实行承包经营的企业作为承包方，双方协商一致而签订的双方权利义务的协议。

---

① 已被修订为 2009 年《城市房地产管理法》第二十六条。

（三）全民所有制小型工业企业租赁经营合同

全民所有制小型工业企业租赁经营，是指在不改变企业的全民所有制性质的条件下，实行所有权与经营权分离，国家授权单位为出租方，将企业有期限地交给承租方经营，承租方向出租方交付租金并依照合同规定对企业实行自主经营的方式。

1. 其一方当事人必是行政主体。按照国务院发布的《全民所有制小型工业企业租赁经营暂行条例》，在该租赁合同中，出租方为地方政府委托的部门，承租方为个人、合伙、企业全体职工、另一企业等（第六、七条）；

2. 政府签订这一契约，目的在于"增强企业活力，提高经济效益"（第一条），可见也是为了公共利益，而不是为了政府自身利益。

3. 行政主体享有民事主体所不享有的行政优益权。如该条例第二十三条规定了出租方的权利：监督承租方遵守国家方针政策、法律法规，完成国家下达的计划；监督租赁企业的财产不受损害等。

4. 法规规定了这一行政合同的缔结程序，包括缔结方式和缔结形式。缔结方式与缔结形式，由法规明确规定，与民事合同的意思自治不同。缔结方式，条例规定以招标为基本方式。出租方在出租企业前，必须会同有关部门对企业进行清产核资、清理债权债务、评估资产包括有形资产和无形资产，根据行业和本企业资金利润率来确定标底。然后按下列步骤选择承租方：（1）公布招标通告，进行招标登记，对招标登记者进行资格审查，确定投标者；（2）组织投标者进厂考察，由投标者编制投标书，提出治厂方案；（3）组织投标者公开答辩，对投标者进行综合考评，征求职工代表大会或职工大会的意见，确定中标者。确定中标者后，出租方与之签订租赁经营合同。

（四）农村土地承包合同

国家到目前还没有法律法规对农村土地承包合同作出明确规定，但是据农业部的统计，已有七个省、自治区、直辖市的人大或其常委会，结合当地的实际情况，发布了农业（村）承包合同管理条例，十七个省、自治区、直辖市政府或者其业务主管部门发布了农业（村）土地承包合同管理办法。中央发布了几个政策性规范文件，例如，国务院 1992 年 52 号文件，国务院批转了农业部关于加强农业承包合同管理的意见，要求加强农业承包合同的立法工作，依法管理农业承包合同。1993 年中共中央、国务院发布了《关于当前农业和农村经济发展的若干政策措施》，提出对到期的土地承包合同续订合同，将土地承包期再延长三十年的政策。1995 年 3 月 28 日国务院 7 号文件，批转了农业部关于稳定和完善土地承包关系的意见，要求依法加强农业承包合同的管理，做好合同的续订、鉴证、纠纷调解和仲裁工作，以稳定家庭联产承包责任制，并将其纳入法制管理轨道。意见指出要坚决维护承包合同的严肃性，严禁强行解除未到期的承包合同的行为等。据统计，全国共签订三亿多份农村土地承包合同，可以这样说，这是我国目前最大量的行政合同，其特征如下：

1. 其一方当事人是乡政府或代表乡政府的基层自治组织村民委员会，他们实际上是作为集体土地的代表即发包方，而与另一方当事人——农户签订土地承包合同的。

2. 土地承包合同的目的，从政府这方来说，是增加粮食生产和充分利用土地资源。当然，做到这一点的前提是承包合同能调动农民的积极性，也就是说，农民可以在合同的保障下，通过自己的劳动获得超产的利益。

3. 乡政府或代表乡政府的村民委员会与农户，以合同方式确定双方的权利义务关系，一改过去二十几年来以行政命令安排农业生产的状况，给农户发挥积极性创造了一个空间。

（五）粮食定购合同

粮食定购合同，是指各级人民政府及其主管部门为满足国民经济对粮食的需求，而与农民之间就粮食的种植、定购达成的协议。粮食定购合同的实施改变了过去农村粮食生产在计划经济体制下的统购统销。① 使强制收购变成合同收购。粮食定购合同中有政府提供补贴的政策条款。

　　附：粮食订购合同

粮食订购合同

需方：（以下简称甲方）

签订日期：　　　　年　　　月　　　日

供方：　镇（街道、场）　　　村　　　种粮大户（以下简称乙方）

根据杭州市萧山区人民政府有关文件精神，对区内生产投售早籼谷、晚粳谷总量在 5000 公斤以上的种粮大户，由乙方与甲方自愿签订粮食订购合同。为明确双方的权利、义务关系，经双方协商签订合同如下：

---

① 统购统销是借助政权的强制力量，让农民把生产的粮食卖给国家，全社会所需要的粮食全由国家供应，农民自己食用的数量和品种也得由国家批准后才能留下。城镇家庭每家一个粮本，凭粮本供应粮食。此外，国家还严格控制粮食市场，禁止粮食自由买卖。统购统销政策从 1953 年开始实施，1992 年退出历史舞台。

一、乙方按合同要求组织生产，确保粮食种植面积能够提供足够的粮食订购数量，品种符合要求，甲方对乙方生产的订购粮食保证予以收购。

二、订购的品种、数量（见下表）：

订购品种

种植面积（亩）

订购数量（公斤）

早籼谷

晚粳谷

合　计

三、收购价格：当季收购前由区物价局、粮食局、财政局根据市场行情，以不低于国家出台的保护价及市场价原则确定。为鼓励粮食生产，按"订单"数量在确定收购价的基础上给予每＿＿公斤＿＿＿＿元的政府补贴，对直接投售到收购点的粮食给予每＿＿公斤＿＿＿＿元的运费补贴，在售粮时予以兑现。

四、甲方按合同订购数量发放售粮证，乙方凭售粮证投售粮食。

五、质量标准和付款方法：乙方交售的粮食质量要求：早籼谷出糙率≥75%、杂质≤1%、黄粒米≤1%、水分≤1396、色泽、气味正常，卫生指标符合国家标准；晚粳谷出糙率≥7796、杂质≤1%、黄粒米≤1%、水分≤14.5%、色泽、气味正常，卫生指标符合国家标准。甲方按以上收购标准组织收购，在乙方交售前由甲方派员到乙方所在地预验。以送到交货仓库验收为准，货款在收购时当场付清。

六、交售时间：乙方应在下列时间内组织粮食投售，早籼谷在今年＿＿＿月＿＿日前，晚粳谷在今年＿＿＿月底前。甲方应做到只要交售的粮食符合要求，不得拒收，限收，并方便投售。

七、交售地点：按甲方指定的库点。

八、为促进本合同的履行，对在当年十二月三十一日前全面完成本合同的种粮大户给予每＿＿＿公斤＿＿＿元的奖励，在收购结束后兑现。

九、违约责任：当事人一方不履行合同义务或者履行合同义务不符合合同约定的，由当地工商行政部门按规定调解处理。

十、本合同由甲方或甲方委托当地粮食购销分公司与乙方签订，当地镇、街道、农场予以鉴证。合同文本已向杭州市工商局萧山分局备案。本合同一式四份，甲、乙双方各执一份，所在购销分公司、粮食专管员各执一份，有效期间到当年12月底。

十一、其他约定事项：因不可抗力造成无法履行合同的情况例外。

甲方：（盖章）　　　镇（街道、场）（盖章）

乙方：（签名）

（六）公共工程承包合同

公共工程承包合同，是指行政主体为公共利益的需要，与建筑企业签订的建造某项公共设施的合同，如修建国道、飞机场，修建大型供气、供水、供电工程，或修建大型通讯设施等工程合同。

由于政府不可替代的基础设施责任以及资金短缺的原因，在西方发展了几百年的 BOT 方式在中国近二十年来有一个蓬勃的增长。BOT 是英文 Build – Operate – Transfer 的缩写，通常直译为"建设 – 经营 – 转让"。BOT 实质上是基础设施投资、建设和经营的一种方式，以政府和私人机构之间达成协议为前提，由政府向私人机构颁布特许，允许其在一定时期内筹集资金建设某一基础设施并管理和经营该设施及其相应的产品与服务。政府对该机构提供的公共产品或服务的数量和价格可以有所限制，但保证私人资本具有获取利润的机会。整个过程中的风险由政府和私人机构分担。当特许期限结束时，私人机构按约定将该设施移交给政府部门，转由政府指定部门经营和管理。所以，BOT 被认为意译为"基础设施特许权"更为合适。为此特许所签订的合同是一种公务特许合同。这种合同是典型的行政合同。

三、行政合同发展之展望

1999 年的《合同法》在行政法学者微弱的声音迅速被民商法学者不屑一顾地盖过之后通过并实施。关于行政合同的热议仍停留在学者间与民间，大量存在的行政合同事实越来越呼唤出台对行政合同纠纷解决的规范。2014 年 11 月新修订的《行政诉讼法》首次将行政协议纳入行政诉讼的受案范围并对这一行政协议的判决方式作了规定。该法第十二条第十一项规定："认为行政机关不依法履行、未按照约定履行或者违法变更、解除政府特许经营协议、土地房屋征收补偿等协议的"可以通过行政诉讼的方式来解决纠纷，且该法第七十八条对前述行政协议纠纷的处理分两款规定了处理方式。随后，2015 年 4 月最高人民法院出台《关于适用〈中华人民共和国行政诉讼法〉若干问题的解释》，第十一条中将"行政协议"定义为"行政机关为实现公共利益或者行政管理目标，在法定职责范围内，与公民、法人或者其他组织协商订立的具有行政法上权利义务内容的协议。"包括了政府特许经营协议，土地、房屋等征收征用补偿协议及其他行政协议，并对如何处理行政协议的适用规则作出了详细的解释。可见，行政合同已经开始迈入法制化的保障轨道中来。对于行政合同未来的发展，还可以从以下几点进行：

（一）法律法规应明确行政合同的概念

已如前述，在我国行政合同目前尚且不是一个法律上的称谓。因此要建立行政合同制度，首先要让行政合同成为一个法律名词。立法要以行政合同的概念统率其他概念。这样做的好处是明确并留有余地。1999 年《合同法》取代原有的《经济合同法》《技术合同法》《涉外经济合同法》出台，也许人们会以为这就是一统天下的合同法，那么，适用于行政合同的特殊规则要突破适用于其他合同的规则，办法只有两个：要么，制定冠以行政合同法的名称的单行法，按特别法优于一般法的原则，使行政合同的特殊性得到顾全；要么，在该合同法中一一罗列行政合同的具体种类，而不必指明这些合同是行政合同。后一做法的优点是不会因为法律中有行政合同的概念而引起争议，似乎这些合同只是某种特殊的民事合同而已。但其局限性也是十分明显的，因为这些合同的特殊性正在于不能适用民事合同的一般规则，这就需要在每个这样的合同规定中明确其所适用的特殊规则，这与该合同法的总则如何协调？另外，列举的方式无法将未来可能出现的行政合同包括在内，因而无法适应经济社会的发展需要。况且 1999 年实施的《合同法》根本没有这类规定，行政合同要浮出水面得另寻他途。办法是，我们可以假定人们很明确，这个大合同法只是大民事合同法，所以相对于民事合同法，可以另行制定行政合同法。这样，合同的规则与合同的其他规定是一致的；且行政合同这一"种"的概念，可以统率其他"属"的概念，为未予明确的其他行政合同以及发展出现新的行政合同，留下充分的适用余地。还有一种办法是利用国家行政程序法的制定，像德国那样将行政合同写入行政程序法专章。

（二）确立行政优益权

建立行政合同制度，法律要明确规定行政合同所适用的特殊规则，即肯定行政合同不同于一般合同的特性：在行政合同的签订和履行的过程中，行政主体享有行政优益权，包括监督和指挥合同履行权、单方变更或解除合同权、对违法或违反合同规定的对方当事人的制裁权。行政合同是为公共利益而存在的合同，应有特殊手段予以保障。不能完全如私合同那样，只有事后的司法救济手段。但是值得强调的是，行政优益权的享有，是以公共利益为前提条件的。没有这一前提，行政主体就不能运用上述权力。对何者为"公共利益"，笔者以为，立法可以根据不同的行政合同的需要加以确定。对公共利益的规定越具体化越好。因为具体才便于执行，也因为具体才能有效保护另一方当事人的合法权益不受无端侵害。

（三）规定与行政优益权相平衡的措施

由于行政合同中行政优益权的存在，相对一方的权利受到很大限制，立法对此应有相应的弥补或平衡措施。没有这种措施，相对人就不愿意与行政主体签订行政合同；另一方面，法律是以公平为目的的，法律关系中的双方当事人的权利义务应有一个大体的平衡。具体说来，与行政优益权相匹配的措施，可以是在合同中为相对方提供其他经济主体难以提供的优惠条件如优惠的贷款、优惠的价格；也可以是立法本身已作规定的条件如减免税优惠等。另外，对于行政主体单方享有的变更和解除合同的权力，立法应规定，在对方当事人没有过错的情况下，行政主体应给予对方当事人补偿。补偿不能仅仅是适当补偿，仅仅是适当补偿，政府行政机关不痛不痒，就不足以抑制行政机关的随意性。补偿应当是足额补偿，公平补偿，这样才能有效地抑制政府行政机关的恣意和多变。

（四）对行政合同的缔结方式、程序等作出规定

缔结方式实际上也是程序问题。人们现在普遍承认，程序在保证实体正确方面，具有非常重要的意义。我们目前已有的几种行政合同中，已被明确规定缔结方式的只有三种。经过这些年的实践，新的立法应在对已有的行政合同的缔结方式进行反思的基础上，重新确定行政合同的缔结方式。可以笼统地规定几种方式后，对需要更严格限制的合同，规定特定的缔结合同方式，例如可否对土地出让合同只规定采取招标或拍卖方式，取消协商方式。

关于合同程序，主要是行政系统的内部程序，如对某些行政合同，尝试探索事先的咨询程序。如果需要规定咨询程序，向谁咨询；又如对某些行政合同，例如达到一定数额价金的合同，是否规定会议讨论决定程序；再如对某些行政合同，是否设定批准生效程序；如果需要设定这样的程序，应在多长的期限内作出批准决定；在此期间，批准机关没有作出决定，是否规定视为默认，等等。

立法应规定行政合同的种类，但明列后要留有余地。

思考题：

1. 行政指导的类型有哪些？各自的效力如何？

2. 我国的行政实践中有哪些行政合同类型？

3. 行政合同中的行政优益性表现在哪些方面？

4. 2014 年修订的《行政诉讼法》及《最高人民法院关于适用〈中华人民共和国行政诉讼法〉若干问题的解释》对我国行政协议的争议是如何规定的？

案例一：王某诉深圳市市场监督管理局行政指导行为纠纷案

原告王某和第三人宋某是深圳市新干线电子有限公司股东。2009 年 9 月 9 日，深圳市新干线电子有限公司经公司股东会决议同意注销公司并成立清算组，清算组负责人为宋某，清算组成员为王某（本案原告）、罗某（本案第三人）。同日，原深圳市工商行政管理局作出 [2009] 第 2308692 号备案通知书，对深圳市新干线电子有限公司清算组成员予以备案，并指引该清算组可以在本市的《深圳特区报》《晶报》《深圳商报》《深圳晚报》任意一家报纸上刊登清算公告。2009 年 9 月 12 日，该清算组在《晶报》上刊登了清算公告。2009 年 12 月 3 日，原深圳市工商行政管理局核准深圳市新干线电子有限公司依法注销。2010 年 8 月 18 日，原深圳市新干线电子有限公司员工周某因劳动仲裁裁决加班工资、经济补偿及双倍工资执行未果，向广东省深圳市福田区人民法院起诉王某、宋某、罗某清算组成员责任赔偿纠纷民事诉讼案，要求该清算组成员赔偿其相关费用。2011 年 3 月 8 日，广东省深圳市福田区人民法院作出 (2010) 深福法民二初字第 4076 号民事判决，判令王某、宋某、罗某在判决书生效之日起 10 日内向周旭赔偿损失费用。王某、宋某不服，提起上诉。另，王某认为原深圳市工商行政管理局指引其在深圳市发行的报纸刊登公告的行为导致其败诉，遂提起本案行政诉讼，要求被告赔偿其损失。由于原深圳市工商行政管理局已因机构改革被撤销，原行政职责现由被告继续行使。

经法院审理后认为，本案中，原深圳市工商行政管理局指引清算组在本市公开发行的、有正式刊号的报纸上刊登清算公告的行为，明确了原告有一定的选择自由。因此，该行政行为属于不具有强制力的行政指导行为，不属于人民法院受理行政诉讼的受案范围。对于原告提出的行政赔偿的诉讼请求，因缺乏事实和法律依据，不予支持。据此，该院裁定驳回了原告王某的起诉。

请思考：

本案中的行政指导属于哪种类型的行政指导？是否具有强制力？

案例二：姜某与新疆五家渠交通规费征收稽查所行政协议纠纷案

1998 年 12 月 30 日，姜某与稽查所签订了一份公路养路费包缴协议，约定：姜某全年以全费的 83.3% 包缴养路费，全年分 12 次缴清费款；稽查所给姜某办理了养路费缴讫证，并核定姜某驾驶的扬子牌新 B - 13425 客车载重量为 2.5 吨；本协议自 1999 年 1 月 1 日生效。协议签订后，姜某按月缴清了养路费。同年 6 月 30 日，姜某缴清 7 月份的养路费、运管等费用。7 月 1 日上午，姜某驾驶自己的扬子牌新 B - 13425 号车至稽查所管辖的路段时，稽查所查验姜某对养路费的缴纳的情况后，认为按公路汽车证费计量标准计算，姜某驾驶的车辆的载重量应为3吨，即作出让姜某补缴 1999 年 1 月至 7 月半吨规费并暂扣车的处理决定。稽查所当即出具了扣车证，该证上填写："查补 1999 年 1 月至 7 月半吨养路费、扣行车证及其车一辆。"随后，稽查所收取了姜某补缴的 285 元养路费。同年 7 月 7 日，稽查所允许姜某将其被暂扣的车取回。

另查：（1）姜某的机动车行驶证上核定载客为 22 人，核定载重量一栏没填写内容。（2）《公路汽车征费标准计量手册》第八条对征费标准计量核定原则作了规定：按装载重量核定标准计算时，尾数不足 500kg 的按 500kg 计算；乘员人数（不包括驾驶员）折合装载重量核定征费标准计量时，每 10 人折合 1000kg，每五人折合 500kg，不足 5 人的按 5 人计，超过 5 人不足 10 人的按 10 人计量。（3）姜某从 1999 年 7 月 1 日至 7 日每天的纯收入为 230 元。

原告请求撤销被告的处理决定，并赔偿其车辆因被被告暂扣所造成的经济损失费用。一审法院审理后认为原告姜某与被告稽查所签订的养路费包缴协议合法有效，双方均应按协议履行。在协议的有效期限内，原告姜某按协议中核定的其驾驶的车辆的载重量为 2.5 吨及时缴清了养路费，原告不存在少缴养路费之问题。依据被告提供的《公路汽车征费标准计量手册》第八条的规定，原告姜某的所驾驶的车辆核定载客为 22 人，其载客重量亦应核算为 2.5 吨。被告认为原告的车辆的载重为 3 吨，并据此作出让原告补缴 0.5 吨的养路费及暂扣其车的处理决定缺乏事实根据，主要证据不足，故对被告稽查所作出的这一处理决定予以撤销并赔偿原告姜某的停运损失。

请思考：

本案中公路养路费包缴协议是否属于行政协议的范围？理由是什么？

第十四章　行政司法活动

本章内容提要：所谓行政司法是指行政机关作为行政或民事争议以外的第三者，按照准司法程序对特定争议适用法律、确定相应权利、义务关系，解决有关纠纷的活动。也就是说这种行政活动的特征是"定纷止争"。行政司法活动有解决行政机关行为引起的"公法"争议的活动，也有解决双方当事人之间"私法"纠纷的活动。尽管解决的纠纷性质不同，但是行政机关作为解决纠纷的主体是决定这种"司法"活动冠以"行政"的根本原因。

第一节　行政复议

一、行政复议的概念、特征及功用

（一）行政复议的概念与特征

行政复议是指公民、法人或其他组织认为行政机关的具体行政行为侵犯其合法权益，依法向该行政机关的上一级行政机关或法律、法规规定的特定行政机关提出复议申请，由受理申请的行政机关对具体行政行为依法进行合法和适当性审查并作出裁决的活动。

行政复议的特征如下：

1. 行政复议主体是行政机关

这是行政复议活动的主体特征或形式特征。就是说一望而知这种活动是由哪个主体实施承担的，是一个外在的特征。尤其是这种类似于法院裁判的活动，牢牢记住这个主体特征才不会与司法活动相混淆。

行政复议机关不是任意的行政机关，而是作出具体行政行为引发争议的行政机关的上级机关。上级机关，在行政机关系统内，即指该机关所属人民政府，也指该行政机关的上一级行政主管机关。行政复议管辖就是这样设计的，由当事人在两种上级机关之间选择其中之一来申请复议。

2. 行政复议是审查已经作出的具体行政行为

行政复议的"复"字是"重新""再次"的意思；"议"是议决的意思，即审议并决定。行政复议并非作出一个创设新法律关系的决定，而是对已经作出的具体行政行为重新审视、检查一遍，以便确认其是否合法、合理的活动。这是复议的活动特征。

3. 行政复议解决的是行政争议

行政复议解决的是行政行为所引起的争议，不是民事行为引起的争议。行政争议是一方当事人为行使行政权力的行政机关，即"管理者"与"被管理者"之间的争议。

行政复议这一特点与另外一种行政司法活动——行政裁决有区别。行政裁决是私人主体之间的纠纷交由行政机关处理。同为行政司法活动，一个是解决公法争议的，一个是解决民事纠纷的。这是行政复议解决纠纷的性质和特点。

4. 行政复议是依行政行为利害关系人申请而为的活动

复议活动是依申请的活动，不是行政机关的主动监督检查活动。似司法活动的"不告不理"。行政机关的内部监督有被动的，也有主动的，主动的可能还居多。行政复议活动虽然也是行政机关系统内的一种层级监督，但其启动权利给了相对人，非申请没有后续复议活动。

当然，由于复议活动某种意义上也是层级监督，故而不完全像诉讼活动那样，裁判范围取决于诉求范围。《行政复议法》第二十九条第二款规定："申请人在申请行政复议时没有提出行政赔偿请求的，行政复议机关在依法决定撤销或者变更罚款，撤销违法集资、没收财物、征收财物、摊派费用以及对财产的查封、扣押、冻结等具体行政行为时，应当同时责令被申请人返还财产，解除对财产的查封、扣押、冻结措施，或者赔偿相应的价款。"

值得注意的是关于申请行政复议的"利害关系人"，不要狭义理解。它既包括具体行政行为的相对一方也包括受具体行政行为影响的其他相对人。举例而言，行政处罚的对象自然是可以申请复议的利害关系人，与处罚事项有利害关系的人也可以是复议申请人。如环保机关处罚污染环境的企业，该企业可以申请复议，污染受害人也可以申请复议。

5. 行政复议是一种法定的程序性活动

法定程序性活动意味着这种程序一旦启动，非有法定事由，不能自主终止，必须有明确结果。即使是终止或者驳回申请，也必须是一种符合程序规定的程序结果。也就是说，程序一旦启动，除非有停下来的事由，它是不可能停下来的。

这与信访等申诉制度不同，信访等申诉制度可能在开始时就无疾而终，因为它不是一个必须有结果的法定程序。

（二）行政复议的功用

行政复议作为行政机关自我审查的制度，其主要功用如下：

1. 保护当事人合法权益

因为行政复议活动是由于相对人不服行政行为而引起的，相对人往往是认为行政行为违法或者不适当侵害了其合法权益才"不服"的，可见推翻侵害自己合法权益的行政行为是相对人申请复议的目的，也是行政复议制度设置时的预想。与同样保护当事人合法权益的行政诉讼比，行政复议在这方面具有如下特点：①行政复议的受案范围更广泛。这是因为行政复议是行政机关系统内自我纠错的机制，不像行政诉讼多少会受到不同国家机关权限的限制，而导致受案范围的收窄。②行政复议的效率应该比行政诉讼更高，更简便、更迅速。行政复议的案件内容属于复议机关的专业，是其很熟悉的案件，与法官不同，这使得案件的审理应当更有效率，速度也应当更快。行政诉讼一审的审限是3个月，二审是2个月，中间的上诉期是15天，行政复议的审限是2个月。③行政复议不收费。行政诉讼是收费的。高效、免费应当是吸引当事人利用行政复议途径的重要因素之一。也是设计行政复议制度的经济考量。

2. 纠正行政机关违法或不当行政行为，促使行政机关依法行政

行政复议实际上是给予行政机关一次机会自我纠正违法和不当。表现出法律对于行政机关执行法律的尊重。

3. 减轻法院负担

行政复议制度对于人民法院而言具有一种过滤作用，即降低讼累，将可以由行政机关自我消化、处理的案件先行交给行政复议机关化解掉，化解不掉的案件再到人民法院，这就给法院拦了一道防护网，避免人民法院负担过重。

（三）行政复议与行政诉讼的关系

如前所述，统一的行政复议制度最初就是因为《行政诉讼法》的规定而诞生的。行政复议与行政诉讼关系密切可见一斑。我们就两者关系的法律关系梳理如下：

1.《行政诉讼法》第四十四条规定，当事人可以选择复议或诉讼，复议后可以再行起诉。法律法规另有规定行政复议前置的除外。目前规定行政复议强制性前置的主要是税收领域的各种法律规定。

2.《行政诉讼法》第四十五条规定了复议裁决送达后，当事人15日内可以

提起行政诉讼；复议机关逾期即 2 个月不作决定的，逾期之日起 15 日内起诉。

3.《行政诉讼法》第二十六条规定："公民、法人或者其他组织直接向人民法院提起诉讼的，作出具体行政行为的行政机关是被告。经复议的案件，复议机关决定维持原行政行为的，作出原行政行为的行政机关和复议机关是共同被告；复议机关改变原行政行为的，复议机关是被告。"

二、行政复议制度的发展和现状

（一）行政复议制度的发展

行政复议制度并非我国首创。法国最早有此制度，中文译为"诉愿"，因为法国的行政法院从创立的十八世纪末一直到十九世纪八十年代，都是先经过诉愿才能行政诉讼，我国学人大抵是从了解行政法院时顺带知道了它。后来的日本、韩国、我国台湾地区沿袭了"诉愿"这一名称。但是日本 1962 年废止诉愿法，代之以行政不服审查法。也就是说，日本的"行政不服审查"制度就相当于我国的行政复议制度。韩国最近十几年的改革，除了实质内容上的变化外，名称也改变为"行政审判"，以强调这种复审活动的司法特性。

英美国家也有类似的制度。如英国有行政裁判所，美国有行政法官制度。当然由于各国国情不同，其制度会有这样那样的差别。如英国的行政裁判所，不像我国的行政复议只解决公法争议，而是符合其公私法不分的历史传统，即解决公法争议也解决私法纠纷。美国的行政法官则特别强调其超然、中立地位，使其独立于服务的行政机关之外，不受行政机关首长控制地裁断案件。美国司法审查贯彻的"成熟"原则和"穷尽一切救济"原则，实际上要求行政机关及行政法官先于法院处理案件。这些类似制度的不同做法都是可供我们制度设计时的宝贵参考。尤其是各国不同做法，骨子里却体现了同一精神的，是我们要挖掘的所谓规律性的东西，特别值得注意和学习。

新中国成立后到"文革"前，在零散的单行法里就出现有行政复议，但是名称不统一，且可能称为申诉、复核等。那时候的这一制度还未成气候，也不引人注目。是七十年代末的改革开放，产生出大量的立法需求，而大量立法在对各种各样的事项作出规定时，也同时想到可能产生的相关纠纷如何解决的问题，所以冠以不同名称的"复议"纷纷出现在各种单行法里。据统计，至 1989 年 4 月 4 日《行政诉讼法》颁布以前，我国当时已有近百部法律、法规和规章对行政复议作了规定，其内容涉及公安、工商管理等 20 多种行政管理活动。行政复议作为一种制度具有的普遍性已经展现在人们面前。

但是尽管立法数量众多，可对于行政复议制度而言：

第一，每一部立法只针对某一类型的行政行为规定不服可以申请行政复议，缺乏一部对行政复议的基本原则、范围、管辖、程序等作出统一规定的行政复议基本法。

第二，规定行政复议制度立法有的是法律，有的是行政法规，还有的是部门规章，文件层级效力不同。

第三，行政复议的名称不统一，有的称申诉，有的称复核，还有些其他的称谓。

第四，各单行法对各种行政行为不服申请复议的期限规定不一致，有 5 天的，有 15 天的，还有 30 天，一个月的。

第五，在行政复议与行政诉讼的关系上，没有一个概括和明确的统一规定。大部分采用复议前置的模式，极少数采用的是复议与诉讼选择模式。而且对复议后可否行政诉讼，除了《外国人入境出境管理法》《中国公民出境入境管理法》两个出入境管理法明确规定不得再行提起行政诉讼外，其他规范性文件很少提及两者关系。

1989 年 4 月 4 日全国人民代表大会通过了《行政诉讼法》，在这部法律里规定了行政复议与行政诉讼的关系，即如果法律规定要先经过行政复议才能提起行政诉讼，从其规定；没有这样规定的，相对人可以在两者之间选择，如果选择了行政复议，复议之后可以再提起行政诉讼。而且《行政诉讼法》给予这一制度一个统一的名称——"行政复议"。

由于《行政诉讼法》的规定使得当时制定行政复议专门法律的需求变得十分迫切。于是 1990 年 12 月 24 日国务院发布了《行政复议条例》。该条例共计十章 57 条，于 1994 年 10 月 9 日修订一次①。随着行政复议条例的实施，行政复议制度所暴露出的不足和进一步完善的需求越来越强。尤其是有人质疑行政复议条例有自我赋权的嫌疑，全国人大制定法律的时机成熟了。1999 年 4 月第九届全国人民代表大会常务委员会第九次会议通过了《行政复议法》（自 1999 年 10 月 1 日起施行），这一法律一直实施到现在，即现行法律。虽然立法的层级提高了，但是行政复议的许多问题并没有解决，有些问题甚至更加严重。从表象看，行政复议案件数量很少，全国一年几万件，大多数行政诉讼案件是当事人绕过行政复议直接起诉的，经过行政复议的案件又有相当大的比例诉诸人民法院。这些现象说明行政复议没有得到人民群众的信任，行政复议制度设计的初衷没有实现，行政复议的功能没有真正发挥。为了完善改进行政复议制度，全国人大酝酿行政复议

---

① 该条例现已失效。

法的修改已有数年。虽然本书作者及其他学者呼吁行政诉讼法与行政复议法一起修改，但是《行政诉讼法》还是在 2014 年 11 月 1 日修改通过，而《行政复议法》自 2009 年后还没有进行过修改。

（二）行政复议制度的现状和问题

1. 行政复议制度功能作用尚未得到充分有效发挥。行政复议解纷功能不足，行政复议案件徘徊在七万、八万之间很多年；大量行政争议还游离于法律平台、特别是行政复议渠道之外。如向人民法院提起行政诉讼的案件中，有 70% 以上是没有经过复议直接起诉的。而大量行政争议不能通过行政机关的自我监督、纠错、约束机制而实现行政法治，增加了社会摩擦力和解决纠纷的成本。

2. 从行政机关领导到社会大众对行政复议的认知度和认同度不足。基层是行政案件的多发地，是行政复议的重点所在。据统计，87% 的行政复议案件，被申请人是地级市以下行政机关，70% 的行政复议案件被申请人是市、县两级政府部门。但是，市、县两级政府的行政复议能力却十分薄弱，机构不健全，编制不到位，队伍不稳定。许多县级政府根本就没有行政复议机构，即使有机构也就是一两个兼职人员，"不是无案可办，而是无人办案"。甚至在青海、福建、江西、山东的 369 个县级政府中，相当长的时间内有 90 个根本没有办理过一起行政复议案件。

3. 复议制度和程序设计不善影响复议制度的功能发挥。行政复议机关不愿意或者不积极受理复议案件的情形很是常见；由于《行政复议法》对于程序规定过于粗疏，复议案件的审理机制不够公开透明；行政复议的维持率偏高；复议中调解和解尺度不均衡；行政复议决定履行缺乏刚性约束。总之由于《行政复议法》等法律法规相对粗略，某些行政机关在处理复议案件时，在遵守行政实体法的法律规范和法律精神方面，不能形成严格约束。在这些问题的相互作用下，使得老百姓信不过行政复议制度，妨碍了制度设计的目标达成。

（三）行政复议的改革和试验

1999 年《行政复议法》出台之后的情形和问题如上所述。鉴于这些问题 2006 年 9 月，中共中央办公厅、国务院办公厅联合下发《关于预防和化解行政争议健全行政争议解决机制的意见》（中办发〔2006〕27 号），明确提出要积极探索符合行政复议工作特点的机制和方法。该《意见》对当前国家健全行政争议解决机制进行重新定位和分工，要求从立法、司法、行政等多方面采取措施预防和化解行政争议；肯定行政复议是解决行政争议的重要渠道，确定"三化解"的基本要求，即力争把行政争议化解在基层、化解在初发阶段、化解在行政程序中，明确了以政府为主导的纠纷解决机制的发展方向。

2006年10月，党的十六届六中全会通过的《中共中央关于构建社会主义和谐社会若干重大问题的决定》，明确提出要"加快建设法治政府，全面推进依法行政，严格按照法定权限和程序行使权力、履行职责，健全行政执法责任追究制度，完善行政复议、行政赔偿制度。"

2006年12月，国务院召开全国行政复议工作会议，对"有条件的地方和部门可以开展行政复议委员会的试点"作出了具体部署。黑龙江省哈尔滨市率先开展行政复议委员会试点工作。

2007年5月国务院的行政法规《行政复议法实施条例》颁布（同年8月1日实施）。该条例试图在已有法律框架内弥补行政复议法的不足。2007年7月，国务院召开全国市县政府依法行政工作会议，再一次明确提出市县政府要认真贯彻行政复议法及其实施条例，进一步加强和改进行政复议工作。

2008年3月，温家宝总理在第十一届全国人民代表大会第一次会议上所作的政府工作报告中再次明确要求"健全行政复议体制"。

2008年8月，国务院法制办在贵阳市召开行政复议委员会试点工作会议，总结交流有关情况和经验，进一步听取开展试点工作的意见并部署试点工作。

2008年9月，国务院法制办印发《国务院法制办公室关于在部分省、直辖市开展行政复议委员会试点工作的通知》（国法〔2008〕71号、以下简称《通知》），确定北京市、黑龙江省、江苏省、山东省、河南省、广东省、海南省、贵州省八个省、直辖市为行政复议委员会试点单位。国务院允许自主增加，于是2010年又自主增加了四个省：内蒙、湖北、重庆、福建。这12个省共确定60个单位参加试点。

《行政复议法实施条例》与复议制度的改革相互配合，使得复议制度在以下三个主要方面得到改进：

第一，建立复议委员会。复议委员会由法制办配员并超过半数的社会"贤达人士"组成。由于其多数是行政机关之外的人士，他们不会忌惮复议机关首长的想法，会以自身专业知识和素质教养为基础，独立超然断案。这样的设计是为了解决复议机构人员配置不足，复议机构独立性、超然性不足，公信力不高的问题。

复议委员会裁决案件的权限，各地试验有所不同。哈尔滨的复议委员会有权直接裁断复议案件，市长虽然原则上可以否定复议委员会决定，但若复议委员会再次以三分之二的多数作出同样的裁断，市长要再次否定就只能上市政府常务会议才能做到。哈尔滨的实践是没有发生过市长否定复议委员会裁决的情形。北京市的复议委员会，在具体审案时，由单数复议委员会委员组成一个案审会，在充分讨论案件后，参加案审会的委员，一人一票投出裁决结果。虽然北京没有哈尔滨那样细致的规定，但据说，市长没有否定过案审会的裁决结果。还有的地方是以行政首长直接参加案审会的方式，达到复议委员会与行政首长决定的统一。

第二，集中管辖权。由于复议案件分布不均，有的行政复议机关案件多些，有的却鲜有案件，或者案件很少，案件少的行政复议机关不会愿意配备专门的行政复议机构和人员。而这样的行政复议机关一旦收到行政复议案件，往往临时指定人员负责处理案件。如此一来，行政复议案件的质量很难保障，复议人员不能常任则提高其素质也是说说而已。所以改革的办法之一是集中管辖权，这样案件数量可以相对集中，设置专门复议机构和配备专门人员才有可能，进而提高复议人员的素质和复议案件的办案质量都有了基础。

第三，改造完善程序。行政复议法规定，处理行政复议案件是以书面复议为原则，以口头听取意见为例外。由于行政复议法规定的例外是"调查或听取申请人、被申请人和第三人的意见"，不"禁止单方面接触"，因而书面审理的例外并不意味着双方或三方同时到场、互相质证的"开庭审"。行政复议实施条例规定必要时可以采用听证的方式审理，很大程度上弥补了复议审理方式的缺陷。改革还带动了其他程序的变化，如试点地方在证据规则方面的探索，加强裁决书的说理以及规范化方面的改进，等等。

但是先予修改的行政诉讼法，有一个与行政复议相关规定的重要变化，可能对行政复议法其后的修改产生重大影响。原来的行政诉讼法规定：经过行政复议的行政诉讼案件，维持原具体行政行为的，原行为机关作为行政诉讼的被告，行政复议机关改变原行政行为的，行政复议机关作为被告。这一规定被认为是复议维持率居高不下的主要原因，修法的结果是改为：不论复议机关维持还是改变原行政行为，复议机关都要当被告。至此，人们不禁要问，超然的复议委员会作出决定，行政复议机关却要作被告，行政复议机关是否愿意？改革的方法有多种，当然都可以试验，但是立法将有的环节固定下来了，受其制约的发展只能拭目以待了。

第二节　行政裁决

一、概念和特征

行政裁决是指行政机关依照法律授权，对平等主体之间发生的、与行政管理活动密切相关的、与合同无关的民事纠纷进行审查，并作出裁决的行政行为。行政裁决主要包括损害赔偿或补偿裁决、权属纠纷裁决和侵权纠纷裁决。

行政裁决的特征如下：

1. 行政机关是行政裁决的主体。裁决纠纷一般是法院的权限，但是行政裁决的主体是行政机关。

2. 行政裁决解决的纠纷是相对人之间的特定私权纠纷。前边讲到的行政复议，解决的是行政争议，是相对人不服一个行政行为（决定）引起的争议，争议的一方当事人是作出行政决定的行政机关。而行政裁决的双方当事人都是私权主体，纠纷指向也是私权。值得注意的是，这种私法纠纷不是普遍的、任意的纠纷，而是特定的民事纠纷。所谓特定有两个含义：一是指法律法规授权，即享有行政裁决的行政机关是特定的；二是案件具有特定性，即裁决该行政机关只裁决某一类民事纠纷，而非所有民事纠纷。不像法院概括性地享有民事纠纷审理的权限。这种民事纠纷一般与行政机关管理事项相关，如授权环保主管机关解决与环境污染有关的民事纠纷即污染企业与受害人之间的侵权损害赔偿纠纷。

3. 行政裁决的案件一般与合同无关。仲裁的案件往往与合同有关，制度设计是循着事物发展的脉络展开的，因此，行政裁决的案件一般与合同无关。

二、行政裁决的种类

（一）补偿裁决

2001 年《城市房屋拆迁管理条例》① 第十六条规定："拆迁人与被拆迁人或者拆迁人、被拆迁人与房屋承租人达不成拆迁补偿安置协议的，经当事人申请，由房屋拆迁管理部门裁决。房屋拆迁管理部门是被拆迁人的，由同级人民政府裁决。裁决应当自收到申请之日起 30 日内作出。"

《国有土地上房屋征收与补偿条例》第二十六条规定："房屋征收部门与被征收人在征收补偿方案确定的签约期限内达不成补偿协议，或者被征收房屋所有权人不明确的，由房屋征收部门报请作出房屋征收决定的市、县级人民政府依照本条例的规定，按照征收补偿方案作出补偿决定，并在房屋征收范围内予以公告。"

2. 侵权赔偿裁决

侵权赔偿裁决在环境资源领域的单行法中出现得比较多。如 1989 年《环境保护法》第六十四条规定："造成环境污染危害的，有责任排除危害，并对直接受到损害的单位或者个人赔偿损失。赔偿责任和赔偿金额的纠纷，可以根据当事

---

① 该条例已失效。

人的请求，由环境保护行政主管部门或者其他依照本法律规定行使环境监督管理权的部门处理；当事人对处理决定不服的，可以向人民法院起诉。当事人也可以直接向人民法院起诉。"

环保类法律大多有类似规定。如 1989 年《海洋环境保护法》第二十四条，1995 年《大气污染防治法》第四十五条，1996 年《水污染防治法》第五十五条，1996 年《矿产资源法》第三十九条，1991 年《水土保持法》第三十九条，1984 年《药品管理法》第五十六条，1991 年《水土保持法》第三十九条，1991 年《烟草专卖法》第三十六条等。但是需要注意的是，这些法律在修改之后大多删去了授权行政主管机关解决相关民事纠纷的条款。

当时一些行政法规也规定了行政裁决，如《防止拆船污染环境管理条例》第二十三条规定："因拆船污染直接遭受损害的单位或者个人，有权要求造成污染损害方赔偿损失。造成污染损害方有责任对直接遭受危害的单位或者个人赔偿损失。赔偿责任和赔偿金额的纠纷，可以根据当事人的请求，由监督拆船污染的主管部门处理；当事人对处理决定不服的，可以向人民法院起诉。当事人也可以直接向人民法院起诉。"类似行政法规规定还有 1988 年《河道管理条例》第四十七条和 1988 年《土地复垦规定》第十五条等。其中《土地复垦规定》（1988 年）为 2011 年的《土地复垦条例》所取代，条例第十九条的规定已经将行政裁决改为行政调解："土地复垦义务人对在生产建设活动中损毁的由其他单位或者个人使用的国有土地或者农民集体所有的土地，除负责复垦外，还应当向遭受损失的单位或者个人支付损失补偿费。损失补偿费由土地复垦义务人与遭受损失的单位或者个人按照造成的实际损失协商确定；协商不成的，可以向土地所在地人民政府国土资源主管部门申请调解或者依法向人民法院提起民事诉讼。"

3. 权属（确权）争议裁决

权属争议大多发生在资源领域，所以资源类法律往往规定了行政裁决，如 2004 年《土地管理法》第十六条、2009 年《矿产资源法》第四十九条、2009 年《森林法》第十七条、2013 年《草原法》第十六条。而 1986 年《渔业法》第十二条、1988 年《水法》第三十六条本也有类似规定，但其后的修法取消了相关的行政裁决规定。

4. 民间纠纷的裁决

民间纠纷的裁决主要是依据司法部 1990 年颁布实施的《民间纠纷处理办法》。该办法规定，司法助理员是基层人民政府的司法行政工作人员，具体负责处理民间纠纷的工作。而民间纠纷的范围是比较广泛的，指《人民调解委员会组织条例》规定的民间纠纷，即公民之间有关人身、财产权益和其他日常生活中发生的纠纷。司法助理员在处理民间纠纷的权限上："可以决定由责任一方按照《中华人民共和国民法通则》第一百三十四条第一款所列举的方式承担民事责任，但不得给予人身或者财产处罚。"《民法通则》第一百三十四条规定的承担民事责任的方式主要有：（一）停止侵害；（二）排除妨碍；（三）消除危险；（四）返还财产；（五）恢复原状；（六）修理、重作、更换；（七）赔偿损失；（八）支付违约金；（九）消除影响、恢复名誉；（十）赔礼道歉。实际上《民法通则》第一百三十四条第一款并没有人身或者财产处罚，是其第三款规定："人民法院审理民事案件，除适用上述规定外，还可以予以训诫、责令具结悔过、收缴进行非法活动的财物和非法所得，并可以依照法律规定处以罚款、拘留。"所以，民间纠纷处理办法给司法助理员指明的权限范围即上述《民法通则》第一百三十四条第一款规定的十种处理方式。

民间纠纷处理在程序方面要求，人民调解员的调解在先，调解不成才由司法助理员处理，而且即使是司法助理员也要先调解，调解不成才予以处理（裁决）。

民间纠纷的裁决效力有强制执行力。《民间纠纷处理办法》第二十一条规定："基层人民政府作出的处理决定，当事人必须执行。如有异议的，可以在处理决定作出后，就原纠纷向人民法院起诉。超过十五天不起诉又不执行的，基层人民政府根据当事人一方的申请，可以在其职权范围内，采取必要的措施予以执行。"

虽然《民间纠纷处理办法》是一个司法部的规章，但是因为其有上位法即国务院的行政法规《人民调解委员会组织条例》，该条例第九条规定，人民调解委员会调解不成的民间纠纷，任何一方可以请求基层人民政府处理，也可以向人民法院起诉。所以司法部这一规章开宗明义就表明是根据这一条例制定的该办法。

如果我们进一步对规范本身进行追踪，会发现《人民调解法》是 2010 年制定通过的，其中只有一条似乎与我们这里的话题有关，即其第二十六条的规定："人民调解员调解纠纷，调解不成的，应当终止调解，并依据有关法律、法规的规定，告知当事人可以依法通过仲裁、行政、司法等途径维护自己的权利。"

5. 费用纠纷的裁决

他人使用知识产权或者具有知识产权性质的处方、工艺，是应当付费的，这种使用费可能双方达不成协议，有的法律法规规定了行政裁决。如《中药品种保护条例》第十九条规定，转让有关中药品种的处方组成、工艺制法的费用，双方达不成协议，由国家卫生行政部门裁决。

再如专利强制使用费，按照《专利法》第五十七条的规定："取得实施强制许可的单位或者个人应当付给专利权人合理的使用费，或者依照中华人民共和国参加的有关国际条约的规定处理使用费问题。付给使用费的，其数额由双方协商；双方不能达成协议的，由国务院专利行政部门裁决。"

6. 专门行政裁判——商标评审委员会的裁决

商标评审委员会，设在国家工商行政管理总局内，负责处理商标争议事宜（《商标法》第二条）。其具体负责处理的商标争议如下：

（1）商标注册申请人不服驳回商标申请、不予公告的商标的争议；

（2）异议人不服商标局作出准予注册商标决定，向商标评审委员会请求宣告该注册商标无效的案件；

（3）被异议人不服商标局作出不予注册决定的，向商标评审委员会申请复审的案件；

（4）其他单位或者个人请求商标评审委员会宣告已经注册的商标无效的案件；

（5）当事人对商标局作出宣告注册商标无效的决定不服的，向商标评审委员会申请复审的案件；

（6）自商标注册之日起五年内，在先权利人或者利害关系人可以请求商标评审委员会宣告该注册商标无效的案件；

（7）对商标局撤销或者不予撤销注册商标的决定，当事人不服向商标评审委员会申请复审的案件。

商标评审委员会的裁决，法律直接规定有一些程序，是行政裁决中形式上最规范和严格的裁决。不妨称之为专门行政裁决。

虽然我们列举了这么多的行政裁决，但是从近年趋势看，立法在修改时改成调解的有之，直接去掉的也有之。直接去掉后的状况就是此类案件沿着法院司法救济的途径走。为什么会这样？本书作者认为和立法分散和规定不细有关。立法分散则在每个行政裁决机关的案件可能很少，无法或者被行政机关认为不值得设置机构去专门处理裁决案件，久而久之，裁决功能就会萎缩；而规定不细使得程序没有具体要求，听凭裁决机关自由裁量，再与上述因素相互滚动发展，会使行政裁决的功能萎缩更厉害。从另一方面言之，行政裁决后可能使裁决机关惹上麻烦，即可能被当事人告到法院，也可能在诉讼中需要配合法院调查取证。不愿意当被告也是行政裁决机关在修法时态度坚决地"退出"的重要原因。

三、行政裁决的程序

法律虽然对行政裁决作出了规定，但对其实施程序却没有相应的规定，更不用说统一的程序规定了。而行政裁决的程序是至关重要的，它关系到行政裁决的具体实施，行政裁决的作用和行政裁决目标和功能的实现。从实际情况看，地方有专门裁决规定的即行政裁决有一定程序可以依循的，该行政裁决就实际存在；如果地方没有具体裁决相关规定的，则该行政裁决名存实亡。可见裁决程序很重要。根据行政管理实践经验和分散的单行法律文件的规定，行政裁决应遵循下列程序：

第一，申请。当事人应当向行政机关提交请求解决纠纷的申请书。不是所有的申请行政机关都必须受理，申请必须满足一定的条件。申请必须由民事纠纷当事人或其法定代理人在法定期限内向具有管辖权的行政机关以书面形式提出。

第二，受理。行政机关收到当事人的申请书后，应当对申请书的内容进行初步的审查，符合条件的予以受理；不符合条件的不予受理，并告知理由。

第三，审查。行政机关正式受理当事人的裁决申请后，开始对当事人之间纠纷的事实和证据等进行查证、核实。除了审查当事人双方提交的申请、答辩书及所附材料外，行政机关还可召集当事人当面陈述案情，相互辩论、举证、质证，以查明案情；或者根据案情需要进行有关调查、勘验或鉴定。调查、勘验、鉴定既可由具备条件的行政机关自行进行，也可由行政机关委托符合法定条件的其他机构和组织进行。

第四，裁决。行政机关经过审查认为事实清楚，证据充分的，应及时作出行政裁决。行政裁决书应载明双方当事人的基本情况、争议内容、裁决认定的事实、理由和根据等，除了法律规定为终局裁决的行政裁决外，应当告知当事人申请行政复议或提起行政诉讼及其期限和管辖机关。行政裁决书作出后，应当及时送达双方当事人。

第三节　行政仲裁

我国行政仲裁制度的发展是以 1995 年《仲裁法》的实施为分野的。《仲裁法》实施以前，行政仲裁呈扩大趋势，突破了传统的劳动仲裁、经济合同仲裁领域，扩大到产品质量纠纷仲裁、人才流动争议仲裁、技术合同纠纷仲裁、农业联产承包纠纷仲裁、土地纠纷仲裁、房产纠纷仲裁等方面。《仲裁法》颁布实施后，大部分行政仲裁转向民事仲裁。劳动争议仲裁、人事争议仲裁和农村土地承包经营纠纷仲裁是目前仅剩的三种具有法律依据的行政仲裁，其法律依据分别是 2007 年《劳动争议调解仲裁法》、2007 年《人事争议处理规定》和 2009 年《农村土地承包经营纠纷调解仲裁法》。

一、行政仲裁的概念、特征

行政仲裁是指行政机关或者行政性机构以第三者身份裁决与合同有关的纠纷的活动。行政仲裁中的"行政"二字是指活动者的身份，要么是行政机关，要么是行政性的机构。仲裁，在欧洲国家的商事活动中很早就出现了，在欧洲是一种传统。指的是纠纷当事人事先指定第三人为仲裁人，一旦因为履行合同发生纠纷时就按照约定请第三人裁决的制度。因为仲裁根据的是合同，双方合同的权利义务已经在合同中写明白，故而仲裁人是双方共同信任者即可，不要求是法官。形成制度后，仲裁员会统一归属于某一仲裁委员会。而仲裁委员会全凭当事人出于信任的选择，所以也没有地域管辖之说。双方当事人完全可以选择任何一个他们共同信任的仲裁委员会去仲裁将来可能出现的合同纠纷。因此，仲裁与诉讼相比特点鲜明：仲裁者不是法官；仲裁不受地域管辖限制；仲裁的纠纷并非法院普遍管辖的纠纷，而是与合同相关的纠纷。

仲裁冠以"行政"表明与欧洲传统意义上仲裁不同的特点。那就是这种行政仲裁是一种法定仲裁，而非欧洲那样的约定仲裁。我们国家也有普通的仲裁，那种普通仲裁就是欧洲传统的约定仲裁，如按照合同法，合同双方当事人自行约定的仲裁属之。而我们这里讲的是法定仲裁，即行政仲裁。为什么行政仲裁是法定仲裁？是因为这类仲裁有管辖的限制，仲裁员也不是选择的结果，而是法律规定的结果。

行政仲裁具有以下特征：

1. 行政仲裁的主体是法律明确授权行政机关。行政机关不具有当然的行政仲裁权，只有经法律明确授权后，行政机关才拥有对特定民事纠纷的行政仲裁权。在我国，授予行政机关行政仲裁权的是分散的单行法律、法规或规章，而不是宪法和组织法。行政仲裁的主体是由设在行政机关中的专门处理劳动、人事争议或农村土地承包经营纠纷的机构，具体是指劳动人事争议仲裁委员会和农村土地承包仲裁委员会。

2. 行政仲裁的对象是特定的民事争议。行政仲裁的对象不是行政争议，而是特定的民事争议，现阶段主要是指劳动争议、人事争议和农村土地承包经营纠纷。

3. 行政仲裁具有行政司法性。行政机关在仲裁过程中，是以行政机关的身份进行裁决的，从主体形式上来讲具有行政性。行政机关在仲裁过程中，又是以第三人的身份对民事纠纷进行居间裁决的，处理争议案件实行的是仲裁庭制度，在程序方面具有司法性。因此，行政仲裁具有行政司法性。

4. 行政仲裁裁决具有法律效力。当事人不服仲裁裁决的，除了终局裁决的行政仲裁（部分劳动仲裁裁决为终局裁决），都可以向人民法院提起民事诉讼。逾期不起诉的，裁决书即发生法律效力。当事人对发生法律效力的裁决书，应当依照规定的期限履行。一方当事人逾期不履行的，另一方当事人可以向人民法院申请执行。受理申请的人民法院应当依法执行。

二、行政仲裁的发展和演变

仲裁冠以"行政"这一定语，显然与行政机关有关。此前的行政仲裁之所以被称为行政仲裁，是因为这种仲裁组织是由行政机关组织、建立，甚至其成员也是仲裁委员会成员。如经济合同仲裁委员会，是由各级工商管理局设立的，接受工商管理局的领导；劳动争议仲裁委员会是由县级以上人民政府设立的，主任由同级劳动部门的负责人担任，其办事机构为劳动行政机关的劳动争议的处理机构。劳动争议仲裁委员会由三方代表构成，分别是同级总工会的代表，与争议有关的企业主管部门的代表或企业主管部门委托的有关部门的代表，同级劳动部门的代表。

行政仲裁不同于西方国家的民间仲裁，也不同于我国设在中国国际贸易促进委员会内的对外经济贸易仲裁委员会、海事仲裁委员会的仲裁。这两个委员会的仲裁是民间性质的，它们遵循国际上关于仲裁的一般惯例：①当事人对仲裁和诉讼自愿选择，但一经选择仲裁即不得再行起诉。其仲裁书有法院执行的效力——一方当事人不履行仲裁书，另一方当事人可向法院申请强制执行。②当事人对仲裁员可以自由选择。行政仲裁则与之不同。首先，行政仲裁与诉讼的关系与民间仲裁不同。劳动争议的仲裁则根本不允许当事人选择，仲裁成为提起诉讼的必须程序。其次，行政仲裁的当事人不能选择仲裁自己案件的仲裁员，哪些仲裁员参加该案的办理，由仲裁委员会决定。

1995年《仲裁法》的颁布是我国行政仲裁制度的发展的分野点。1995年《仲裁法》实施以前，行政仲裁呈扩大趋势，突破了蝉蜕的劳动仲裁、经济合同仲裁领域，扩大到产品质量纠纷仲裁、人才流动争议仲裁、技术合同仲裁、农业联产承包纠纷仲裁、土地纠纷仲裁、房产纠纷仲裁等领域。

在1995年9月1日《仲裁法》正式实施以后，经济合同仲裁性质发生了变化，不再是行政性质的仲裁了，大部分行政仲裁转向民事仲裁，行政仲裁基本上就只剩下了劳动争议仲裁。劳动争议仲裁、人事争议仲裁和农村土地承包经营纠纷仲裁是目前仅剩的三种具有法律依据的行政仲裁，其法律依据分别是2007年《劳动争议调解仲裁法》、2007年《人事争议处理规定》和2009年《农村土地承包经营纠纷调解仲裁法》。

劳动争议仲裁方面的规定有 1987 年 7 月 31 日国务院发布的《国营企业劳动争议处理暂行规定》①。经济合同仲裁依照 1983 年 8 月 22 日国务院发布的《经济合同仲裁条例》②。这两个行政法规分别对劳动争议仲裁、合同的仲裁的程序作出了具体规定。只是在 1995 年《仲裁法》、1999 年《合同法》施行后，所谓经济合同仲裁才消亡。

三、行政仲裁的程序

行政仲裁应当根据事实，遵循合法、公正、及时、着重调解的原则，依法保护当事人的合法权益。根据《劳动争议调解仲裁法》、2007 年《人事争议处理规定》和 2009 年《农村土地承包纠纷调解仲裁法》的规定，行政仲裁大致应该遵循以下程序：

第一，申请。当事人应当在法定期限内以书面形式向仲裁委员会申请仲裁。当事人因不可抗力或者有其他正当理由超过前款规定的申请仲裁时效的，仲裁委员会应当受理。当事人向仲裁委员会申请仲裁，应当提交仲裁申请书，申请书应当载明申请人和被申请人的基本情况，仲裁请求和所根据的事实、理由，并提供相应的证据和证据来源。

第二，受理。仲裁委员会在收到仲裁申请书之后，应当对申请书的内容进行初步的审查，认为不符合受理条件的，应当书面通知申请人不予受理，并说明理由；认为符合受理条件的，应当受理，将受理通知书送达申请人，将仲裁申请书副本送达被申请人。被申请人应当在收到仲裁申请书副本之日起 10 个工作日内提交答辩书。被申请人没有按时提交或者不提交答辩书的，不影响仲裁的进行。

第三，审查。仲裁委员会裁决争议案件实行的是仲裁庭制。仲裁庭有权向有关单位查阅和调取与案件有关的档案、资料和其他证明材料，并有权向知情人调查，有关单位和个人不得拒绝并应当如实提供相关材料。仲裁庭对专门性问题认为需要鉴定的，可以交由当事人约定的鉴定机构鉴定；当事人没有约定或者无法达成约定的，由仲裁庭指定的鉴定机构鉴定。当事人的举证材料应在仲裁庭上出示，并进行质证。只有经过质证认定的事实和证据，才能作为仲裁裁决的依据。当事人在仲裁过程中有权进行辩论。辩论终结时，仲裁庭应当征询当事人的最后意见。

第四，调解。仲裁庭在作出裁决前，应当先行调解。调解达成协议的，仲裁

① 这一行政法规为 1993 年国务院的《企业劳动争议处理条例》所取代。
② 该条例已失效。

庭应当制作调解书。调解书应当写明仲裁请求和当事人协议的结果。调解书经双方当事人签收后，发生法律效力。调解不成或者调解书送达前，一方当事人反悔的，仲裁庭应当及时作出裁决。

第五，裁决。仲裁庭应当根据认定的事实和法律以及国家政策作出裁决并制作裁决书。裁决应当按照多数仲裁员的意见作出，仲裁庭不能形成多数意见时，裁决应当按照首席仲裁员的意见作出。裁决书应当写明仲裁请求、争议事实、裁决理由、裁决结果、裁决日期以及当事人不服仲裁裁决的起诉权利、期限，由仲裁员签名，加盖仲裁委员会印章。当事人对仲裁裁决不服的，在法定期限内可以向人民法院起诉；期满不起诉的，裁决书即发生法律效力。

第四节　行政调解

行政调解，是与人民调解和司法调解相并列的三种调解制度之一，体现了"和为贵"的传统观念和现代非强制行政的基本理念，在解决纠纷、化解矛盾、维护社会稳定中有着其他制度难以替代的作用。作为一种高效、便捷和成本低廉的化解社会矛盾的机制，行政调解新近日益受到国家的青睐。国务院2004年《全面推进依法行政实施纲要》指出："充分发挥调解在解决社会矛盾中的作用。对民事纠纷，经行政机关调解达成协议的，行政机关应当制作调解书；调解不能达成协议的，行政机关应当及时告知当事人救济权利和渠道。"2010年《国务院关于加强法治政府建设的意见》指出："要把行政调解作为地方各级人民政府和有关部门的重要职责……充分发挥行政机关在化解行政争议和民事纠纷中的作用。完善行政调解制度，科学界定调解范围，规范调解程序。"

一、行政调解的概念和特征

行政调解，是指行政机关通过说服、疏导等方法，促使当事人在平等协商基础上自愿达成调解协议，解决与行政职权相关的民间纠纷或部分行政争议的活动。它具有以下特征：

第一，行政调解主体是指行政机关或法律、法规、规章授权的组织。行政调解的主体是行政机关，包括各级人民政府及其职能部门。

伴随着公共行政的发展，社会行政在现代行政管理中也发挥着越来越重要的作用，部分法律、法规、规章授权的组织也承担着行政调解的功能。

第二，行政调解范围适用于与行政管理有关的民事纠纷、轻微违法行为、权属争议以及行政赔偿和补偿等部分行政争议等领域。

行政调解在法律制度上的设置相对零散，大体适用于治安管理、道路交通安全管理、医疗卫生行政管理、劳动行政管理、自然资源行政管理、环境保护行政管理、商业行政管理以及计量行政管理等领域。

第三，行政调解方式是行政机关居中进行疏导、教育、劝解与协调。根据纠纷的不同情况，行政调解人员可以采取多种方式调解民间纠纷，充分听取当事人的陈述，讲解有关法律、法规和国家政策，耐心疏导，在当事人平等协商、互谅互让的基础上提出纠纷解决方案，帮助当事人自愿达成调解协议。在调解纠纷过程中，发现纠纷有可能激化的，应当采取有针对性的预防措施；对有可能引起刑事案件的纠纷，应当及时向当地公安机关或者其他有关部门报告。

第四，行政调解协议一般没有法律效力，当事人拒绝履行的，不承担法律责任。没有法律效力的行政调解协议可能会导致行政调解资源的浪费，《治安管理处罚法》意识到了这一点，因而规定："经公安机关调解，当事人达成协议的，不予处罚。经调解未达成协议或者达成协议后不履行的，公安机关应当依照本法的规定对违反治安管理行为人给予处罚。"其实，行政调解可以借鉴人民调解引入司法确认调解协议的做法，对于经审核确认的调解协议，赋予其可以强制执行的效力。

二、行政调解的适用原则

（一）自愿原则

自愿是调解的本质要求，行政调解应当在当事人双方自愿的基础上进行。当事人可以向行政调解组织申请调解；行政调解组织也可以主动调解。当事人一方明确拒绝调解的，不得调解。调解中，一方当事人要求终止调解的，调解人员应该予以尊重。调解协议是纠纷当事人在法律允许范围内，自愿协商，互谅互让达成的结果。达成协议的内容必须是双方当事人真实意思表示，绝对不能强制调解。无法达成行政调解协议的，可终结调解。尊重当事人意志前提下达成的行政调解协议更易为当事人所认可，更有利于调解协议的履行。

（二）合法原则

合法调解是行政调解有效的前提条件，它包括程序合法和实体合法。在调解程序上，要尊重当事人的意愿，不得强行调解；在调解依据上，要把国家法律、法规作为调解纠纷的主要依据，不能充当"和事佬"，无原则地"抹稀泥"；在调解范围上，要符合国家法律、法规和规章的规定，不得超出法定的范围越权调解；在调解协议上，内容必须符合国家法律和政策的规定，不得损害国家、集体利益和他人的合法权益。

（三）公正原则

行政调解应该公平正直，没有偏私。主观上，应公正对待纠纷各方当事人，不得有所偏袒或区别对待；客观上，要正确把握公正性标准，充分考虑纠纷的具体情况，认真分析其原因、危害及纠纷各方当事人的态度等情况，以保证纠纷的公正解决。

（四）及时原则

行政调解应当及时、就地进行，防止矛盾激化。纠纷发生后，调解人员应认真调查分析，对符合调解条件的，要及时调解处理；对不符合调解条件、不适宜调解或者调解不能达成协议的，调解人员应该告知当事人救济权利和途径，以便当事人寻求合适的纠纷解决途径。

三、行政调解应该注意的问题

（一）注重行政调解与人民调解、司法调解的分工协作

行政调解与人民调解、司法调解都属于大调解体系，他们理应有着不同的适用范围，我们应该注重其分工协作。大体上，简单的民间纠纷适用人民调解；重大、复杂的纠纷则可通过司法审判程序及其司法调解予以解决；因公共政策调整所引发的争议，或专业性、权属性的争议往往可以适用行政调解。在此情况下，行政机关可以通过有代表性的纠纷解决事例进行分析和总结，并将其结果科学地反馈到行政决策和行政管理制度当中去，以预防和避免未来类似纠纷的发生或有利于类似纠纷的合理化解决。

（二）加强行政调解组织建设，提高行政调解人员的调解能力

加强行政调解组织建设，建立由地方各级人民政府负总责、政府法制机构牵头、各职能部门为主体的行政调解工作体制，充分调动体制内的一切积极要素为行政调解工作创造良好的组织架构。针对行政调解人员调解能力和水平有限的情况，政府应该加强行政调解相关知识的培训，提高其利用行政调解化解社会矛盾的素质。通过培训，使行政调解人员在调解工作中正确处理情、理、法三者的关系，做到动之以情、晓之以理、明之以法，把社会矛盾化解在起点和基层。

（三）建立回访和考核制度，确保行政调解的质量

回访和考核制度是保障行政调解工作公正、公开原则落实到位的一项措施，定时从调解的案件中抽调已调结的纠纷对当事人进行电话回访，了解调解过程是否规范、调解协议是否履行、对调解有何意见等内容。该项制度的落实，不仅可以促进社会矛盾纠纷得到公正调解，有效维护行政机关公正廉洁的形象，也是评

估行政调解工作的一项简便方法，并为其年终考核提供较为客观的依据。在实际工作中，对调解工作不力造成矛盾激化和重大社会影响的可依据回访的结果查明情况，追究有关人员的责任。

（四）建立监督机制，及时纠正行政调解中的问题

目前，我们对行政调解的监督工作做得不到位，缺乏有效的监督制约机制，以致在行政调解工作中出现了问题也得不到及时有效的纠正。为了防止行政机关为片面完成调解目标，把行政调解异化为强制调解、诱惑调解等损害当事人利益的行为，有必要建立行政调解的监督机制，由监督机关对行政调解主体进行监督，并对非法调解行为给予相应的制裁。在监督方法上，应以法律监督为主，通过完善行政调解程序来对调解工作进行监督；在监督主体上，应加强行政机关的内部监督，可以考虑将行政调解工作纳入法制检查的范围来进行监督。

思考题：

1. 行政司法这一概念如何理解？

2. 行政司法下属分支分别是什么制度？它们分别解决什么性质的纠纷？

3. 行政司法是我国"一枝独秀"，还是其他国家亦有？

4. 行政履行了"司法"之后，其与法院司法是什么关系？

案例一：

29 名农民对省政府作出的批准征收所在村集体土地的具体行政行为不服，向省政府申请行政复议，复议机关作出了维持的复议决定。申请人不服，向国务院申请最终裁决。审理期间，承包经营地在批准征收的土地范围内的 3 名申请人提出了撤回复议裁决的申请，其余 26 名申请人的承包经营地均不在批准征收的土地范围内，但拒绝撤回申请。国务院（复议机关）是否该驳回该复议申请？

案例二：

2003 年某直辖市因建设空港物流加工区，需征收某村土地。同年 4 月，该村村民委员会（甲方）与本村每一位村民（乙方）签订了协议，约定甲方将乙方享有的土地全部出让给区政府，由甲方向乙方支付 10 万元人民币，乙方必须同意土地征用及整体搬迁方案，甲、乙双方所签订的土地承包经营及相关土地租用、承包、转包等合同或协议终止。2007 年市政府作出了批准征收土地的具体行政行为。2008 年申请人向市政府申请行政复议，请求撤销该征地批复。行政复议机关作出《行政复议告知书》，告知申请人应当由申请人所在村村委会提出行政复议申请。

案例三：

被征收土地的承包经营权的受流转人，因对省政府作出的批准征收其所承包经营的土地的具体行政行为不服，向省政府申请行政复议。复议机关以申请人与该批准征收土地的具体行政行为没有利害关系为由，作出了驳回行政复议申请决定书。

请思考：

1. 什么样的主体有权对批准征收本村集体土地的具体行政行为申请复议？

2. 上述复议之后，复议申请人还有救济途径么？不同情形可否有不同后果？

3. 复议之后提起行政诉讼的被告是谁？

图书在版编目（CIP）数据

中国行政法／刘莘著．—北京：中国法制出版社，
2016. 3

ISBN 978 - 7 - 5093 - 7236 - 4

Ⅰ．①中…　Ⅱ．①刘…　Ⅲ．①行政法 - 中国 - 教材
Ⅳ．①D922. 1

中国版本图书馆 CIP 数据核字（2016）第 027724 号

策划编辑：胡　艺

责任编辑：吕静云（lvjingyun0328@ sina. com）　　　　　封面设计：杨泽江

中国行政法
ZHONGGUO XINGZHENGFA

著者/刘莘
经销/新华书店
印刷/三河市紫恒印装有限公司
开本/710 毫米×1000 毫米 16　　　　　印张/ 17. 5　字数/ 251 千
版次/2016 年 5 月第 1 版　　　　　　2016 年 5 月第 1 次印刷

中国法制出版社出版
书号 ISBN 978 - 7 - 5093 - 7236 - 4　　　　　　定价：56. 00 元

北京西单横二条 2 号　邮政编码 100031　　　　　传真：66031119
网址：http：//www. zgfzs. com　　　　　　**编辑部电话：66053217**
市场营销部电话：66017726　　　　　　　**邮购部电话：66033288**

（如有印装质量问题，请与本社编务印务管理部联系调换。电话：010 - 66032926）